像身边人一样优秀

——"计科先锋"启示录 I

主　编　李国昌　王力哲
副主编　林小艳　刘　刚　陈占龙　傅　苑

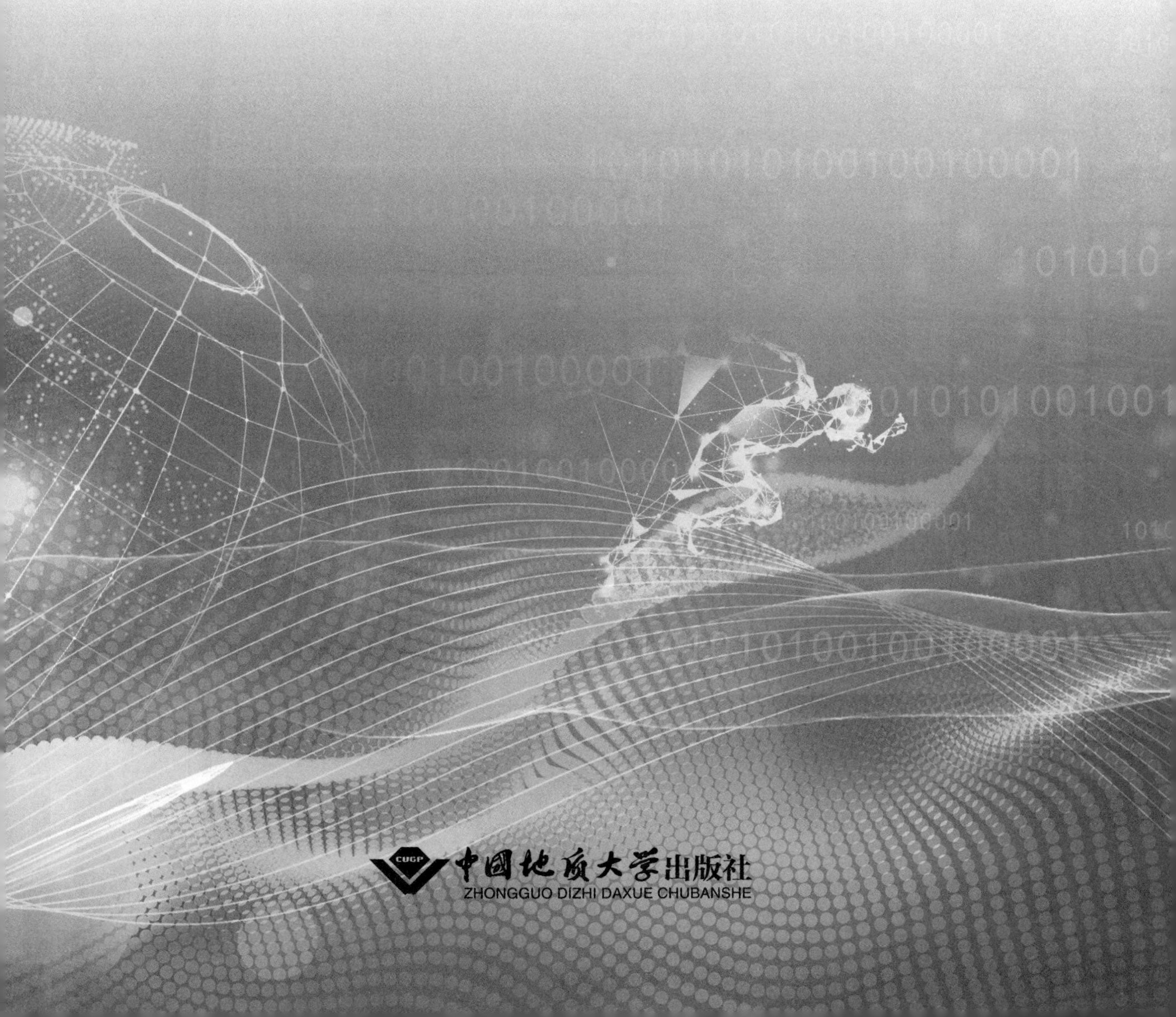

中国地质大学出版社

图书在版编目(CIP)数据

像身边人一样优秀:"计科先锋"启示录.Ⅰ/李国昌,王力哲主编;林小艳等副主编.—武汉:中国地质大学出版社,2024.7.—ISBN 978-7-5625-5958-0

Ⅰ.K820.7

中国国家版本馆CIP数据核字第20243NL171号

像身边人一样优秀:	李国昌　王力哲　主　编
"计科先锋"启示录Ⅰ	林小艳等　副主编

责任编辑:张　林	选题策划:江广长　张　林	责任校对:张咏梅
出版发行:中国地质大学出版社(武汉市洪山区鲁磨路388号)		邮编:430074
电　　话:(027)67883511	传　　真:(027)67883580	E-mail:cbb@cug.edu.cn
经　　销:全国新华书店		http://cugp.cug.edu.cn
开本:787mm×1092mm　1/16		字数:448千字　印张:17.5
版次:2024年7月第1版		印次:2024年7月第1次印刷
印刷:武汉市籍缘印刷厂		
ISBN 978-7-5625-5958-0		定价:68.00元

如有印装质量问题请与印刷厂联系调换

《像身边人一样优秀——"计科先锋"启示录Ⅰ》
编委会

主　　编：李国昌　　王力哲
副主编：林小艳　　刘　刚　　陈占龙　　傅　苑
编　　委：王太茂　　李欢欢　　宋　军　　尚建嘎
　　　　　梁庆中　　武　云　　叶亚琴　　石剑峰
　　　　　王茂才　　阎继宁　　章丽平　　王　勇
　　　　　李程俊　　张咏珊　　杨林权　　罗忠文
　　　　　刘袁缘　　万　林

编 者 言

中国地质大学(武汉)计算机学院自1985年开始招生以来,近40年薪火相传、蒸蒸日上,涌现出了以著名演化计算专家康立山、"湖北名师"戴光明、中国地质大学(武汉)"师德模范"马钊等为代表的优秀教师,也培养出了国家自然科学基金优秀青年科学基金获得者熊德意、广西名师董荣胜和武汉中地数码科技有限公司董事长吴信才等为代表的优秀人才,以及助力他们成长的师生组织和活动项目。计算机学院的优秀师生是学院发展的历史见证和宝贵财富,值得深入发掘、广泛宣传。

为了探寻学院发展的成功经验,传承艰苦奋斗、求是创新的计科精神,不断凝聚学院高质量发展的正能量,计算机学院自2021年以来,以迎接校庆七十周年宣传办学成果之机,开展以"计科先锋"事迹宣传为主的"解码计科"行动,从老师、学生、校友、组织、项目五个方面,按照计科育人先锋、计科校友先锋、计科励志先锋、计科服务先锋、计科品牌先锋五个系列,进行"五位一体"院本典型德育资源的挖掘、整理,通过学院官网、微信公众号等平台进行集中宣传。

这些"院汁院味"的典型事迹一经推出,便受到师生校友的好评。它们在潜移默化地塑造师生优秀品格的同时,涵育了日益浓厚且独具特色的学院文化,也成为滋养一流校本文化的重要元素。持续传播的"计科先锋"事迹,已经汇入广泛开展先进模范学习宣传活动的时代洪流,成为"营造崇尚英雄、学习英雄、捍卫英雄、关爱英雄的浓厚氛围"中的一支有生力量。

为了及时固化学院文化建设成果,传承学院办学精神,我们将收集到的部分"计科先锋"事迹进行择优结集出版,其中计科育人先锋15篇,计科励志先锋10篇,计科校友先锋14篇,计科服务先锋4篇,计科品牌先锋2篇,它们集中反映了学院的办学成果和办学特色。我们期望广大读者从中受到感染、得到启迪,明确目标、创造佳绩。

由于时间仓卒,加之编写人员水平有限,书中难免有挂一漏万之处,欢迎各位读者批评指正。

编　者
2023年12月20日

目 录

第一篇 | 计科育人先锋

◎ 我校首任计算机教研室主任陈宗信教授 // 3

◎ 记我的导师康立山先生 // 5

◎ 改开风云化蝶舞　热血丹心铸春秋——追忆国产 GIS 开拓者、引路人
　吴信才教授 // 9

◎ 新时代"四有"教师的榜样——戴光明老师育人二三事 // 24

◎ 潜心育人　开拓进取——蔡之华老师育人二三事 // 32

◎ 最具亲和力的"老黄牛"——第三届最美地大教工候选人刘刚老师 // 38

◎ 记寓教于"渔"的学校首届"卓越青年研究生导师"——龚文引教授 // 41

◎ 率真、严谨的蒋学长——蒋良孝 // 45

◎ 做一名优雅的教师　上一门优雅的课程——马钊老师育人二三事 // 51

◎ 求学生涯中的"贵人"——我的导师王茂才 // 62

◎ 用一朵云去推动无数朵云的郭明强教授 // 69

◎ 因材施教　教学相长——张锋老师指导学生参加科技活动的心路历程 // 72

◎ 静待漫山花开　即是心所归处——张志庭老师育人二三事 // 78

◎ 同心同向同行　师生相伴成长——2022 年度校优秀辅导员王太茂 // 86

◎ 打造班级学习共同体　助力学生学业有成——2022 年度校"十佳班主任"
　石剑峰 // 93

第二篇 | 计科励志先锋

◎ 国家银奖与"星陈科技"团队奋斗史 // 99

◎ 华为 ICT 大赛全球一等奖获得者刘林凯专访 // 109

◎ 我们是斩获全国大学生信息安全竞赛—作品赛一等奖的
四元一次方程组 // 114
◎ 斩获 Kaggle 数据科学竞赛多枚奖牌的地大计科人 // 121
◎ 我们是闯进"黑科技"赛道的地大计科人 // 131
◎ "逐浪"中国机器人大赛的地大计科师生战队 // 140
◎ 记荣获 2023 中国机器人大赛一等奖的地大计科师生战队 // 156
◎ 看"都可以"团队如何在"泰迪杯"全国数据挖掘挑战赛斩获特等奖 // 166
◎ 一篇顶刊论文发表下的青年学子成长史——曾林芸 // 170
◎ 记中国地质大学(武汉)2021 年度"十大标兵学生"——方知雨 // 175

第三篇 | 计科校友先锋

◎ 追求有灵魂的卓越——记 1985 级校友、广西壮族自治区名师
董荣胜教授 // 181
◎ 扎根祖国大地办教育的邢廷炎 // 185
◎ 我院 2009 届博士毕业生、湖北名师、黄冈师范学院计算机学院
"妈妈院长"张青 // 189
◎ 求真务实 持清零心态——记奋战在基层教育一线的王谦校友 // 196
◎ 自然语言处理技术的追求者——国家自然科学基金
优秀青年科学基金获得者熊德意 // 199
◎ "吴中区最美退役军人"提名奖获得者——1998 级校友朱国栋 // 202
◎ 研究生引路人——高陈强 // 205
◎ 南昌大学"抢手"的研究生导师——徐少平 // 208
◎ 扎根高校育人一线的华中科技大学计算机学院魏巍教授 // 211
◎ 记服务在浙江数字化转型第一线的排头兵——宋凯 // 214
◎ 矢志不渝的信息化先锋战士——王平 // 217
◎ 勇当创新排头兵 敢为实践先行者——黄波 // 220
◎ 脚踏实地的追梦者——古富强 // 224
◎ 把"论文"写在祖国网络安全维护一线的程洋校友 // 226

第四篇 | 计科服务先锋

◎ 坚强有力　团结奋斗——记软件工程系党支部 // 231
◎ 浩渺行无极　扬帆但信风——记计算机科学与技术专业191191团支部// 236
◎ 致力于打造引领青年成长高性能"服务器"的"五四红旗团委" // 242
◎ 凝心聚力　E心为你——计算机学院学生会 // 249

第五篇 | 计科品牌先锋

◎ "支部书记讲党史"活动　筑牢师生理想信念根基 // 261
◎ "计科先锋"事迹宣传体系构建及其成功实践 // 266

后　记 // 269

第一篇
计科育人先锋

我校首任计算机教研室主任陈宗信教授

陈宗信老师是一位见证了中国地质大学（武汉）（以下简称地大）70多年发展变迁、90岁高龄的地大人,在北京地质学院迁至湖北初期即调入学院工作至退休,陈老师当时年方38岁,既有一定的人生阅历和知识积累,又饱含学习和工作的激情和创造力。在武汉地质学院工作的时光里,他全身心投入到迁校建校中的对外联系和后勤保障、新设备（地质部从美国引进的WANG-2200机）验收及开发应用、全校计算机教学和职业培训以及学校科技开发和社会服务等各类工作中,为学校的发展尽了绵薄之力。

1970年,学校整体迁至湖北办学,更名为湖北地质学院。1974年,学校定址武汉,更名为武汉地质学院。陈宗信老师原在武汉测绘学院任教,因1972年全国测绘系统（包括学校）全部撤销,湖北省教育委员会将武汉测绘学院的教职工分散安排到武汉市各个高校工作,其中有10人被安排到武汉地质学院分院（当时借住在武汉地质学校）。因武汉地质学院尚在初建阶段,陈老师一行到学校后并没有被分配固定的具体任务,他们有时协助武汉地质学院分院革命委员会副主任朱见香做一些后勤保障工作。

虽然后勤工作十分繁忙,但陈宗信老师仍抽空学习计算机专业知识。1972年12

月北京地质学院领导决定,在京外的所有教师都集中到北京地质学院学习和工作。1973年陈老师来到北京地质学院。根据本人意见,他与数学教研室张一球、梁有基等一同在数学地质研究小组工作,从事数学地质在石油勘探中的应用工作。小组成立后,他们首先到天津参观大港油田,第一次接触计算机。为了做好工作必须掌握计算机技术,于是他开始自学计算机软件及其应用,先学习手编程序,后学习算法语言。陈老师结合自己的专业着重开展计算机制图和计算机算法语言方面的学习和研究,完成了用手编语言自动绘制等值线图的程序编制。1973年9月他还被邀请到湖北潜江江汉油田计算中心指导调试和应用工作。

1976年6月中旬,地质矿产部重庆地质仪器厂邀请武汉地质学院的老师传授计算机专业知识,教务处处长李永升派陈宗信老师去授课,同时安排他完成15天知识培训后,直接到北京参加王安机的验收工作。王安机是地质矿产部(以下简称地矿部)第一次从美国引进的5台台式计算机。此次参加验收工作的共有6位老师,其中有5位驻京,陈老师是唯一一位来自武汉的验收专家。通过大家的共同努力,11月圆满完成了验收任务,12月初陈老师回汉后向学校及教务处领导作了汇报,并制订了将王安机运至武汉的计划。经过3个月的筹备,武汉地质学院在教务处下设计算机站。最先到站的有黄新助、杨志宇、刘云霞和陈宗信,其中黄新助是行政负责人,陈宗信是技术负责人。不久,王安机便投入正常运转。1981年1月成立计算机教研室后,王安机承担了除物探和水文系外的其他系计算机教学上机实习任务和部分科研任务,如於崇文老师就是利用王安机完成了江西铜矿等值线图的制作工作。

1981年初,武汉地质学院决定成立计算机教研室,任命陈宗信老师为教研室主任。由于该教研室年轻教师较多,需要先对他们进行培训,他便身先士卒地承担了大量的授课任务。陈老师是武汉地质学院首位向大学生及研究生讲授计算机课程的教师。开设的课程有"算法语言""数据结构""计算机制图"等。

1980年9月—1983年6月,陈宗信老师负责开办计算机应用专科班,教学由计算机教研室负责,行政管理由矿产系负责。

1983年—1984年,陈宗信老师参与筹建计算机应用和地图制图两个新专业,并于1985年对外招生。

陈宗信老师还承担了地矿部大量的职业培训工作。他是武汉地质学院第一位主持对外开办短训班的教师,先后负责主持开办的培训班有计算机自动制图班(三期)、制图理论提高班(八期)、计算机应用班(六期)。办班有校内、校外多种形式。

岁月如歌,回首往事,作为一名共产党人,陈宗信老师拥有坚定的信念,笃定初心,没有虚度年华,跟所有辛勤耕耘的地大人一样,实现了为党、为祖国、为学校奉献一生的愿望。

[图文来源:陈宗信(1934年3月—2023年2月)曾任中国地质大学(武汉)计算机教研室主任。资料收集及修编:中国地质大学(武汉)计算机学院　李国昌]

记我的导师康立山先生*

2022年10月中国地质大学(武汉)举办"康立山先生治学思想研讨会",我作为康立山先生的弟子,感到无比自豪。同时,母校、母院敬重先贤的价值追求和慎终追远、砥砺前行、激励后学、开创未来的价值取向令我深为感佩,相信地大计算机学院一定会再创辉煌!我作为校友被邀请回家,倍感亲切和荣幸,深感母校、母院对历届学生的关爱之情。

康老师桃李满天下,"康门"是个互帮互促、团结友爱的大家庭。能入"康门",真是我人生之大幸。无论是在读博期间,还是在后来回到黄冈师范学院计算机学院任院长期间,众多的师兄弟在学业上、工作上都给了我很多的帮助。参会的师兄弟中,曾三友老师既是我的师兄,也是我的第二导师。我当时既参加康老师每周一期的研讨班,也自始至终地参加曾老师的研讨班,跟着曾老师学习,曾老师的敬业精神和对学术孜孜不倦的追求令我非常感动。据我所知,一年365天,曾老师在实验室工作可能超过300天,真的很敬业。颜雪松是我的小师兄,对我非常关心。李长河、杨鸣、郭艳是我的同学,我在写毕业论文的时候,长河已经到英国去留学了,但他还是给了我很多的帮助;我跟郭艳总是骑着自行车满院跑……在我们一起学习的日子里,我觉得充满了阳光和希望,我们一起成长,一起进步。众多师兄弟对我的帮助,一直激励着我不断前行,他们给予我的帮助,我始终铭记于心。

屈指算来,康老师逝世13年了,但他的音容笑貌、言谈举止仍时时浮现在我的眼前,他那带着浓重湖南乡音的轻言细语仍言犹在耳,与康老师相处的时光仿佛就在昨天。我一提到他老人家,眼泪就要流出来了。

1986年,我从华中工学院(今华中科技大学)毕业后,便回到家乡黄冈的一所中专学校当老师,其间,在母校华中科技大学读了硕士。2004年,调入黄冈师范学院。

---

* 康立山(1934年1月—2009年8月),知名计算机专家,曾担任中国地质大学(武汉)兼职教授,计算机学院首任院长。

那时,学校的博士还不多,我也没有往这个方面去想。我爱人有个同学是地大的教授,他知道我在大学当老师,就鼓励我报考地大的博士。我想,在大学教书,仅凭一个硕士文凭远远不够,于是就萌生了读博的想法,并报考了地大计算机学院的博士。经过几个月认真艰苦的复习备考,我的考试成绩过了地大的笔试线。

我第一次见到康老师,是到地大参加面试。那天下午,1时40分左右,我站在走廊上等待面试。这时,一个头发花白、面容清瘦、手上提着一把烧水壶的儒雅长者走过来,他微笑着问我来干什么,我说我是来复试的。他指了指会议室,对我说:"好的,你待会儿到那个办公室去面谈。"我当时不知道他是谁,只是觉得这位老人家和蔼可亲。后来,见他走进了院长办公室,我这才知道,他就是大名鼎鼎的康立山教授。

第二次见到康老师大约是半个月后。在第一次面试的时候,我得知,有4个人过了笔试分数线,而那年只有2个指标,自己被淘汰的可能性很大。为此,我还伤心地哭了一场。正在我沮丧失望的时候,一天中午,地大计算机学院的张丽老师给我打电话,问我想不想读康老师的博士,爱人支不支持我读博士。她告诉我,如果愿意,爱人也支持,那就近期去康老师那里再面试一次。第二天,我赶到地大,接受康老师面试。说实话,要面对大师,我很忐忑、很紧张。可当我走进康老师的办公室时,看见他依然那么慈祥、和蔼,一下子舒缓了我紧张的情绪。我向康老师表达了想读博士的强烈意愿,同时,也坦率地谈了顾虑,担心自己学科背景不同,年龄又大,怕学不好。康老师对我说:"你是华科毕业的,底子好,只要肯学,不会学不好。"康老师的话给了我莫大的信心和勇气。

从第一次见到康老师,到他老人家去世,只有3年多时间,但这3年多对我确有不同寻常的意义。我学到了许多新知识,汲取了很多新智慧,更为可贵的是,在耳濡目染中,我体察了康老师的治学精神、为师风范、做人修为,收获了宝贵的精神财富,这些收获让我受用终生。

在我的心中,康老师是治学标杆。

记得刚入校的那天晚上,学院举办开学典礼,康老师给我们上了第一堂课。他说计算机的发展是非常迅速的,你一天不学习就会落后。康老师是这样要求我们的,他自己也是这样身体力行、率先垂范的。

康老师一生热爱科学,探求真理,终生都在孜孜不倦地学习。我们都知道,他原本是武汉大学数学学院的资深教授,是颇有造诣的数学家,但他在50多岁的时候,敏锐地观察到未来科学发展的趋势,跟随科技发展的脚步,把科研方向转向演化计算,开创了武汉大学和中国地质大学(武汉)演化计算的先河。康老师曾经跟我们讲了一个事例,他用遗传程序设计的方法给2003年"非典"建立模型,最后演化出来的结果跟后来我们国家抗击"非典"成功之后的情况,几乎是一模一样。康老师对大千世界所有新鲜事物都兴趣盎然,我觉得这或许是恩师永葆学术青春的一个秘诀。

在我的心中，康老师为师是典范。

康老师和师母陈毓屏教授待我视如己出，无微不至地关心我的学习、生活，亲近、关心我的家人，3年多时光，我的学习生活充实而又温暖。那个时候，我虽然已年过40，孩子又处在高考季，可我一心扑在学习上，回想起来，觉得自己读博3年多，学习很勤奋、很努力。哪儿来的这股劲头呢？是康老师学而不厌的精神和他给予我的信任时刻激励着我。说实话，尽管年龄偏大，学起来很吃力，但我丝毫不敢懈怠，生怕辜负了恩师的信任和期待。

人们都喜欢用循循善诱、诲人不倦等词语赞美好老师，我则是从康老师身上真正读懂了这些词语的含义。刚开始接触演化计算时，康老师对我说："如果手破皮了，是不是皮肤可以自动修复？我们的演化计算就可以实现像人那样，自动修复自己的程序。你难道对这个不感兴趣吗？"我说我感兴趣，太有意思了。与康老师的对话一下子激起了我的好奇心和学习兴趣。我对第一次听课的情景记忆犹新，当时康老师讲话有点湖南口音，我听不太懂，讲的内容对我来说也是全新的，急得我全身直冒汗。师母看到了这种情况，就对我说："张青，你别着急，万事开头难，只要你每次认真地听，坚持认真地学，你一定会有收获的。"在师母的鼓励下，我坚持下来了，而且越学越有意思。

康老师带我的时候，已经70多岁，当时他还担任计算机学院院长，我后来担任黄冈师范学院数学与计算机学院院长时，才知道这个岗位真的很忙、很累、很辛苦。但康老师一直亲自在研讨班上课，长河、杨鸣和我都在下边听讲。炎热的夏天，康老师挥汗如雨，可他一直笑容可掬地站在讲台上，讲得非常细致。每次讲课，他不完全用PPT，很多时候用粉笔在黑板上写推导公式。我从教也快40年了，一直以导师为榜样，除了用PPT，也坚持不丢板书，因为用粉笔可以更清晰地呈现一个问题或一个公式的来龙去脉，便于学生理解。

康老师不仅教学生知识，还注重培养学生组织学术交流会议和活动的能力，让学生们开阔视野，增长见识。我是2006年入学的，2007年康老师组织了一次国际学术会议，让我负责一个基本由外国专家组成的国际会议会场工作，给了我一个非常好的学习和锻炼的机会。因为有了那次经历，我竞聘我们学校数学与计算机学院院长的时候，觉得很有底气，更能得心应手地组织学术交流会议和活动。

名师出高徒，康老师培养的许多弟子都成为了行业的翘楚。远的不说，在武汉高校工作的师兄师姐，如李元香、应时、王江晴、邹秀芬、曾三友、李长河等都成了知名学者专家。

在我的心中，康老师做人是楷模。

他胸襟开阔。师从康老师这些年，经常听他和师母念叨国家对他们的好，学校对他们的好，领导对他们的好，学生对他们的好，从来没听到过他们对人对事有什么抱怨,也从来没听到他们说过哪个学生的不是。

他平易近人。在他和师母面前,我们可以无拘无束,无话不谈。偶尔有聚会,师兄弟们总是围着他和师母有说有笑,那种场面,我至今仍历历在目。

他重情重义。他们夫妻伉俪情深,为我们学生树立了好榜样。

他淡泊名利,生活简朴,称得上是一个纯粹的人。

康老师人品高贵,让人高山仰止。是啊,遇到这么好的导师,是我们的福气,是我们的幸运。弟子们崇拜和敬仰他,不仅因为他学问高深,还因为他人品高贵。

我们永远怀念敬爱的康老师!

(图文来源:黄冈师范学院计算机学院　张青)

改开风云化蝶舞　热血丹心铸春秋
——追忆国产 GIS 开拓者、引路人吴信才教授

癸卯岁末,凛冽的北风送归了落叶,我们送别了吴信才教授。

吴信才是地理信息领域的泰斗,他把科研和教育作为一生的追求,研制了中国第一套彩色地图编辑出版系统 MAPCAD、中国具有完全自主知识产权的地理信息系统 MAPGIS,打破了国外 GIS 软件的垄断,创立了数字制图及地理信息系统领域的"产学研协同创新"体系,为中国地理信息系统的教学、科研和产业化作出了杰出贡献。

他这一生,艰苦朴素,淡泊名利,潜心科研

他是一位奋战在实验室,为了攻克技术难关,熬过一个又一个日夜的钢铁强人;是一位将科研成果推向千行百业,服务国计民生的实干家;是一位坐在学生电脑前,谆谆教导,为学生擎起一盏明灯的引路人;是一位引导孩子实现人生价值,为社会作贡献,传递科技报国火种的父亲;是一位永远都会把对妻子深深的爱意藏在心里的丈夫。

2023 年 12 月 10 日 04 时 05 分,这颗随着改革春风起于南海岸边的星辰,燃尽了自己七十一载的韶华岁月,闪耀着地理信息科学之光,走过了灿烂的一生。

▲ 吴信才教授获庆祝中华人民共和国成立70周年纪念章

我们在国家科学技术大会上再见吧!

1977年,570万考生用激情和渴望驱散了寒冬,参加了我国历史上唯一一次冬季高考。这是一个伟大的开端,诞生了很多时代骄子、国之栋梁,还有科学巨匠……

李建设、张友纯正是在这一年与吴信才一同考入中国地质大学(武汉)。1978年下半年,学校挑选拔尖学生组建"电子师资班",准备培养优秀教师,三人又一同被选上,成为同学,后来又都留校任教,成为同事。40余年的深交,李建设、张友纯对这位挚友印象深刻。

那个年代,能考上大学可谓百里挑一。"当时一个考点几百人,考上大学的就只有那么一两个,能考上地大的更是凤毛麟角。"李建设回忆,初入大学,大家难免有些心高气傲,谁也看不上谁。可当他知道,吴信才这个长于粤西山村,因学习条件差连初中都没有正常读完的人居然能考进大学,认为简直不可思议。

"他的学习方法很特别,靠自学,而且超前学习。"李建设还记得当年与吴信才同窗上课的情景。"电子师资班"的教学方法都是老师先讲授知识,然后学生根据所学再做实验。吴信才却不一样,他早早地自学了知识,上课时别的同学都在听讲,他在台下做起了实验,别人课还没上完,他的实验就做完了。

大学游园会表演才艺时,其他同学的才艺都是唱歌、跳舞、说相声,吴信才却"显摆"起了自己独特的棋艺。他平时省吃俭用、搜集各种电子元件,做出了一个电子游戏棋,让同学们来跟电子游戏棋对弈,当时的同学们还根本不知道有什么游戏机。相识相交日久,李建设越发被吴信才的创新能力所折服,以至于暮年时感叹:"如果不是阴差阳错,我这一辈子都愿意跟着他一起搞科研。"

初见吴信才,张友纯对他的印象并不深刻,但是很快,他也被吴信才优秀的成绩、强劲的创新实践能力所折服。大二那年的元旦晚会展示作品时,别的同学只能做一些简单的实验,吴信才却拿出了一个自己做的振荡器,这个振荡器能发出各种频率的信号,干扰收音机,惊艳全场。

"吴信才实际上是一个非常自信的人。"在张友纯看来,吴信才并不呆板,晚会表演节目时,他上台唱起了自编的粤剧,虽然大家听不懂粤语,可还是被他大胆的表演逗得笑作一团。

"聪明、勤奋、执着。"这是张友纯对吴信才的评价。对天才而言,聪明固然是先决条件,但是勤奋与执着才是其走向成功的必备条件。吴信才就是这样,目标远大,认准的事情就一定要做成。

"我叫他吴老师,他叫我老陈。"中国地质大学(武汉)教授陈建国1980年一入地大物探系,就听闻学校有个"科研狂人"吴信才。待研究生毕业参加工作后,他经常向吴信才请教计算机知识,两人日渐熟识。在心里,陈建国对吴信才甚是敬重,吴信才却没有任何架子,把他当作朋友。

1982年,大学本科毕业之际,吴信才与同学惜别,一句豪言让同窗印象深刻。"今后,让我们在国家科学技术大会上再见吧!"穿透经年岁月,吴信才果真实现了毕业时的壮志,带领科研团队五度荣获国家科技进步奖。

因为吴信才屡屡表现出的天才般的创新思维和动手实践能力,他一眼就被当时地大中南计算站负责人褚秦祥老师选中,毕业后留校工作。工作不久,吴信才完全靠自己钻研,研究出一套解决计算机设备故障的诊断程序,之后他又设计出了计算机"绘图矢量汉字库"。此后,他愈发痴迷于科研事业……

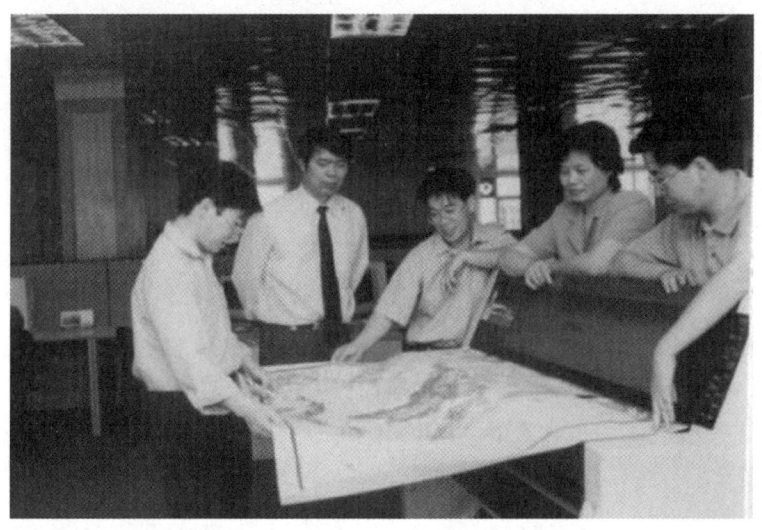

▲吴信才带领科研团队

比汉字更复杂的地图一定可以从计算机中诞生

如今,我们用电脑、手机浏览、制作各种地图已是习以为常,然而在40多年前,这是一件难以想象的事。

那时,我国制图工作者仍然以手工绘制的方式制作地图。王家耀院士曾在央视《开讲啦》栏目中进行了分享。那个艰难时代,绘图者用一支支专用的"小笔尖"控制线条粗细,地图的精确程度全靠绘图者手上的"硬功夫"。传统彩色地学图件的编辑、制版印刷过程则更为复杂,需经清绘、照相、复照、撕膜、分涂、加网和多次套拷等十几道工序,一张对开的中等复杂程度的图件要制十几张版,至少需半年时间才能完成,每一幅地图都十分珍贵。

利用计算机数字制图解决地质成图的难题,成为当时地质领域的"哥德巴赫猜想",国家在"七五""八五"期间曾投入大量的人力物力,但均未取得突破性的进展。在一次会议中,吴信才看到王选的汉字激光照排系统成功地从计算机里输出了汉字,心中更坚定了一个想法,"比汉字更复杂的地图一定可以从计算机中诞生!"

机会总是留给有准备的人。1986年,为了改变我国长期以来手工制作地质图的局面,学校组织专家团赴日本考察学习,着手引进MV-10000小型机,作为年轻的科研骨干,吴信才被选中。由于引进的机组由日本和美国两个国家制造,绘图设备以其自身的基本指令与主机单线联系,各厂家的设备之间指令不能兼容,根本无法用于地质成图。怎么办?"自己开发系统,指挥美日两国的设备。"当时与吴信才同在中南计算站工作的李四维教授讲到,经过研讨、论证、实验,团队作出了决定,原地矿部科技司专门立项支持此事。

"他是伤痕累累的战士。"姜作勤研究员当时在地矿部科技司专门负责对接此项目,她曾这样评价吴信才。在小型机上研制计算机彩色地图编辑出版系统MAPCAD时,只有吴信才一个人,还没有助手,数万行的代码程序都是他一行行地编制。那些日子,吴信才整日都在实验室,一两个馒头就是一天的饭,常常工作到忘了时间,每天到深夜甚至凌晨才回家。来得最早、走得最晚,他不得不自备一把钥匙进出实验室。有时,为了重要的软件测试,吴信才干脆住在了实验室,不分白天黑夜地工作。一次连熬了数个日夜之后,他晕倒在地,被送进了医院。他所有的周末、节假日都与代码相伴,多年来没有看过一场春节联欢晚会……

1988年,几内亚共和国总统访华。一幅用MAPCAD制作的地图呈现在外宾面前,一只和平鸽衔着麦穗,连接着中几两国,地图之精美让几内亚共和国总统赞不绝口。1989年,地矿部组织召开鉴定会,在会上小型机版MAPCAD计算机彩色地图编辑出版系统问世,填补了国内彩色地图计算机编制的空白,开创了我国计算机制图的新时代!

▲1989年,地矿部组织彩色绘图辅助设计系统鉴定会

什么是困难？关关难过关关过

吴信才曾在采访中被问到:科研路上遇到过哪些困难？他回答:"关关难过关关过,一辈子没有什么能难得倒我。"回望来时路,这是何等的豪情。研制 MAPCAD、MAPGIS 时所征服过的一个个难关,都是进步的垫脚石。

小型机版 MAPCAD 研制成功之后,极大地解决了计算机成图的难题。然而,小型机费用高昂,国内没几个单位能有这样的设备,各行业制图需求又越来越旺盛,恰逢微型计算机(以下简称微机)开始在国内普及,吴信才又马不停蹄地开始了微机版 MAPCAD 的研制工作。谢忠、周顺平、刘修国等地大学子陆续加入团队,成了吴信才最早的一批弟子。

"吴老师是一个专注、严谨的人,问题不解决不会放弃。"从本科生时期就跟着吴信才一起研制 MAPCAD 的谢忠,已记不清与老师一起攻克了多少个技术难题,只记得在那段岁月里熬夜是常态。每遇难题,他们都会讨论至深夜,直到学生宿舍快要锁门,吴信才摆摆手让谢忠回去休息。常常是第二天谢忠再到实验室时,问题已经解决了,吴信才一个人又熬了个通宵。毕业工作后,谢忠也是经常加班到深夜。弟子们已经不记得老师有多少个凌晨还在实验室,为了解决问题,常常忘了时间,一熬就是一个通宵。

今天我们的微机电脑 Windows、macOS 等操作系统,各种硬件驱动程序几乎是装机自带,十分便捷。1990 年前后,Windows 操作系统还没有普及,吴信才在 DOS 系统上研发微机版 MAPCAD,但是 DOS 系统本身并不能很好地支持鼠标、绘图仪之类的外设,只能自己编写驱动程序。资料有限,没有前例可循,那就不断变换思路、反复实验,一步步攻克难关。"都是吴老师带着我们摸索尝试,编写一个个驱动程序,MAPCAD 成为当时外设支持最好的国产软件。"至今,周顺平仍对此深感佩服。

忆起恩师的指导,周顺平心中充满了敬意,是吴信才引导他走上了科研之路。最初 MAPGIS 是单机版,1995 年之后,全世界进入网络时代,这就要求 MAPGIS 能够多用户并发访问。从单机版升级到网络版,怎么重建整个技术体系?如何系统架构?如何与国际同类产品竞争?这些都成为当时横亘在团队面前的难题。"产品迟迟做不出来,我们当时都觉得坚持不下去了,是吴老师一直带领我们迎难而上。"周顺平感慨,老师让他真正领悟到什么是科研。

吴信才团队有一个不成文的规定:不论何时,都要保证吴老师能联系到每位团队成员,使用电话的时代如此,使用手机后更是如此。"吴老师甚至吃饭睡觉的时候都在琢磨科研问题,一旦有什么想法就急切地想与我们讨论。"周顺平说,大家都已经习惯了吴老师的这种工作方式,可能是中午,也可能是凌晨两三点,或者节假日大家在过节,吴老师的电话就来了。沉迷于科研的吴信才,常常忘记白天黑夜,灵感稍纵即逝,必须马上分享。

"吴老师对待科研甚至可以用'严苛'来形容。"刘修国说,没有条件,创造条件也要上。早期研制微机版 MAPCAD 时,硬件设备的功能与现在不可同日而语。现在借助强大的硬件基础,软件可以轻易实现复杂的功能,但那时没有高性能的电脑,交互式快速响应制图人员需求,只能依靠软件完成更多的工作、更多的设计来实现。20 世纪 90 年代初的 8086、8088 微机 CPU 内部可以提供地址的寄存器及算术逻辑运算单元都是 16 位,其寻址范围为 64K 字节,数据稍大,响应就很慢。吴信才就琢磨怎么把内存充分利用起来,怎样让系统响应更快、性能更高。"那真是一个字节一个字节地抠。"刘修国回忆道,原本的汉字输入系统就占据不少内存,为了有效利用内存,吴老师只得另行开发汉字输入系统。

科研攻关苦不苦,难不难?靠什么支撑下去?"吴老师让我们清楚地知道研制 MAPCAD、MAPGIS 能够给国家和社会带来什么好处,有什么价值。"吴老师的弟子们说,当看到自己研发的软件,每增加一个功能,能够实实在在地解决用户在生产中遇到的问题,就很有成就感。成就感在潜移默化中激发了大家科研的兴趣和热情。

团队中很多成员都有点怕吴老师,吴老师对待科研近乎严苛的态度让人有点望而生畏。可是生活中,他又是那个特别关注弟子生活、成长的吴老师。在与吴老师朝夕相处的科研时光里,弟子们感觉吴老师就像亲人一般。

▲1996年,吴信才首次荣获国家科学技术进步奖二等奖(右五)

匠心兴产业,不负家国情

"吴老师一直瞄准国际前沿技术,始终致力于国产 GIS 技术的突破,同时结合国家需要研发自主可控的技术体系,把地理信息核心技术掌握在自己手中。"工业和信息化部网络安全产业发展中心主任付京波对吴信才及其科研成果的价值认识深刻。

1992 年,付京波在武警系统工作,当时其单位正计划建设信息化辅助指挥系统,需要地图软件支撑。正巧在一次展会上,付京波看到了由 MAPCAD 绘制的地质图,于是就找到了地大,结识了吴信才。多次交流讨论后,双方开始合作开发武警第一代指挥系统。该系统于 1994 年正式启用,成为武警指挥信息化的创新之作。

"吴老师于我,亦师亦友。"相识多年,吴信才对工作严谨的态度、数十年磨一剑的恒心,让付京波深受触动。从 MAPCAD 到 MAPGIS 的不断创新,吴信才终身只专注一件事,这种执着的精神引领他在国产地理信息技术领域不断探索并取得一次又一次的成功。

20 世纪 90 年代中期,科技部把发展 CAD 和 GIS 软件作为工作重点,于 1996 年启动了国产地理信息系统软件评测工作,掀起了"GIS 软件技术比武"热潮。这项工作一直持续开展到 2009 年。在这段时间里,MAPGIS 软件连续十余年蝉联第一。技术创新的魅力让一批前沿科技工作者成为 MAPCAD、MAPGIS 最早的用户。在吴信才的引导下,一部分用户逐渐加入国产 GIS 软件推广工作,甚至找到了新的事业方向,通过创办企业等方式在中国地理信息产业的发展中埋下了粒粒火种。

面对国家经济建设和社会发展对地理信息应用日益增长的需求,1998年,吴信才与夫人刘永携手创办了武汉中地数码科技有限公司,并逐渐构建起"产学研用"深度融合的技术创新体系。1999年教育部地理信息系统软件及其应用工程研究中心组建成立,2010年科技部发文批准地理信息系统产业技术创新战略联盟成为试点联盟,2013年国家地理信息系统工程技术研究中心建立,2022年中国地质大学—武汉中地数码科技有限公司地理信息系统国家地方联合工程实验室揭牌。这些科研平台有力地推动了地理信息相关学科的创新融合,也提升着国产GIS的自主创新能力,实现了从技术研发到产业化的无缝衔接。

在产学研相结合的模式下,吴信才把不断创新的国产GIS技术推广应用到智慧城市、自然资源、地质、通信、公共安全等各个领域,服务于国计民生,并为"神舟"系列飞船、"嫦娥探月"工程保驾护航。

▲2022年,中国地质大学—武汉中地数码科技有限公司地理信息系统国家地方联合工程实验室揭牌

桃李满天下,春晖遍四方

生于粤西的吴信才一直都讲不好普通话,可就是这个不善言谈的老师,却能以别样的魅力激发学生的科研热情。

1996年,面对日新月异的科技变局,中国地质大学(武汉)计划成立信息工程学院。带动前沿、新兴学科的发展,选择一个好的舵手至关重要。自1982年毕业留校工作,吴信才在地理信息科学领域已钻研十余年,他那股对待科研的拼命劲儿感动了周围人,艰辛努力换取的科研成果为人称道,那极具创新探索、对事业极度负责的精神被组织相中。那年,吴信才成为信息工程学院首任院长。

中国地质大学(武汉)信息工程学院从无到有,从最开始的一个系、两个专业发展到拥有硕士点、博士点、博士后流动站,师资力量雄厚的重点学院,吴信才功不可没。

十七年的任职生涯中,吴信才带领教学团队,开拓创新,进行了多项教学改革。例如,现在全国高校普遍推行的"3+1"人才培养模式,吴信才早在 20 世纪 90 年代中期就提倡并开始实践。拥有长远目光的他意识到,"对于社会用人需求而言,学生只掌握理论知识是远远不够的,必须有一定的实践积累。"学生用三年时间在大学学习理论知识,第四年到产业基地实习,这种打破传统模式的教学方法,让地大的学生备受用人单位青睐。

▲吴信才教授指导年轻一代科研人员

执教三十余年,得其教诲的学生数以万计,现为中国地质大学(北京)信息工程学院副院长的邢廷炎就是其中一位。2000 年 9 月邢廷炎入学中国地质大学(武汉),成为吴信才的博士生。实际上,那时的他已经在武汉大学任教三年了。武汉大学的老师去中国地质大学(武汉)读博士,很多人不理解,邢廷炎却有自己的想法,"武汉大学基础理论很强,但是我更想去做工程方面的事,了解到当时吴老师是全国信息工程方向最好的导师之一,于是毫不犹豫地来到了中国地质大学(武汉)。"

"他的思维总是走在别人前面,其思维方法给我特别多的启发。"在邢廷炎看来,吴信才对 GIS 平台的理解比旁人要深入得多。在网络还不发达的年代,资料十分稀缺,吴信才却能够凭借科学家的敏锐嗅觉,很透彻地了解世界上各个 GIS 平台的情况,洞悉国内用户需要什么样的软件功能。

从教二十八年,师从吴信才已二十四载,邢廷炎深感受益匪浅。自 20 世纪 90 年代中期开始,GIS 技术在我国的需求日益增加,国内高校纷纷开设 GIS 相关专业,但是大部分高校开设的都是地图学与地理信息系统,属于理科,吴信才却把 GIS 与软件工程结合起来,开设地图制图学与地理信息工程专业,属于工科。这一学科血脉也通过邢廷炎带到了中国地质大学(北京),这样培养出来的学生动手实践能力特别强,极具就业竞争力。

纸上得来终觉浅,绝知此事要躬行。"吴老师特别强调动手实践能力。"白玉琪 1993 年入读地大计算机系,学习过吴信才教授的"地理信息系统"课程,1997 年又在吴老师的指导下完成了硕士论文,受恩师引导走上了地理信息科研与教育之路,最终成长为清华大学地球系统科学系教授。在撰写硕士论文的日子里,是吴信才教会白玉琪在科学研究的道路上要稳打稳扎,"勇敢地去探索","细致地规划研究内容、环环相扣","每一步都要有实验",通过积累小的"确定性"很大的研究进展,最终取得"不确定性"很大的创新成果。恩师教诲伴随着白玉琪后来的科研生涯,让他不断取得新的突破。

"吴老师在科研的路上总是少说多做,身体力行,用实际行动为学生树立为人、处事、治学的榜样,给我们很强的正能量和支撑。"吴亮从 1998 年开始师从吴信才老师,并追随恩师的脚步,一直带领科研团队进行 MAPGIS 技术和产品研制,现为中国地质大学(武汉)教授。做 GIS 基础平台的研发工作,这是个长期的过程,要吃得了苦,耐得住寂寞,不断挑战自己。吴亮现在还清晰地记得这样的画面,遇到技术难关久攻不下想放弃的时候,老师就坐在他的身旁,鼓励他,"你怎么就知道不行呢?怎么就不可以呢?"并且和他一起进行技术的研讨验证,经常工作到深夜。恩师教诲,言犹在耳,激励着吴亮不断前行。

"地理信息学科建设不是纸上谈兵。高深的理论,如果不能转化为软件代码,最终也只能束之高阁。"学生们深深体会到,吴信才老师丰富了他们对地理信息学科的认知。"学高为师、身正为范,吴老师用这样的方式激发着我们的科研兴趣和热情。"当年在中国地质大学(武汉)求学时,白玉琪、吴亮等一批学生在实验室做实验之所以乐此不疲,正是因为"科研狂人"吴信才就在隔壁。耳濡目染,恩师夜以继日地奋战在科研一线,学生们早已把吴信才当作前行的引路明灯。

满腔热忱献教育,一生心系 GIS 梦

满口广东话,个子高高,到了冬天还穿得比别人单薄,这些特点,让比吴信才晚一届入学的刘耀林早早地就注意到了这位学长。现任昆山杜克大学校长的刘耀林教授,在中国地质大学(武汉)读研期间,常到实验室研究数字图像处理技术,正值吴信才在 MV-10000 小型机上研制 MAPCAD,经常在机房工作到很晚的两人便有了最初

的交集。后来,刘耀林任职武汉大学资源与环境科学学院院长,吴信才任职中国地质大学(武汉)信息工程学院院长,两人在地理信息教育与科研之路上并进,有颇多共同语言。

"吴教授是把高校 GIS 技术创新成果推向社会,实现产业化的开拓者、伟大的实践者。"刘耀林对吴信才甚为敬佩,他认为吴信才为国家的现代化建设作出了巨大贡献。

2006 年,在吴信才的倡议下,由北京大学、武汉大学、中国地质大学(武汉)三所高校联合举办首届高校 GIS 论坛,刘耀林也参与了初期的谋划筹备,"高校 GIS 论坛为整个中国 GIS 教育搭建了一个良好的平台,发展至今已经成为学术交流的品牌。"

北京大学教授邬伦与吴信才相识多年。1990 年,国际地理联合会亚太区域会议在北京大学召开,这是两位 GIS 名师的第一次相遇,当看到 MAPCAD 绘制出的精美地质图将各类地质岩性、符号要素都标绘得清清楚楚,地质学专业出身的邬伦自然知道其中的意义,"从来没看到哪个软件绘制地图像 MAPCAD 那样完美。"

自 1996 年起,国产地理信息系统软件评测工作掀起了"GIS 软件技术比武"热潮,吴信才的 MAPGIS 与邬伦的 CITYSTAR 成为赛场上的强劲竞争对手。两位高手惺惺相惜,在长达十余年的竞争中,相互学习,不断自我提升,技术水平逐渐超越国外 GIS 软件,也一道推动着 GIS 学科的建设。

"教材的编写、课程的设计、专业的设置、研究生的培养,吴教授都功不可没。"同在教育阵地,邬伦见证了吴信才在推动高校教育事业上的付出。

吴信才生病后,身体不太好,可每届高校 GIS 论坛从筹备到召开,他都十分关心,但凡身体稍好,就不惧奔波去参会。"吴教授对我国 GIS 发展充满了热情。"邬伦说,如果没有对事业、对人才培养的热情,他不可能自始至终有这么大的投入。

2020 年第八届高校 GIS 论坛在广州举办期间,得知当时 60 多岁的吴信才还坚持研发时,解放军信息工程大学教授孙群实在好奇,就忍不住私下问了吴信才教授这么大年纪还坚持自己动手的原因。吴信才说:"我就喜欢研究 GIS,就想把成果实用化,一钻进去就迷上了。做科研一定要自己动手实践,深入一线,不能只写写文章。"

"吴教授为国防测绘事业贡献巨大。"20 世纪 90 年代中期,根据实际工作需要,孙群教授和史瑞芝教授等最先引进 MAPCAD 用于地图制图的教学和生产。后来地图制图与出版实验室的建设、基于 MAPCAD 的专题地图制图系统的开发都得到了吴信才教授的帮助,这些科研平台和系统先后用于专题地图集、航空图和交通图等多个方面的生产和相关人才的培养。现在国产 GIS 软件在国防测绘导航领域应用广泛,真正做到了把核心技术掌握在中国人自己手中。

孙群见证了高校 GIS 论坛的一路成长,论坛内容日益丰富,形式不断创新,每年推荐的创新人物、评选的教学成果、分享的先进经验都促进了相关高校的学科建设和

▲2020年,第八届高校GIS论坛在广州召开

人才培养。"他生活上不贪图享受,几十年持之以恒地培养人才,一心一意做自己喜欢的事情。"孙群说。

卸任领导岗位之后,吴信才也未曾停下教育的脚步。有感于地理信息产业中实用型人才短缺的问题,2017年,吴信才发起"新中地教育"事业,着力培养社会急需的软件工程人才,致力于改变企业"招聘难、用人难"和行业人才"求职难、就业难"的现状。

艰苦朴素,求真务实

曾与吴信才一同赴日本考察的李四维教授回忆道,"吴信才在生活上别无所求,艰苦朴素"。当年日本东西特别贵,但由于日本采取规模化养殖,鸡肉反而是最便宜的,他们就常买;做菜没有食用油,就自己熬鸡油;日方推荐的住房太贵,他们就自己租房;地铁票价格昂贵,他们就每天步行去日方公司学习。虽然国家给了足够的补贴,可他们靠着这样的方式,节省了一半的经费。

"他一辈子不抽烟、不喝酒、不讲吃穿,没有任何不良嗜好,搞研究就是他最大的乐趣。"在夫人刘永眼里,丈夫就是一个痴迷科研、不问外物的人。

曾有学生留意到,吴老师每一次作会议报告,穿的都是同一套西服。一年四季,吴信才就那么几套简单的衣服换着穿,只有参加正式隆重的会议时才会穿上那一套西服。吃饭也特别简单,常见到他在食堂吃一碗米饭、几碟小菜,在他看来能吃饱就行。

就是这样一个不会享受生活的人,对人才培养却毫不含糊。2012年,吴信才个人出资向中国地质大学(武汉)捐赠,设立"空间信息拔尖人才奖学金",以期促进空间信息领域拔尖创新人才的培养。2022年,吴信才又为"信才奖学金"捐赠30万元。

为提升我国GIS教学水平,吴信才向全国近300所高校捐赠MAPGIS软件,与全国260多所高校共建GIS实验室,与各行业建立了100多个数字制图中心。

为了锻炼学生的动手实践能力,2000年吴信才设立了MAPGIS大学生制图竞赛,该竞赛后来发展成全国高校GIS技能大赛。大赛的开展,不仅促进了GIS相关专业教学改革,也培养了数万名擅于实践创新的GIS优秀人才,为产业发展持续注入新鲜血液。

▲吴信才教授荣获"中国GIS教育终身成就奖"

烙印在骨子里的家国情怀驱动着吴信才把社会责任扛在肩上。

2008年发生汶川大地震,吴信才带领团队第一时间为灾区捐款捐物,并且捐赠价值1000万元的MAPGIS软件,以支援灾区建设。

为支持国家信息化建设,吴信才又多次主导向国家捐赠价值2000多万元的MAPGIS软件。

为了支持国家"脱贫攻坚"和"乡村振兴"工作,2019年,吴信才又以武汉中地数码科技有限公司名义向内蒙古自治区呼伦贝尔市莫力达瓦达斡尔族自治旗等贫困地区捐款扶贫。

对自己节俭的吴信才,对教育、对产业、对国家却是那么慷慨……

珍贵的传承,将一件事情做到极致

认准一件事,数十年如一日地自主创新,这是吴信才历经岁月雕琢出GIS基础软件"中国标杆"的秘诀所在。

"当他拼命的时候,思维如快速转动的计算机,一刻也停不下来。"夫人刘永既是吴信才生活上的灵魂伴侣,又是工作上的亲密战友。科研攻关之际,吴信才整日在机房,回家吃饭时也在翻书想心事,有时候半夜猛地坐起来,抓起笔就写。风雨同舟、相知相伴四十年,刘永早已理解和接纳这样一个"科研狂人",并义无反顾地选择与吴信才在同一条道路上并肩奋战。

1984年,两个孩子出世了。吴冰、吴洁的孩童时代,正是吴信才科研攻关最为艰难之时,他们甚少在家里见到父亲的身影。有时,孩子吵闹得厉害要爸爸,刘永不得不把兄弟俩带到实验室。他们才知道父亲成天面对的,是一个个闪烁着奇怪图形的屏幕。而关机后的屏幕,就成为他们的新鲜"玩具",东摸摸西摁摁,好奇心被激发,吴冰、吴洁也比其他同龄孩子更早接触计算机,他们终于知道父亲是如何全身心投入到了科研工作中。

吴信才对待科研事业的热忱与执着,深深影响着儿子。"父亲一开始就能把技术做到最好,去改变国际上很多人对中国 GIS 软件的看法。"吴冰深知父亲为了国家 GIS 软件的自主可控所付出的心血。

在美国留学、工作时,两兄弟发现,美国人对中国产品依然有着刻板印象,他们认为"MADE IN CHINA"就是廉价的代名词。作为中国工程师,他们想要为国家争口气,为中国人设计一款最极致的软件产品,打破外国人对中国产品的刻板印象。

万里重洋挡不住吴冰、吴洁兄弟俩的两颗"归心"。在给父母的邮件中,吴冰曾这样写道:"爸妈一天到晚说要实现社会价值,为社会作贡献,现在我一天到晚就想早日归国……"吴冰坦言,在回国的选择上父亲给了他们很大影响。

"父亲做事情看得长远,身体力行,对自己所做的事非常有激情。"说做就做,后来吴冰、吴洁归国创业,父亲又鼓励他们:"你们要想做自己的事情,就去做去试,这个是很重要的。"

"将一件事情做到极致。"吴冰、吴洁认为这是父亲传承给他们最重要的品质。有了父亲树立的榜样,吴冰、吴洁创业的初心便是将石墨文档做成一个世界级的好软件,让世人知道这是中国人做的。这是一件长远的事,需要十年甚至二十年磨一剑,就像父亲所做的那样。

科学研究没有平坦的大道,只有不忘初心一路攀登的人,才能到达光辉的顶点。

"奔泻银龙气势汹,闲庭幽径乃从容。改开风云化蝶舞,热血丹心铸春秋。"这是吴信才有感于在改革开放春风里,MAPGIS 三十年自主创新之路所作。吴信才把他的一片丹心、一腔热血、一身赤诚献给了挚爱的地理信息事业,诠释了初心与使命。斯人已逝,精神永存,如明灯、如火炬,洞穿长夜,照亮征途,永远激励着人们前行……

▲吴信才教授

（图文来源：汤淘、郑祥耀）

新时代"四有"教师的榜样
——戴光明老师育人二三事

戴光明老师,中共党员,教授、博士生导师,湖北教学名师,国家级一流课程负责人,院学术委员会副主任委员,曾任计算机学院副院长,曾荣获学校优秀共产党员、"三育人"标兵、首届校"师德师风道德模范"、首届"地大最美教职工""研究生的良师益友"(连续三届)等称号。作为课程负责人主讲的"零基础学C语言"入选首届中国大学最美慕课,"算法设计与分析"多次被评为"最受学生欢迎的研究生课程"。从教36年来,戴老师始终牢记共产党员的初心与使命,以立德树人为己任,用实际行动谱写了"最美教师"的华彩乐章。让我们一起走进戴老师的内心世界,静静地倾听他的育人和问道故事。

以身作则,为人师表

教师是人类灵魂的工程师,教师的一言一行对学生具有示范性,能在潜移默化中影响学生的思想、行为和品质。上过戴老师"C 语言程序设计"与"算法设计与分析"课程的学生,都会被戴老师的课堂深深吸引。戴老师曾经用 8 个字来概括自己的教学理念,"坚守传统,与时俱进"。戴老师授课有个习惯——坚持板书,这个习惯已保持了 30 多年了。面对年轻老师"板书速度慢,而且每次上课都要重复写,会不会浪费时间"的疑问,戴老师回答:"PPT 确实为讲课带来了极大的便利,但很多讲课内容在 PPT 上一闪而过,很难给学生们留下深刻印象,如果我一步步推导,吸引学生跟着一步步地走,学生就能深入掌握这些知识点。"戴老师不会强求年轻教师一定要板书,他认为:"年轻老师应该有自己的风格,只要在讲课时坚持以学生为中心就可以了,可以学我,但不要像我"。

▲戴老师上算法课

戴老师对待每节课都非常认真。教研组的老师和实验室的学生们都有一种默契,那就是每次上课前一天的晚上,不要去打扰戴老师,因为这个时间段,他正在为第二天的课程认真备课。即使是在去教室的路上,戴老师仍会思考着上课内容,而这一习惯已经坚持了 30 多年。自从学院搬到了未来城校区,乘校车上班需 1 小时左右,因此每次有课程时,戴老师都会留在办公室过夜,精心准备第二天的课程。面对有一些同事"烂熟于心千百遍的内容,有必要每次都花费这大量时间来备课吗?"的疑问,戴老师则说:"计算机学科在飞速发展,讲课内容也要跟得上这种变化,每次上课,老师都应该补充一些新的内容和新的案例,否则,老师的节奏慢了,学生也会因此跟不上这个时代脚步。"一位学生说:"很幸运遇到了这样一位老师。戴老师经常鼓励我们在课堂上踊跃发言,有问题要多多讨论,越争辩思路越清晰。他有着将枯燥理论生动传神地描摹出来的本领,他的'C语言'讲得一级棒!"

戴老师曾长期分管学院本科教学工作。在此期间,他积极倡导消除计算机基础课和专业课老师间的界限,释放老师的教学积极性;同时发挥已有的计算机基础教学方面的成果和好的做法在院内各专业中的辐射作用,带动各专业建设。计算机科学与技术、信息安全、空间信息与数字技术等专业相继入选湖北省高等学校战略性新兴(支柱)产业人才培养计划和湖北省级"专业综合改革试点"。戴老师主持建设的"C语言程序设计"获评首批国家级一流本科课程,"零基础学C语言"获评"最美慕课——首届中国大学慕课精彩100"。由于教学理念先进、教学效果优良,戴老师先后多次获得湖北省教学成果一、二等奖。2020年戴老师作为负责人带领教学团队成功获批了湖北名师工作室,戴老师本人也当选湖北省教学名师。

关爱学生,因材施教

对学习困难的学生积极引导。戴老师曾经说过"没有不爱学习的孩子,只要你能找到正确的引导方法",他也一直践行着这句话。2013级余同学在大二时多门课程不及格,戴老师知道后,立即找余同学谈话。在得知余同学挂科的原因是沉迷于网络游戏无法自拔、无心学习时,戴老师并没有严厉地批评他,而是语重心长地对他说:"喜欢游戏,其实并不是什么非常可怕的事情,关键是我们要学会好好利用自己的这种兴趣,将其转化为学习的动力。你既然喜欢玩游戏,那想不想自己亲手设计属于自己的游戏?"在得到肯定答复后,戴老师便专门安排自己课题组一名研究可视化仿真的研究生,指导余同学进行游戏设计。最终,在戴老师的督促与指导下,余同学在游戏开发方面取得了不错的成果,还考取了我校研究生,最终就职于一家知名公司从事游戏开发的工作。工作后,余同学还曾携女友回学校看望戴老师。余同学感动地说道:"如果没有戴老师当初的引导和帮助,我的人生将走向完全不同的方向,是戴老师拯救了我。"戴老师还帮助一名产生厌学心理的靳同学制订阶梯式的渐进目标,提醒家长给予孩子更多的关心与鼓励,最终让靳同学重新燃起学习热情,顺利完成学业并走上了工作岗位。

注重学生个人学术品德培养和能力训练。戴老师常告诫自己的学生:"做学问,学术道德尤为重要,很多时候,甚至比学术水平本身更重要。你们一定要从思想上高度重视学术道德。"戴老师引用了《菜根谭》中的一句话,认为重视学术道德"如渡海浮囊,勿容一针之罅漏",不容丝毫的侥幸心理。戴老师自从教以来,在他和自己所带学生所发

▲戴老师指导学生实践课

表的论文中,从来没有出现任何学术不端现象。同时,在培养学生的过程中,戴老师能根据每个学生的不同特点,帮其制订相应的学习计划,充分挖掘学生的内在潜力。戴老师每年指导 3~4 名学生的本科毕业设计,对毕业论文的写作要求非常严格。在他的指导下,先后有 19 名本科同学的毕业论文获评"湖北省优秀学士学位论文"。

▲戴老师为空间信息与数字技术专业学生答疑

对学生生活关怀备至。戴老师常以一位资深教育工作者的身份叮嘱学生"不要熬夜,养好身体,为祖国健康工作 50 年"。所以戴老师从不鼓励学生在实验室熬夜工作,而是督促他们规律作息,劳逸结合。这些简单而朴实的话语,让学生从心底涌起一种温暖的感觉。同学们常说,我们实验室有着让人心安的力量,因为每当学生生病或出现意外事件时,戴老师总会第一时间出现在我们身边。秦睿杰同学在走路时不慎踩到窨井盖,腿部被下水道口旁突起的钢筋划了一道很长的伤口。戴老师获悉后迅速赶到现场,将秦同学送到校医院,并根据医嘱亲自开车将他送往广州军区武汉陆军总医院(现中部战区总医院),垫付了手术费用。在秦同学住院期间,戴老师还组织学生来照顾他。

言传身教,薪火传承

教育引导青年教师聚焦育人主业。2021年7月,应学校邀请,戴老师为新入职教师培训上课。戴老师告诉大家,作为人民教师,我们应有强烈的使命感与家国情怀,绝不能仅仅将教书作为谋生的手段,而是要有"为国育才、为党育人"的使命感,为国家的发展实实在在地贡献自己的力量。同时,戴老师还说道:"很多老师过于重视科研而忽视教学,这是非常不对的。教学是教师的本职工作。"戴老师用居里夫人因为上课而不去领诺贝尔奖,以及林巧稚因为出诊而没能参加开国大典的事例告诉大家何谓爱岗敬业、何谓职业操守。事后,很多年轻教师都表示,戴老师所讲授的内容,令他们印象深刻。这堂课,点燃了年轻教师们对教师这份职业的强烈使命感和责任感。这是一种传承,一灯点燃而千灯共明。

悉心指导青年教师备课授课。作为学校非计算机专业的计算机教学负责人,戴老师以抓实做好全校的计算机基础教学工作为己任,在学校教务部门指导下对全校各专业的计算机基础教学进行规划和组织实施,团结并培育了一批年轻教师。当年指导的年轻教师张冬梅,因为在人才培养和教育教学中的良好表现和突出教学效果,1998年获得学校教学优秀一等奖,是学校此奖项最年轻的获奖者。如今她已成长为计算机学院学术骨干,曾担任副院长职务。同时也培养出一批教学成果突出的骨干教师,如余林琛、武云、杨帆、胡霍真、冯如意都获得了学校青年教师讲课比赛一等奖;近年来团队成员马钊老师主讲的MOOC课程"零基础学C语言"也取得良好的教学效果并产生广泛的社会影响,获中国大学MOOC2017年度新锐奖,2018年底在全校教育教学工作会议上做模范发言并破格晋升为副教授职称。

积极动员青年教师提高综合素质。戴老师引领青年教师参与学院的学科建设与专业培养方案的制定,鼓励学校的优势学科与计算机学科进行交叉融合,深入融合计算机技术、空间信息技术、大数据技术、人工智能技术和地质信息技术等方面的基本理论、方法和技能,培养富有特色的专业人才。同时,鼓励青年教师拓宽自己的国际视野,将空间信息发展领域前沿知识和自己优秀的科研成果融入教学工作中,挖掘学

▲"C语言程序设计"课程组例会

生的潜力,用心教育引导学生不仅要有扎实的专业素养,还要富有民族自豪感和家国情怀,从而实现自身的人生价值,真正将我校"品德高尚、基础厚实、专业精深、知行合一"的人才培养理念落到实处。

潜心问道,科技报国

"啃"航天著作,实现华丽转身。自2000年以来,已在计算机领域深耕20多年的戴老师,一直在思索计算机学科的发展方向,以及如何和其他学科结合,更好地为国家和社会作出贡献,实现自己作为共产党员的价值追求并践行"科技强国"的使命。一次学术交流活动中,戴老师发现我国在航天基础工具软件上一直受制于人,被国外"卡脖子",急需研发自主可控的国产化航天工具软件,便在计算机和航天领域的交叉结合领域开展了数十年如一日的研发工作。从带领科研团队"啃"航天领域的经典著作,到组织学生深入调研整个行业的发展趋势,积极与国内外专家交流,向航天科研院所的专家求教,硬是用5年多的时间,带领整个科研团队,从航天领域的外行变成该领域的专家。戴老师喜欢用纸和笔做读书笔记,在这5年时间里,他足足记满了10本厚厚的读书笔记本。这些笔记本,现在保存在实验室的书橱内,每次翻看戴老师在笔记本上写下的文字与手绘图形,对我们都是一种激励。

深耕航天领域,研究深度令专家惊讶。2010年前后,国内航天领域的发展速度减缓,校内很多研究航天领域的老师与团队都纷纷转行。团队的其他老师也建议戴老师调整一下科研团队的主要研究方向,但戴老师非常坚定地拒绝了这个建议。戴老师说:"作为一名高校教师,我们要有为国奉献的情怀,选择航天领域,可以更好地为国贡献,而且也可以兼顾我们个人的职业发展,我们要把眼光放长远,我相信这个领域无论现在或者未来,都是大有可为的。"课题组在20多年的时间里,始终坚持以航天为中心的科研导向。当科研院所的很多专家与戴老师交流时,无不惊讶地说:"中国地质大学连航天学院都没有,为何能够对航天领域有如此深入的研究?"戴老师则笑着回答:"没有什么,只不过我们在这个领域坚持做了20多年罢了。"

开发自主知识产权软件平台,为航天事业做积极贡献。在科研中,戴老师始终坚持发挥计算机学院的优势,将航天领域与计算机相结合,并主持开发了一款自主可控的国产航天基础工具软件平台CSTK(China Satellite Tool Kit)。在软件开发中,戴老师非常坚定地要求具备自主知识产权,所有航天设计分析模块不使用国外第三方插件,以实现真正意义上的国产化。同时,戴老师对航天计算结果的精度有极高的要求。为了提升轨道计算的精度,戴老师曾经专门派几位博士赴南京大学天文系进修一年,最终使软件在轨道计算方面的精度达到国内顶尖水平。2002年伊始,戴老师开始负责组建"空间信息工程"学术团队,该学术团队现有青年教师王茂才、彭雷、武云、宋志明、陈晓宇等。团队始终站在国际前沿,针对我国在航天核心基础软件缺失上面临的痛点和挑战,以破解国外对我国在航天关键技术上的"卡脖子"制约为使命,以颠覆性创新为目标,应用智能计算、人工智能等技术,解决航天领域中传统方法难以解决的系列复杂问题,在航天器精确轨道计算、星座优化设计、多星任务协同规划、通信链路优化设计等方向上取得一系列原始创新,实现了对国外软件的完全替代,为我国的航天强国建设作出了卓越的贡献。项目成果已为"嫦娥二号""天问一号"进行了轨道论证,并为高分辨率对地观测系统重大专项、北斗卫星导航系统重大专项、国家民用空间基础设施、DCSS系统等国家重大工程设计了许多轨道,得到了实际应用与检验;研究成果还成功应用于许多国家重大航天任务中,并在导航定位、通信链路、国土资源监测等民用领域具有很强的应用价值。

团结拼搏,终获骄人成果。经过近20年的发展,戴老师团队先后获得国家民用航天"十一五""十二五"和"十三五"三个五年计划的持续资助,装备预研教育部联合基金、国防科技创新特区等课题的资助,获得国家自然科学基金项目6项;出版学术专著6部,发表高水平期刊论文100余篇;已获湖北省科技进步奖等省部级奖励7项,获发明专利授权12项、计算机软件著作权15项。团队研究成果先后入选由中央军事委员会装备发展部主办的第二届、第三届军民融合发展高技术装备成果展览,以及第21届中国国际高新技术成果交易会等。

戴光明老师以"为国育才、为党育人"为使命,以高尚师德师风和深厚家国情怀为底蕴,以良好职业操守和业务素质为根本,不忘初心、矢志不渝、潜心育人、执着问道,树立了新时代"四有"教师的光辉形象,是全院老师学习的榜样。

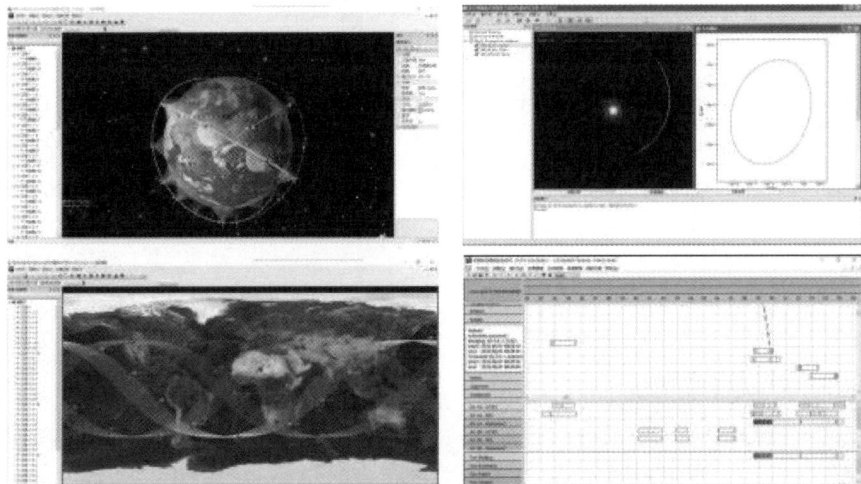

▲CSTK 软件平台展示

▲学术专著组图

[图文来源：中国地质大学（武汉）计算机学院　武云]

潜心育人　开拓进取
——蔡之华老师育人二三事

作为一位有36年教龄的教师,他有着标志性的微笑,给人留下热情、朴素、严谨和执着的印象,有种天然的亲切感;他曾经长期主持计算机学院工作,教学、科研、指导学生学科竞赛等业绩突出,指导的研究生超过百人,至今已是桃李芬芳,许多学生已成为业内翘楚。他是院里公认的"孺子牛",也是学院发展的"拓荒牛",他就是计算机学院可敬可亲的蔡之华老师。

蔡之华,中共党员,二级教授,博士生导师,湖北省计算机学会副理事长,湖北省高等教育学会计算机教育专业委员会副主任,中国计算机学会高级会员。主要从事演化计算、机器学习及其在高光谱遥感图像处理中的应用研究。先后主持了"863"科技攻关项目、国家自然科学基金项目、教育部博士点基金和湖北省自然科学基金创新群体项目,主持的项目获湖北省自然科学奖二等奖2次、三等奖1次,湖北省教学成果二、三等奖各1次,参与的项目获湖北省自然科学奖二等奖1次,出版专著4部、译著1部。在包括TEC、TGRS、TCYB、TKDE、TMM等IEEE汇刊在内的权威期刊上发表论文180多篇,被SCI检索70多篇,EI检索80多篇,其中ESI高被引论文7篇。

▲蔡之华教授

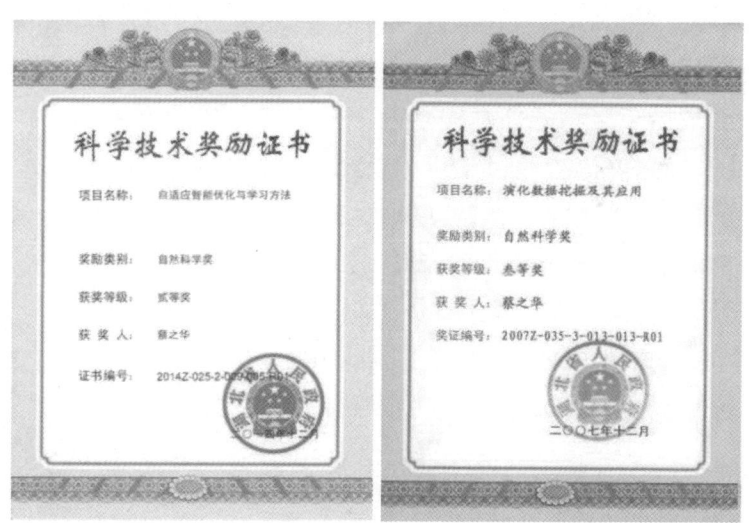

▲蔡老师湖北省自然科学奖奖励证书

自1986年任教以来,蔡之华老师长期主讲本科生课程和研究生课程,包括"数据结构""离散数学""机器学习""计算机应用数学",承担过本科生学务指导老师和班主任工作。作为班主任带过的班级曾荣获"湖北省优秀班集体"。他非常重视课堂教学,常对学生说:"高效的课堂学习是培养学科兴趣的动力。"蔡老师在讲授"组合数学"(学生们习惯称呼,实为"计算机应用数学")的课堂上经常板书推导公式,给学生留下了深刻印象。他带领教学团队,积极探索新的教学模式,延展课堂教学空域和时域,优化教学交互过程,提升教学质量。他带领的教研团队曾多次获得湖北省、学校教学成果奖,主持的教研项目获湖北省人民政府二、三等奖各1项,公开发表教研论文5篇,编写教材3部,其中一部获得中国地质大学普通高校优秀教材一等奖。他是国家级一流本科专业"计算机科学与技术"建设点的负责人。

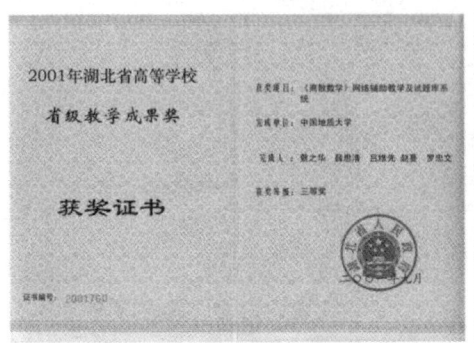

▲蔡老师湖北省教学成果获奖证书

春风化雨、传道授业

蔡老师热心学生的课外科技活动,长期指导学生参与自主创新资助计划、国家级大学生创新创业训练项目等课外科研活动。他重视学科竞赛的教育意义,经常和学生一起备战,在长期培养学生的过程中,蔡之华老师练就了"火眼金睛",善于发现学生的优势,帮助学生制订研究计划,教授学生科研方法,指导学生整合资源,让学生在松弛有度中快乐科研。指导的本科生团队曾获得全国大学生"挑战杯"、研究生数学建模竞赛、中国机器人大赛等知名学科竞赛的多项大奖,10多次被评为学生课外科技活动优秀指导教师。

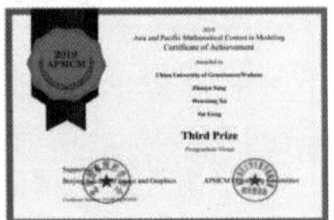

▲蔡老师指导学生参加竞赛获奖

良师益友,桃李满园

蔡老师是一名严谨负责的研究生导师,虽然工作繁忙,但总会在百忙之中抽空认真指导学生,从学业规划、专业探索,到高效学习方法、创新研究途径,他都精心准备,细心指导;积极为学生创新创业提供条件,经常邀请国内外知名专家开展专题讲座,积极组织学生参加各类社会实践、学科竞赛等活动,增长研究生的实践才干。他注重学生心理健康和价值观的构建,经常和同学们讨论学习生活中的趣事,从小事、趣事引导学生保持积极心态。当学生生活遇到困难,他给予力所能及的帮助,既尊重学生感受,又帮助学生克服生活困难。当学生思想情绪不稳定时,他总会适时发现并给予安慰。

▲与2021届研究生毕业合照

在研究生心目中,蔡之华老师是最好的导师。他们这样评价:"蔡老师不仅用深厚的学识指导学业,还用真挚的情感温暖人心,不仅是学业上的老师,也是生活中的朋友。"蔡老师曾两次获评学校"研究生的良师益友"。蔡老师重视毕业设计过程指导,精益求精,严把论文质量关。在他的指导下,有4名同学的论文获评湖北省优秀硕士论文,1名博士生的论文获评湖北省优秀博士论文,8人获得研究生国家奖学金。蔡之华老师培养的博士和硕士研究生超过百人,指导的学生多在国内外知名高校及世界知名企业任职。

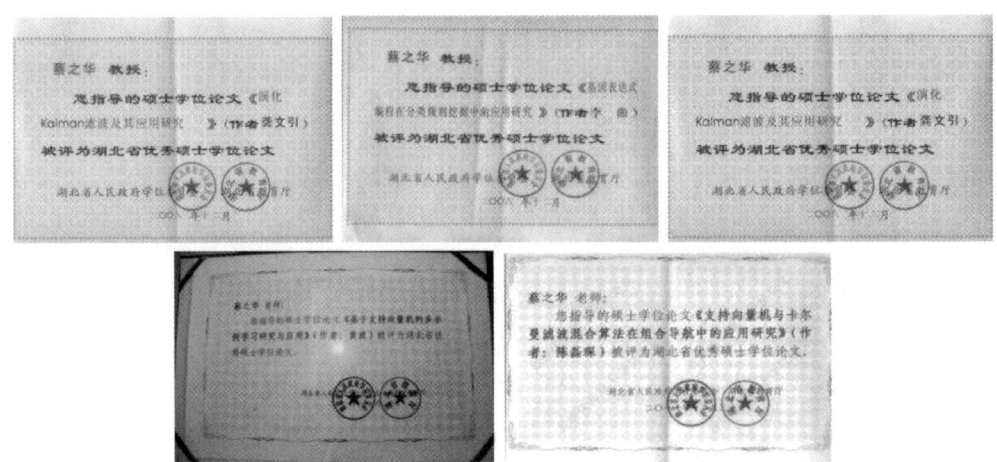

▲优秀毕业论文证书

科研攻坚,开疆拓土

蔡之华老师曾是计算机学院院长,中文核心期刊《计算机工程》第一届理事会理事,湖北省计算机学会副理事长,是中国计算机学会及中国电子学会两个学会的高级会员,计算机学院计算机科学与技术专业学术带头人,智能计算及其应用、机器学习与数据挖掘两个研究团队的学术带头人。在学院建设早期,面对学科实力较弱、科研平台层次较低、科研经费不足的现状,蔡老师带领学院师生艰苦创业,不断推动学科建设,通过近10年的不懈奋斗,成功举办了5届"ISICA智能计算及应用国际会议",成功申报湖北省重点实验室,学科评估排名显著提升,学院学科影响力、科技创新能力显著提升。

工作30余年,蔡之华老师在科研的道路上,严谨刻苦,执着坚定,长期从事智能计算和数据挖掘的研究,始终保持对关键技术的探索热情和对学科前沿技术的敏锐性。对于指导研究生开展科研很"较真",在学习汇报、文献综述、研究目标、技术路线、实验设计、成果整理等方面都会给予学生细致指导。他曾为攻克一个技术难题,带着研究生在实验室连续2个月"起早摸黑"做实验、对数据、论证结果。他常对身边的学生说:"做科研不仅是为了写论文、评职称,科研工作者的责任更多的是推动技术进步,促进国家经济社会发展"。

"作为国家未来的建设者,首先要确立一个人生目标,沿着这个目标,勤奋努力,只有锲而不舍,方得始终。"这是蔡之华老师对他的学生的谆谆教导,也是对学院全体青年教师和青年学子的殷切期望。

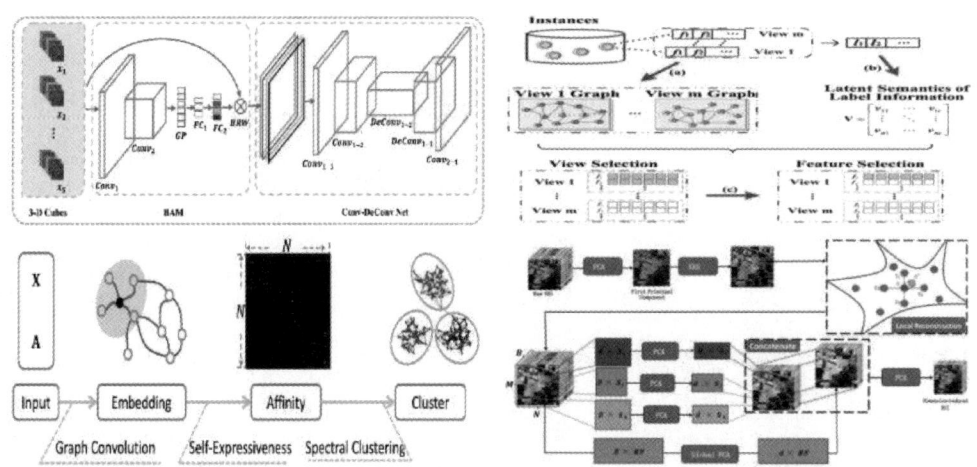

▲ 部分高水平科研成果

[图文来源:中国地质大学(武汉)计算机学院 张咏珊]

最具亲和力的"老黄牛"
——第三届最美地大教工候选人刘刚老师

从教20多年来,刘刚老师深耕教育教学第一线,每学期坚持为本科生、研究生教授"地理信息系统""计算机导论""地质信息技术导论"等课程。刘老师总是教导大家诚信做人、胸怀大志、踏实做事、学好本领。刘刚老师注重理论与实践的结合,整理分析对比国内外的新思路、新技术和新方法,采用启发式教学法,受到学生们的普遍欢迎,曾荣获学校第一届青年教师教学优秀奖。

桃李不言,人才培养付真情

刘老师强调道德应当成为科学的指路明灯,以"远见、深究、思辨、创新"作为开展研究工作的指导思想,以"把关键、求论证、重实践"来指导学生掌握分析问题和解决问题的方法,努力产出创新性成果。在对学生的论文指导中要求严格,修改七八稿、凌晨回邮件和资助学生参加国内外学术会议是常有的事。刘老师先后指导博士生、硕士生 60 余名,成绩斐然。多人获评国家奖学金,2 名同学的论文获评湖北省优秀硕士学位论文,多名学生获"挑战杯"全国大学生课外学术科技作品竞赛二等奖、湖北省"挑战杯"大学生课外学术科技作品竞赛特等奖、中国地球科学大数据挖掘与人工智能挑战赛一等奖、全国高校移动互联网应用开发创新大赛二等奖等奖项。2016 级研究生姚同学通过选调生选拔成为一名基层公务员,因工作表现突出受到武汉市江夏区人民政府表彰。2018 级硕士研究生周同学是一名以书香为伴、求知若渴、硕士三年打卡图书馆 2000 多次的"跑馆达人",毕业后顺利进入腾讯科技(深圳)有限公司工作。

久久为功,学院发展贡献大

刘刚老师长期致力于地质信息技术复合型创新人才培养,与吴冲龙、戴光明、张冬梅等老师一道,经过多年坚持不懈的努力,终于创建了"空间信息与数字技术"(以下简称空信)本科专业,补上了人才培养的重要一环,形成了本—硕—博全链条的培养体系,并在国内率先编写出版了全新的系列专业核心课程教材,建立了能有效实现地质知识与信息技术跨学科有机融合的理论教学体系。刘老师主动承担空信专业实验班班主任,获评校级"十佳班主任",带出了校级优秀毕业班。如今空信专业获批国家级一流专业建设点,学生就业单位好,就业、升学率名列前茅。复合型创新人才培养成果获批 2018 年度湖北省优秀教学成果一等奖。刘老师荣获校级"研究生的良师益友"称号。因在国际数学地球科学领域人才培养和专业建设中的突出贡献,获评国际数学地球科学协会 2020 年度教学奖(Griffiths Teaching Award)。作为计算机学院副院长,刘刚老师积极落实学校的相关政策,做好学科、平台建设及保密等岗位工作,为学院的学科和平台建设作出贡献。在学院学科评估、博士点申报、智慧地质资源环境技术湖北省工程研究中心和全空间智能信息处理技术及系统湖北省中试基地申报的关键时期,他经常加班到深夜,第二天还要再组织大家开展讨论和研究。在学院上下的共同努力下,计算机学院获批智能地学信息处理湖北省重点实验室、智慧地质资源环境技术湖北省工程研究中心和全空间智能信息处理技术及系统湖北省中试基地等,并在省科技厅年度考核中获得优秀成绩,为学院的长远发展提供了有力支撑。

默默奉献,生活工作立标杆

刘刚老师带领的地质信息技术团队面向国家战略和行业需求,长期致力于三维地质信息系统及相关理论方法的研究。团队重传承,从全国优秀教师、对国家有突出贡献的青年专家吴冲龙教授开始,不断发展壮大,现已有教师10多人、博士和硕士研究生70多人。

在刘刚老师的指导下,团队年轻骨干陈麒玉老师快速成长,继获得国家自然科学基金青年基金项目资助后,又获批国家自然科学基金面上项目,并获省部级二等奖。团队30年来坚持服务地矿工作信息化国家战略,不断创新,研发出了具有独立自主知识产权的三维可视化地质信息平台QuantyView;承担了包括国家"863"计划重点项目课题、"973"计划课题、国家重大科技专项课题和国家自然科学基金重点项目等10余项国家级项目,获国家科技进步奖三等奖1项,省部级科技进步奖一等奖5项、二等奖5项,省部级技术发明奖一等奖1项,还获得2010年上海国际博览会唯一的软件类奖项(铜奖)等。

生活中,刘刚老师积极乐观、乐于奉献。每次见到他,他都会报以温和的笑容,被同事们评价为"最具亲和力的领导"。他经常为遇到困难的师生提供帮助:一位因多门课程考试不及格而产生消极厌学情绪的陈同学,在刘刚老师的帮助下走出阴霾、重拾信心并在毕业后考取硕士研究生;一些因新型冠状病毒感染疫情,暑期没能回家的同学在中秋节收到了刘老师送的月饼;一位同学因得到刘老师的资助而实现出国联合培养、发表系列高水平论文、顺利毕业并成功留校……在2020年初武汉新型冠状病毒感染疫情最严峻时,作为一名党员,刘老师义无反顾地争当志愿者,承担了社区巡逻等多项保障工作,并积极捐款支持社区抗疫工作。刘刚老师总以一丝不苟的工作态度、默默奉献的无私精神、积极向上的生活热情,深深地影响着身边的每一个人,成为学院师生心中最具亲和力的"老黄牛"。

[图文来源:中国地质大学(武汉)计算机学院　武云]

记寓教于"渔"的学校首届"卓越青年研究生导师"
——龚文引教授

要认识龚文引老师很容易,因为他曾是计算机学院最年轻的博士生导师,短短5年从讲师升任教授,7年时间入选"摇篮计划""腾飞计划"、湖北省杰出青年基金获得者,一路高歌猛进,再加上他"聪明绝顶"的外形,形成了身上独特的标签。龚老师不仅科研能力出众,频频获奖,教书育人方面也硕果累累。他曾获得第六届和第七届地大"研究生的良师益友"称号,所授"计算智能"课程在2017年获评地大"研究生最受学生欢迎课程"。

作为他的学生,有更多的机会全方位地了解龚老师。龚老师的一位博士生回忆:当年作为一名刚步入大学的计算机专业新生,就因为上了龚老师的"计算机科学导论"课程,对计算机科学产生了浓厚的兴趣;到大三再次聆听了龚老师的"智能计算导论"课程,便萌生了拜入龚老师门下读研的念头。在这门课上,龚老师介绍了自己研究的智能优化领域的诸多算法,如遗传算法、差分进化算法、粒子群算法、蚁群算法、

▲龚文引教授

鱼群算法、人工蜂群算法……这些生动有趣的名字一下子就吸引了大家的兴趣:算法也能进化?程序还可以模拟生物?这些问题在龚老师生动形象的讲解下,均一一得到解答。从灌汤包的吃法类比到程序设计的思路,将达尔文的进化论翻译成代码语言,把PPT上的一只只蚂蚁智能化,让它们自动求解旅行商问题……每一堂课,龚老师都能给学生们带来不一样的惊喜。在他深厚的知识积淀和丰富的教学经验支撑下,寓教于乐、举一反三是课堂上的常态。妙趣横生的课堂上,同学们常常因为龚老师的形象比喻而笑声不断。原来计算机还能这么玩!原来程序可以这么有意思!每次课程结束后,大家都废寝忘食地运用编程实现课上讲到的算法。看着电脑屏幕上旅行商问题的每一个城市最终连成一条线路,每一次迭代之后目标函数值的更优化曲线和粒子向峰值不断地聚拢,同学们心中的科研之火已熊熊燃起。在龚文引老师的引领下,7名研究生获得国家奖学金,仅近几年指导的研究生就发表SCI论文45篇,其中T1论文8篇,T2论文34篇。

龚老师不单要求少数学生写出高水平论文,更要求所有学生提高科研工作的效率和热情。在学生培养上,龚老师特别注重对研究生科研方向的引导,强调学习态度必须严谨,实事求是。龚老师会根据每个学生的特点、研究兴趣、培养学制等制订切实可行的科研计划;提醒他们去听最新的科研讲座;鼓励甚至资助学生参加国内外知名学术会议;经常给学生发一些与他们课题相关的最新文献,分享相关的专业软件和科研方法;每周与学生交流心得体会,了解大家近段时间的学习情况,与学生进行思维的碰撞,营造出良好的科研学习氛围。在督促大家学习的同时,也增进了老师和学生之间的感情。

除了在科研和学习上给予学生指导外,龚老师还是学生生活中的朋友,重视师生

▲龚老师指导学生

间的沟通,经常和学生谈心,积极帮助学生解决生活中遇到的困难和问题。未来城校区娱乐活动很少,但周边生态资源丰富,龚老师有时会在例会后主动邀请学生们去钓鱼。说是钓鱼,龚老师也不忘寓教于"渔"。他说:"钓鱼是个技术活,也是个持久战,抛一年竿,开三年饵。实际上也是个强化学习的过程,你必须不断试错,才知道正确的做法是什么。"

▲龚老师授人以"渔"

龚文引老师自2009年培养研究生以来,已经毕业的硕士、博士有28人,除去定向培养和继续深造的学生,走上工作岗位的研究生就有近20人。在就业方面,龚老师积极为学生提供就业帮助,如提供招聘信息、教授面试技巧等。龚老师的研究生毕业后都进入了国内知名企事业单位。这些毕业生踏上工作岗位后继续保持着与龚老师的联系,感恩老师与母校的培养,用自己所学所成反哺母校:有的作为企业主管回母校招收新毕业的学弟学妹;有的作为技术骨干被聘为学院的企业导师,与曾经的导师龚文引老师共同培养新的研究生,正可谓薪火相传,生生不息!

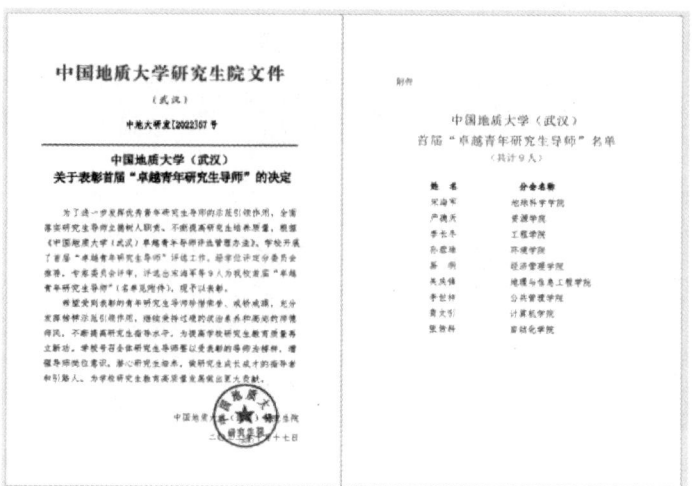

▲龚老师获评校首届"卓越青年研究生导师"

这么一位深受学生爱戴的导师,获评学校2022年首届"卓越青年研究生导师"实在是众望所归、众生所望。

[图文来源:中国地质大学(武汉)计算机学院2021级博士研究生　明飞]

率真、严谨的蒋学长
——蒋良孝

蒋良孝老师,中国地质大学(武汉)计算机学院教授,博士生导师,教育部新世纪优秀人才,湖北省杰出青年基金获得者,中国计算机学会(CCF)和中国人工智能学会(CAAI)高级会员,CCF人工智能与模式识别专业委员会委员,CAAI不确定性人工智能专业委会员委员,CAAI粒计算与知识发现专业委员会委员,CAAI机器学习专业委员会通讯委员。主要从事数据挖掘与机器学习方向的教学和研究工作。发表重要学术期刊和会议论文90余篇,出版学术专著1部,授权国家发明专利4项,获批计算机软件著作权8项。提出的CFWNB、HNB和WAODE算法被国际著名数据挖掘与机器学习实验平台WEKA集成发布。主持完成国家自然科学基金、湖北省自然科学基金、武汉市青年科技晨光计划等科研项目,入选爱思唯尔中国高被引学者,荣获湖北省自然科学奖二等奖、湖北省自然科学奖三等奖、湖北省高等学校教学成果奖二等奖等奖励。

我们习惯称呼率真、严谨的蒋老师为学长,主要有两个原因:一方面,蒋老师在我们心中既是学者,也是长辈,更是主持实验室日常学习工作的领路人,因此用"学长"倒也契合这个词本来的含义;另一方面,蒋老师的本科、硕士、博士学业均在地大完成,是一名土生土长的地大人,也确确实实是我们身边的老"学长"。至于率真和严谨,思议再三,我们认为这应该是最适合老师的形容词。

入团队承诺书

蒋老师带研究生的时间并不长。自2012年成立科研团队伊始,老师便为它取名为CUG－Miner(地大矿工)。一方面,这呼应了我们团队从事数据挖掘(Data Mining)相关的研究;另一方面,按照老师的意思,他希望我们真的可以像矿工一样吃苦耐劳,潜心挖掘属于自己的成果宝藏。

每个CUG-Miner成员加入团队要完成的第一件事情,便是签订一份"入团队承诺书",其中包含了许多项蒋老师允诺我们他会做到的,以及他认为我们需要做到的事情。作为团队的负责人,他希望每个成员都可以真心实意、无怨无悔地加入团队,因此他把所有可能引发师生矛盾的问题都列出来,讲清楚,防患于未然。相较于我们,蒋老师对这份承诺书的态度分外严谨,承诺书中许诺我们的事情蒋老师都会严格遵守,也从不要求我们做承诺书之外

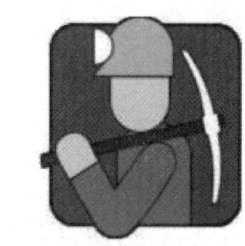
▲团队标志

的事情。偶尔,蒋老师还会维护更新承诺书,然后让大家仔细通读、了然于心。得益于这不到一页纸的文件,CUG-Miner团队从未出现过任何产生不良影响的师生矛盾。

几经风雨的六个模板

如何用自己的经验和积累帮助学生少走弯路,蒋老师有自己独特的方法。每次新成员加入团队时,蒋老师都会将精心打磨的6个模板发送给他们。

这些模板,倾注了蒋老师培养学生的多年心血,内容涵盖了研究生学习期间的方方面面:怎样总结阅读过的论文、怎样定义算法流程、怎样开始论文写作、怎样快速整理参考文献……其中的每一条、每一项,都是蒋老师从学生时代至今的积累和总结,是可

②研究生文献阅读模板.doc
③研究生算法实验模板.doc
④研究生论文撰写模板.doc
⑤研究生参考文献模板.doc
⑥研究生专利申报模板.doc
⑦研究生软件著作模板.doc

▲蒋老师精心打磨的6个模板

以帮助学生尽快提高的"武功秘籍"。不过,这份"武功秘籍"的传承也并非一帆风顺。我们中的许多人,在刚加入团队时都尝试用自己的方法挑战这份"武功秘籍"。老师也鼓励创新,常说:"如果大家不想按照模板来,有更好更快的方法,也可以说服我、交给我,我整理成新的模板供你们以后的师弟师妹用。"尽管大家屡屡挑战,不过就目前的战况来看,这样的"武学"奇才还没出现。

爱心、细心、耐心

"搞研究做学问,一定要有爱心、细心和耐心",这是老师日常挂在嘴边的一句话。在和我们交流论文写作时,老师总教导我们要把论文当作自己的孩子,要像爱护自己的孩子一样去爱护自己的论文,以它为荣,希望它更好,这便是爱心。在老师眼中,一切的成果都源于兴趣和喜欢。其次就是细心。老师认为,犯错并不可怕,但是重复犯相同的错误就是不细心导致的。论文写作,要想进步,就要细心,要做有心人,要时常总结犯过的错误,避免重复犯错。耐心同样重要,做研究要耐得住寂寞,要不怕困难、克服困难,更不能急于求成。老师说,每一篇论文,都要当作艺术品一样去打磨,直到它没有一点瑕疵。

▲蒋老师(中)与毕业生合影

老师这样讲,更是这样做的。我们每个人的第一篇论文,都经历了老师的"花式修改"。老师总是用最直白的话,直指论文中出现的问题。从动机立意,到章节安排、段落设计、语句前后的逻辑关系,再到具体用词,甚至插图的设计……都可能出现意想不到的问题。通常,一篇我们自己满意的论文,修回时都会布满老师密密麻麻的批注。我们大多经历过一觉醒来收到老师几十条修改意见的留言、过年前后被老师询问论文修改进度、花费几个小时开会讨论论文中的错误……蒋老师有时因思考学生论文如何改进而睡不着觉。但第二天一大早,他又神采奕奕地拉着学生讨论新的思路。正是在这样细心和严格的指导下,我们逐渐喜欢上自己的研究,以自己的研究成果为骄傲。

"提心吊胆"的课堂

蒋老师也将他的率真和严谨,带到了课堂。如果有同学想在课堂上"划水",老师的"模式识别"或者"机器学习"课程可能是最"差"的选择,这绝不是危言耸听。在坚守教学效果和维护教学原则上,蒋老师从不让步,有时甚至"不留情面"。上课前,老师可能会从后排将学生一路赶到前排听讲;刚上课时,老师可能不允许迟到的同学进入课堂;开讲后,老师可能会将影响课堂氛围的学生赶出教室;课间提问时,可能会让答不上问题的学生站着听讲;快下课时,可能会突然让大家拿出纸笔回答几个问题;批改报告时,发现抄袭绝不姑息……因此,你如果是个"差"学生,可能会在老师的课堂上"提心吊胆"。但是只要你态度认真,便绝对会收获一个印象深刻的课堂。团队中的许多成员,都是在课堂上被蒋老师的特点吸引,最终选择成为团队的一员。

▲课堂教学

勇于亮剑和真情流露

我们私下猜测,老师的偶像可能是电视剧《亮剑》中的李云龙。因为老师一再强调,我们需要具备亮剑精神,无论是科研分享,还是临场答辩。以答辩为例,老师常讲:"大家一定要勇于亮剑,对自己的成果不要不自信,要满怀信心、真情流露地去展示自己,打动评委老师。"老师认为,亮剑,亮的是一种态度和决心,是一种精神和气质。亮剑,就是用自己的真情实感去感悟生活和研究,用辛苦努力直面困难和失败,用积极乐观去雕琢青春和未来。

蒋老师也将这种气质带到了生活中。比起发论文、出成果,老师更加关注大家的生活质量和身心健康。他常说:"一个人具备乐观开朗的心态很重要,这样的人即使在学校不是一个高产的研究生,也不影响他进入社会后拥有幸福的生活。"实验室外,茶余饭后,老师和我们提到最多的就是李老师和他的两个孩子。从过去刚上大学时认识李老师,到如今小女儿成长的点点滴滴,老师都如数家珍。越了解蒋老师,越发现他不仅是一位好老师、好朋友,还是一位好丈夫、好父亲。当然了,老师也不忘将这种幸福传递给我们。他常鼓励大家:"大学时期的恋爱是最单纯自由的,喜欢对方就一定要勇于让对方知道。让对方了解你才会有更多的机会,就算失败了也不留遗憾,不要退缩。"老师给我们的感觉不只是老师,更像家长和朋友,是不折不扣的蒋学长。

▲蒋老师"全家福"

两个理想

2019年蒋老师成为博士生导师,实验室可以招收更多学生,加之研究生扩招,团队一下子壮大不少。慕名而来的学生很多,几乎每一年都需要额外的名额。蒋老师因为学生变多而一年比一年忙碌,但仍然没有忽视与我们每个人的交流。有时甚至还督促我们好好努力,多与他交流,别让他闲下来。有次在路上遇到一个朋友,朋友说发现老师比过去苍老了许多,因此向我询问老师近况,生活是否如意。我这才猛然发现老师相较于过去,两鬓已多了许多白发。一次例会与老师说起,老师大大咧咧,毫不在意。偶然听老师讲,人生中各种名誉和利益甚多,过分追逐会令人盲目,到头来都是虚无。相较于名利,老师追逐的人生理想有两个:其一是多做感兴趣的研究,争取30年后还有人引用自己发表的论文;其二是好好培养学生,争取退休后还有几个学生可以拿来吹牛。

初次听闻这两个朴素的理想时,先是感动,而后汗颜。毫无疑问,这两个理想实现与否,与团队中的每个成员息息相关。但眼下我们着实羽翼未丰,还远未达到帮助老师实现理想的水平。不过,我们都愿意跟随着老师的步伐,去学习和探索,一步一步变强。希望有朝一日,我们能够强大到帮助老师实现这两个理想。

▲蒋老师与学生合影

如上所述的故事还有很多。受教3年,老师在生活、科研、做人、情感等方面,都让我受益良多。于我和团队其他每位成员而言,老师是我们的长辈、导师、朋友,是我们未来很长一段时间内引以为豪的学习榜样。亲其师而信其道,信其道而受其教,知遇这样一位率真、严谨的蒋学长,幸莫大焉。前路漫漫,我们与您同行!

[图文来源:中国地质大学(武汉)计算机学院2022级博士研究生 张文钧]

做一名优雅的教师
上一门优雅的课程
——马钊老师育人二三事

他获得过诸多的教学奖项:校首届卓越教师奖、教师本科教学质量评价排名前10%(连续五年)、湖北省优秀教学成果奖二等奖、校优秀教学成果奖一等奖、全国密码学与信息安全专业多媒体教学课件竞赛一等奖、"中国大学MOOC"2017年度新锐奖、第三届全国实践教学大赛多媒体课件二等奖、校"金石奖教金"、校首届教师教学创新大赛一等奖,连续两届荣获"最受学生欢迎老师"称号,所授"C语言程序设计"和"网络应用与信息技术"两门课程同时获评2018年"最受学生欢迎课程",主讲MOOC课程"零基础学C语言"被认定为湖北省省级精品在线开放课程,单次选课人数超13万人并获评首届"中国大学最美慕课"。

他还是老师们眼中不知疲倦、乐于奉献的好同事,2次获得校"招生宣传优秀个人"称号,12次获得校级和院级"优秀工作者"称号,10次获得校级和院级"工会工作积极分子"及"工会工作积极分子标兵"称号。他就是学校首届师德模范、计算机学院首届师德师风道德模范、信息安全系党支部书记马钊老师。

让我们一起走进他的世界,听听他教书育人的心得。

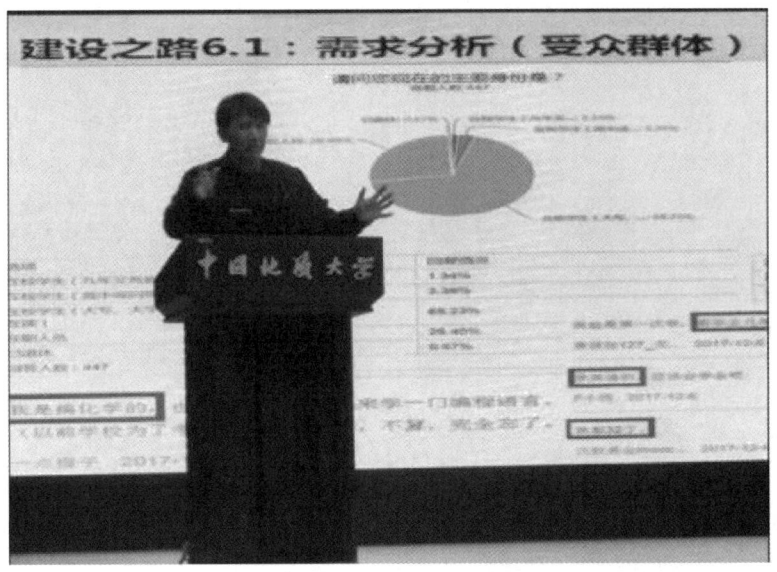

▲马钊老师

在课堂上,马老师经常跟学生说:"要做一名优雅的程序员,精通代码简洁之道,追求代码之美,写出一段优雅的程序。"像写作一般写代码,对数据反复梳理,对算法不断优化,对代码精雕细琢,方能谱写优美雅致。

对于教师和课堂而言,优雅即优美高雅,其本质是一种高度和谐,其中"和"字由"禾"和"口"组成,意为有粮吃;"谐"字由"言"和"皆"组成,意为都有话说。"和""谐"合二为一即为在知识获取时的基本权利和知识传播中平等的交流机会。大学教学要求师生和谐、课堂和谐、内容和谐、交流和谐、规则和谐、目标和谐、认同和谐、过程和谐、资源和谐……"和谐"一词比比皆是。而这样的和谐,是需要教师们围绕教学全方位、全过程、全阶段不断打磨、不断淬炼、不断优化方可成就的。那么,如何才能做一名优雅的教师,上一门优雅的课程呢?"我尝试就我的教学实践谈一点个人感想,一得之见,尚不成熟,旨在抛砖引玉",马老师谦虚地说。

沃土生花,在课程教学中厚植情怀

教学理念是教师对教学活动内在规律的认知和体现,更是从事教学活动的一种信念。马老师的信念是"亲其师,信其道,乐其学",意思是学生往往会因为尊敬和亲近一位师长,而开始喜欢他所教授的课程,并且会努力自觉地学好。这是出自《礼记·学记》中的一句话,寥寥数语,道明了"良师+益友"对于增强学生学习效果的重要作用。

故事从每年夏天的招生宣传工作开始,连续11年,他跑了全省大大小小30多个市(县)。这事看上去好像和教学没关系,但就在这个本科教学最前沿的阵地上,却让马老师每年邂逅一份感动,致敬一份托付。2011年6月,在湖北省京山市的一所中学,中国地质大学(武汉)的招宣站点前,迎来了一位农民家长。他穿着朴素,衣服上沾有泥点,非常谨小慎微,甚至连一句完整的普通话都说不全,但最后硬是鼓足勇气,从十几名家长中奋力挤进来问学费交不齐会怎样,憋得满脸通红就只为了能够替他的孩子寻求一个希望。马老师就在想,这些孩子们若来了,要对他们好,自己要对得起这份托付。

▲马老师在招生宣传工作现场

"严在当严处,爱在细微中",这是马老师摸索出的对学生的"好"。担任192151班班主任期间,他发现大一的同学们还不太适应大学的自主学习模式。孔子曰:"其身正,不令则行;其身不正,虽令不从"。于是他每周三天陪伴同学们集体晚自习;中秋节同学们想家时马老师给他们送去月饼和节日的祝福;寒暑假给每一位同学家里寄上一封书信,"细数"他们在校期间的各种表现,让家长们可以更多地参与孩子的培养;得知班上的吕云龙急性阑尾炎发作、林赓胃穿孔后,他第一时间赶去医院垫付住院费……4年之后,192151班获得"出勤优秀班级""五四红旗团支部""科创先锋班集体"等称号,4人获得"校优秀毕业生"称号,9人赴中国科学院、985和211高校深造,4人出国深造,共70余人获各类奖学金和个人荣誉,5人光荣地加入中国共产党。能够看着学生们从大一走到大四,这是何其有幸啊,老师们的一言一行,原来可以影响那么多学生的人生。

▲马老师和192151班毕业生马悬同学合影留念

其实,"介入青春,陪伴成长"是对学生最好的亲近。在课堂教学中,马老师发现,不论是线上还是线下,老师陪伴学生的时间越多,学生越愿意去学习。很多非计算机专业的同学希望能够考取计算机等级二级证书,他就利用业余时间义务做考前辅导;学校十年前取消了"计算机文化基础"课程,但仍有同学想掌握一些基本的信息技术,他就每年开设全校通选课"信息与信息技术导论",共计14次,累计选课人数2000余人。"没想到影响自己专业选择的大学老师是在通选课上",一位通选课的学生发帖说道。期末考试前除了参与线上和线下的答疑之外,他还陪伴同学们一起上机复习,解答疑惑。"第一次上机看了两个半小时的代码,眼都直了,不过和小马哥讨论程序的过程还是很愉悦的""大晚上又开始研究这高大上的程序,只因喜欢马老师的课",我校公共管理学院14级体育特长生杜洁等同学说。在带020211班的"C语言程序设计B"课程期间,马老师除了课堂教学和线下上机之外,也一直在线上陪伴同学们。"我公布了自己的手机、微信和QQ号,有问必答,与课堂内容同步分享各种资料和学习心得,方便对课程内容进行及时补充。突然有一天,我发现所有的同学都将名字改成了"人活着就是为了马钊……这些'淘气包'真是令我哭笑不得,但这个班的课堂纪律和教学效果,是极好的。"

▲马老师为学生答疑解惑

▲计算机等级考试考前马老师开展义务辅导

▲"信息与信息技术导论"通选课

▲考前机房答疑、上机复习

做让学生喜欢的老师,上让学生喜欢的课,这可能是每一位老师追求的梦想。"亲其师"之后,"信其道"和"乐其学"通常会接踵而来。"'C语言'是我最喜欢的课程",工程学院2021级新生郭云青说。很快马老师发现,朋友圈里有很多帖子,它们都有一个共同的关键词:抢座位,越来越多的同学开始不再惧怕"C语言",他们会提前两三个小时来教室占座。"明晚想看湖南卫视跨年演唱会,还想看学校的晚会,想玩游园嘉年华,然而我也不忍心翘'C语言',真是难过",2015年12月31日跨年夜的晚上,有学生发出了这样的感慨。那晚正好有两节"C语言程序设计",马老师原以为那晚可能会有很多同学请假甚至旷课,没想到大家全都坐在了教室里,那年我校校报和官微在新年的第一天同时刊登专题报道:跨年夜地大老师用"C语言"献祝福。2016年的某一天晚上,北区综合楼突然停电,教室里一片漆黑。马老师说:"哗然过后,正当我不知所措的时候,同学们竟齐刷刷地举起了手中的手机,打开电筒,照亮了教室,也照亮了我的心。那节课我们就在这道别样的光芒中坚持上完了,这道光芒,属于教室中的每一个人,令我终生难忘。那些所谓的流量明星面对荧光棒时的感觉也不过如此吧,当老师,其实很幸福,值得了。"

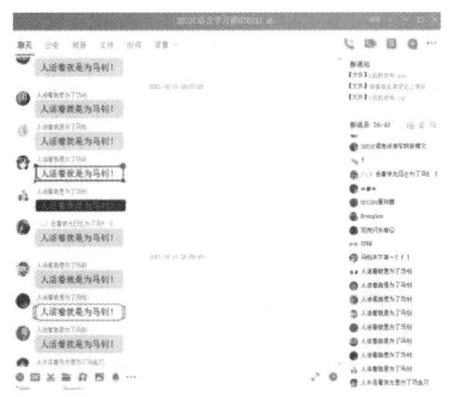
▲教学辅助QQ群

▲同学们不再惧怕"C语言程序设计"课程

▲别开生面的一节"C语言"课

▲终生难忘的一节"C语言"课

以上都是马老师教学生涯中的美好回忆。此外,马老师曾多次在校内外的专业建设和教学研讨会议上做交流发言,其教学事迹和理念先后被地大官网、地大官微、地大之声、地大校报、地大校团委第四纪、中国高校之窗、《楚天都市报》、新浪湖北、凤凰网、长江云等媒体报道。

内容为王,在教学准备中博采众长

马老师始终认为,对于教学"内容才是王道"!目前的课堂教学逐步从关注教学形式为主转向关注教学内容为主,即从"方法时代"走向了"内容时代"。纵使形式再丰富多彩,诸如线上线下混合式、沉浸式、任务驱动式、智慧教室等,最终都是为知识的内化和内容的有效传播服务的,学生最终需要获取的是知识本身,而不是眼花缭乱的形式。而内容的好与坏,决定因素在教学准备,"功不唐捐"说的就是这个道理。

首先,愿意上新课。他仔细盘点了一下,从入校到现在,一共上了19门不同的课程,这还不包括课程设计,这个数字令他自己都很震惊,有些课辛辛苦苦准备了很长时间结果只上了一次,后来就停上了。"当然,这个有一定的历史原因,"马老师解释道,"信安专业创办之初,人员调整、培养方案调整等,现在应该不会再出现这种情况了"。但他发现,当年的这段"携手走过",反倒成了今天的一笔财富。很多那些曾经啃过的内容,今天可以轻松自如地应用到新的课堂中并融会贯通。比如之前所授的"网络安全""信息安全基础""安全审计与扫描""信息对抗""Internet应用及安全""操作系统安全"等课程,对于他现在所授课程"网络空间安全概论"无疑有巨大的帮助;之前上过"信息与信息技术导论""计算机文化基础""计算机外部设备""计算机维护与维修"等课程,为后来获得了"最受学生欢迎课程"称号的"网络应用与信息技术"贡献了大量的内容储备。

其次，多看书。教师准备一门课，不能只看一本书，也不能只看这一门课的书，而应该首先阅读与这门课程相关的多本经典教材和书籍，然后还应阅读相关课程的书，这样讲课的时候才能旁征博引、游刃有余，讲台上的自信也由此而来。比如当时为了讲好"C语言程序设计"，他前后买了30余本相关教材和书籍，其次还准备了满满一文件夹的电子教材，发现同一个知识点，不同的书有不同的表述，有时都表述不清楚的地方，兴许在另一门课程的教材中"转角遇到爱"，给出了令人欣喜的答案。比如有的学生会纠结代码中该不该有多余的空格、该不该有多余的回车，马老师会从"编译原理"课程的教材中帮他找到答案；有的学生始终不明白float的取值范围是如何计算出来的以及为何不能精确表达，马老师会搬出"计算机科学导论"中的内容来；有的学生搞不清为什么是i＋＋和sum＋＝i，而不是i＝i＋1和sum＝sum＋i，马老师会用"计算机组成原理"和"汇编语言"的知识让他释怀；而大多数同学提出的为什么数组非要从0开始下标、一定不能void main()只能int main()、为何要有空语句为何要有逗号表达式、指针的意义何在、C对内存的管理如何体现、为何非要return 0而不可以return 1、scanf()的值有什么意义、数组到底能不能变长等诸多问题，一本书没讲清，那多看几本就一定都能搞定了。

▲马老师准备的"C语言程序设计"课程"周边"

最后，多上机加多带上机。马老师发现，鲜有一本教材是十全十美的，此时上机就成了查漏补缺的一剂良药，有时候会令人欣喜无穷：书中没讲清楚的，甚至书中有错误的，一上机、一实践，便一目了然。学生的想象力、创造力是无穷的，这个创造，不仅来自于正面的创造，同样也来自于反面的创造。马老师说："有时学生上机时所犯的错误，我是万万想不到的，这恰巧就是教学中我想要积累的经验"。比如scanf("％d\n",&a)，他们会在双引号中加\n；比如if(x＝0)，他们会把"＝＝"写成"＝"；比如int a;printf("％d\n",a)，这个未被初始化的"垃圾数"a在不同的编译器中会截然不同等。所以，多上机，多带上机，多积累经验，毕竟如前所述，经验也是很重要的隐性课程资源。

三层驱动,在教学过程中提效增质

一是潜心教学设计。马老师认为,只要教学内容好,一节课就不会差到哪里去,至于是否精彩,准备的内容能否完美呈现,那就要靠教学设计了。

好的课程设计首先要紧紧围绕教学目标。就拿"C语言程序设计"来说,课程组的目标很明确:两条线并举,一条是数据结构,一条是算法,从而最终培养学生的计算思维。那么如何能让课堂教学行云流水、节奏错落有致,这就好比是软件项目中的架构师,而马老师认为自己做"架构"的方法很笨,自言自语般地试讲,自己跟自己讲,有时甚至开车的时候也会在脑子里"讲",如哪里应该安排例子,哪里该有驻点,哪里该有设问,讲多了,教学设计方案也就成形了。

二是重视课堂的过程管理。换位思考和厘清轻重缓急,这是马老师在过程管理中常常喜欢做的两件事情。

常言说"公不公道,打个颠倒",比如大多数听众都不太喜欢"懒洋洋式"的讲授者,大多数学生也应该如此。有时因为工作要熬夜,但第二天即使再累,马老师走进教室前都会努力卸掉疲惫,充满活力地走进课堂。学生们认为在马老师的课堂中得到了尊重。

厘清轻重缓急则是马老师在课堂过程中的惯用"套路",指的是一节课要有节奏。整堂课从头至尾一个节奏学生很容易疲劳,课堂教学中应尽量避免。如在课堂上展示一个案例,教师可以停一停、缓一缓,让学生看一看、想一想。学生经过思考和讨论后再听教师讲解,通常比教师直接讲授效果好得多。教师控制好课堂节奏能较好地掌握教学进程,学生也不累。与其一节课讲两个例子,因为内容太"满"导致学生囫囵吞枣、无法消化,不如扎扎实实讲好一个精心选择的例子(这里想顺便提一句,没有意义的、一味纠结语法的、对算法和计算思维没有巩固和推进作用的例子一定要舍得扔掉);同时一

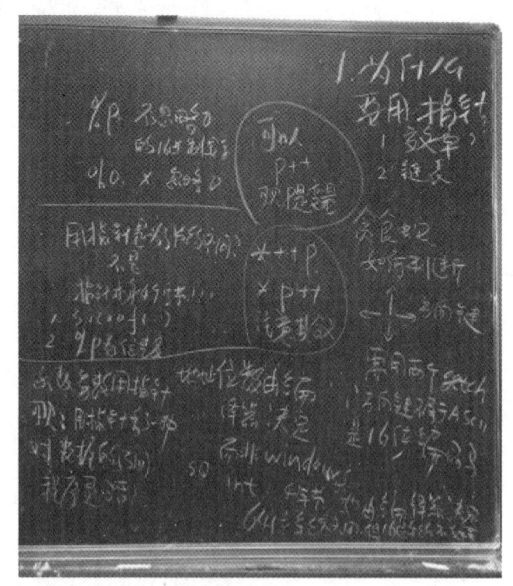

▲课堂反馈及总结点滴

门课程的进度也应有轻重缓急,课堂中老师最担心的是有学生掉队,毕竟每个人的接受程度不一样,其实有没有学生掉队老师很容易知道,"抬头率""点头率"和第一排的"排头率",只要这"三率"下来了,那就是有人掉队了。通过多次实践,减少掉队学生

人数最好的办法是课程安排做到前缓后急、前轻后重。马老师曾问过掉队的同学,发现他们基本在前三章就掉队了,只要打好前三章的基础,后面想掉队都难,于是前面讲授时就慢一点,打好基础,后面的进度可以快一点。

三是巧用教学方法。教学方法千千万,适合自己的就是最好的,同时好的方法应该是教学内容和教学设计的自然流露,不能生搬硬套,而是到了那个情境,仿佛天时地利人和正好该使用那个教学方法了,按德云社的说法,就是"现挂的",但这需要老师前期做好充分的准备并对课程内容足够熟悉。比如讲授函数,重点想体现模块化编程的思维方式,马老师说即便自己用上了事先准备好的模块化拼装电脑的例子,但讲完之后学生好像并不认同,更谈不上感性认识。于是有一次马老师灵机一动,自己先做好了顶层设计,搭好了架子,然后点了5位同学,4位同学写函数,1位同学做测试找出有程序错误的成员,师生6人现场组了一个团队,完成了一个简单的计算器,模块化编程的思路充分体现,后面顺手再引申了一下面向对象和封装,学生积极参与兴致盎然,令人印象深刻。

教学相长,在总结复盘中提升经验

"范式"是库恩在其《科学革命的结构》一书中提到的概念,现象学里同时有一种现象叫"范式遮蔽",其中有3条都阐述了一个规律,那就是一门成熟的科学是由一种单一范式所支配的,我们很容易陷入旧的范式陷阱过深,从而让新的事物被范式遮蔽了。

"我每年带4~6个班的'C语言程序设计',这门课程不敢说上了100次,但至少也有50次,我早已是深陷范式陷阱之人。但学生们不是,他们有孩子般无止境的好奇心和天真烂漫的感性意识,通常可以直视现象,产生本质问题和自觉,从而有根本性的创造。"

马老师惊喜地发现,每一节课中,在给学生讲授的同时,他们的奇思妙想和互动也会令他灵光乍现、恍然大悟。《礼记·学记》有云:"学然后知不足,教然后知困。知不足,然后能自反也;知困,然后能自强也。故曰教学相长也。"意思是,学的人通过学习知道自己的不足,教的人通过教别人知道自己的不足,然后再共同钻研,所以无论是学的人还是教的人都能通过教学过程实现能力的提高。马老师对这里的"教学相长"颇有体会,于是直到今天,他依然保留了一个习惯,会将课堂中的这些奇妙想法在课后同学们走后赶紧写在黑板的角落,然后拍照带回去整理并更新到讲义中,久而久之,文件夹中就多出了几百张这样的照片。

教学经验的总结,目的是更好地凝练教学理念,然后再去学习相应的教学理论,用理论去支撑理念的信度,用经验总结来验证理念的效度。原来,这是一个控制论中

▲课堂反馈及总结点滴

的闭环反馈系统,通过输入和输出的偏差比较与消除,从而形成一个比开环更为稳定的自动调节"教学"系统。

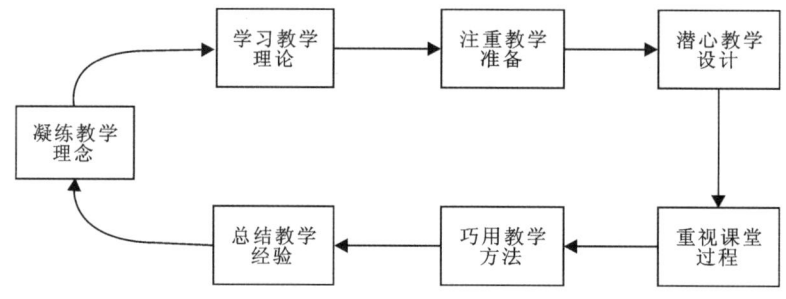

▲教学闭环反馈系统

上课的时候,最怕学生写出诸如这般的死循环的程序,无疾而终。马老师却说希望教学这件事,永远是个循环,"让我们在这个无限循环中不断迭代,做一名优雅的教师,上一门优雅的课程。"

👍 **马老师有话说**

感谢李国昌书记,听了我的课后不辞辛苦很快帮我定下了这个选题,让我得以对自己的教学工作做一次全面梳理。上好一门课,点亮一盏灯,教学之路道阻且漫长,本人也只是一个"小学生",资浅望轻,才疏能鲜,若说是经验分享,断不敢当。权且妄自启笔,引玉之砖,望各位老师指正。

  感谢计算机学院的历届全体领导,一直支持和创造最好的条件鼓励着老师们潜心教学、静待花开;感谢戴光明、童恒建老师,包括已经退休的朱莉、何兴恒老师等,他们都在教学上不厌其烦地帮助过我,自己不曾好意思当面跟他们说一声谢谢,但这声感谢却一直记在心里,他们让我看到了一位大学老师对教育、对学生饱含深情的爱;还想感谢所有同事们,对我的包容、理解、支持和帮助。

  教师唯有成就学生,才能成就自己的人生。战战兢兢、如履薄冰仍是我现在每一次站上讲台时的心情,怀揣着这份对每节课的敬畏之心,希望能收获退休那天的一份安心。计算机学院所有亲爱的老师们,愿我们时光柔软,岁月静好。

[图文来源:中国地质大学(武汉)计算机学院 马钊]

求学生涯中的"贵人"
——我的导师王茂才

我的导师——王茂才教授

这世界上,有那样一种人,用自己的生命质量,让"老师"这两个字拥有不一样的分量!用他的光亮,让"老师"这两个字拥有灿烂的光华!王老师就是这样的人。他是我求学生涯中的"贵人"。

在我备战研究生考试的过程中,王老师给予我支持与鼓励,让我更加坚定了读博的信念。最后,我如愿以偿地成为王老师2019级硕博连读的一名学生。在王老师言传身教的影响下,我不断努力,不断进步。"智商决定起点,努力决定终点!"这是王老师常常鼓励我的话语,也是我一直用以勉励自己的格言。

王茂才,教授,博士生导师,智能地学信息处理湖北省重点实验室副主任,湖北省创新群体成员,湖北省名师工作室成员,国家级一流本科课程组成员。英国

▲王茂才教授

University of Strathclyde高级空间概念实验室访问教授。主要研究方向为空间信息网络、网络空间安全、智能优化算法及其在航天中的应用。主持国家自然科学基金面上项目、航空科学基金、航天科工基金、中国博士后科学基金特别资助项目、中国博士后科学基金面上资助项目、国家重点研发计划"地球观测与导航"重点专项子项目等各类课题20余项。指导研究生获国家奖学金、优秀硕士学位论文等荣誉,指导本科生获得第十三届"挑战杯"中国大学生创业计划竞赛银奖、第九届全国大学生信息安全竞赛一等奖、湖北省第十一届"挑战杯"大学生课外学术科技作品竞赛一等奖。

学路漫漫勤为径

在平时的教学中,王老师十分有耐心。他对待每一位学生和每一件事都秉承"时间不负有心人"的原则。他总是教导我们"科研是一个长期的过程,只要用心做,慢慢来,都会有自己的收获。"

至今我还清晰地记得自己投出第一篇论文的经历。由于我的英语基础比较薄弱,因此经历了一个比较漫长的论文修改过程。还记得第一次修改时,王老师把我叫到他的办公室,逐字逐句地给我讲句型结构、语法错误,以及相应单词的使用方法。王老师还将他平时阅读文献时积累的表达方式和写作技巧都分享给我。经过反反复复的修改,我的论文也逐渐变得流畅、简练。在王老师的悉心指导下,我逐渐掌握了阅读与写作的技巧。

▲王老师指导我修改小论文

春风暖暖沐人心

2020年是一个特殊的年份。在这一年里,武汉这座英雄的城市经受住了新型冠状病毒感染疫情的考验。虽说武汉逐步有序地复工复学,但是这次新型冠状病毒感染疫情的影响仍使人惊魂未定。6月中旬,困在家中半年之久的我,因为需要实验室的实验设备,第一批提交了返校申请。

在返校的前一天,王老师还特别暖心地嘱咐:"佩戴好口罩,路上注意安全,途中不要饮食,到校之后再进食。"寥寥几句,却像春风一样温暖了我的心。谁知返校的第二天,我所住宿舍因出现了类似新冠肺炎症状的同学,导致整栋楼的同学都被隔离。遇到这种情况,我内心十分恐惧和焦躁。王老师得知这个情况,立马给我发来安慰的消息。在王老师的安慰下,我的情绪渐渐平复,在宿舍里静静地等待着那位同学的检测结果。所幸,最后是虚惊一场。

第二天,王老师特地从南望山校区赶到未来城校区,给我带来了医用口罩、消毒棉球和消毒水。而且细心的王老师还给我带来了粽子,因为不久之后就是端午节。"粽"情"粽"意,暖在人心。

▲新型冠状病毒感染疫情返校期间王老师带来的"礼物"

事无巨细必躬亲

研一下学期,我有幸成为王老师的助教。王老师坚持自己批改学生的作业,理由是只有通过学生的作业情况,才能了解学生对知识的掌握程度。这样在准备下一节课的内容时,才会更有针对性。

还有一次,在整理实验数据时,由于我粗心大意,统计错了一个数字。我自己都没发现,最后被王老师检查出来了。我正为自己的粗心大意羞愧不已时,王老师却说"你好好检查一下,看看是否是我错了"。就这样,王老师用温暖的话语化解了我的尴尬。就是这样一位工作认真、兢兢业业的导师,用他那春风化雨,润物无声的方式培养了一批批的学生。他的精神也时刻提醒我,今后做事不能有丝毫的懈怠。

大家眼中的王老师

👍 2018届博士毕业生陈晓宇

每当在同门面前提起王茂才老师,我都会自豪地说:"我比王老师的小孩还要早一年认识王老师呢!"大二的时候,有幸跟着王老师的课题组做了一些科研项目。在王老师的帮助下,基础薄弱的我,经过不懈的努力,一点一点进步,最终在大四,获得了保研资格,并如愿以偿地成为王老师的开门大弟子,开启了研究生的学习之旅。然而,研究生生活并不如想象中那样一帆风顺。面对不尽如人意的结果,我一次又一次地改进,一次又一次地受挫。在我迷茫苦恼的时候,是王老师照亮了我前进的路,给

▲王老师与部分学生的合影

了我继续前行的动力。在王老师的帮助下,我成为一名博士生,在科研的道路上继续前进,还获得了出国访学的机会。最终,我终于实现了自己的梦想,成为一名大学教师,幸运地加入了恩师的团队,与恩师一起努力,建设更好的团队。目前,作为指导研究生的青年教师,在这个令我自豪且压力颇大的岗位上,我一直以王老师为楷模,践行"立德树人、因材施教"的初衷。

👍 2021届硕士研究生刘海栋

"欢迎你加入'光明地带'大家庭!"这是我在2018年听到的最温暖的话。这句话,是王老师对我说的第一句话。

王老师在学生时代就非常优秀,走上工作岗位后,他依然不忘初心、砥砺奋进。他以身作则,对待科研精益求精,对待学生孜孜不倦。他注重每个学生的学习与生活,更加注重学生的成长与成才。三尺讲台,润物无声。在王老师的启发下,一批又一批的学生获得了属于自己的成功。我很庆幸,成为其中的一员。虽然王老师不是我的直接导师,但作为实验室的主要指导老师和管理老师,王老师严谨耐心的教学态度、细致认真的科研态度,给我留下了深刻的印象。

"我们的学生在这里不只是完成学业,学到技能,实现自己的价值。更重要的是,学生们从实验室走出去之后,要做对社会有用的人。"这是王老师在一次普通例会上告诫我们的话。他的谆谆教导,我一直铭记于心。王老师就像我们人生路上的"北斗",指引着我们向着更加光明的前程,不断奋进。

▲王老师在指导学生

👍 2019级博士研究生曹黎

"写论文的时候要注意,要把自己的创新点和论文中所有能吸引人的地方都写在摘要里,要一上来就抓住读者的注意力。"

对于学生的科研,王老师一直十分关心。从论文的句法、结构,到具体的实验设计,王老师会关注每一个学生的科研全过程。每当我们遇到科研上的问题,都可以随时去王老师的办公室,看不懂的文献、看不懂的实验结果甚至是不知道如何写出来的句子,都可以去问。王老师的办公室里总是挤满了求知欲满满的学生。在王老师的帮助下,我从看不懂论文到读得懂,英文写作从写不出完整的句子到可以写出长句。我学习上的点滴进步都凝结着老师的心血。

我研究生期间的研究方向和实验室的研究方向不同。刚进实验室的时候我非常迷茫,王老师知道我的困惑后,马上为我指明方向,从研究目标的选择,到具体论文的构建,王老师都给出了具体而有指导性的意见。感谢王老师,帮助我收获了跨越式进步。

👍 2020级硕士研究生蔡晗冰

我和王老师的相识是从大一的"C语言课程设计"这门课开始的。因为我是工业设计专业的学生,没有任何编程基础,所以学习这门课非常吃力。王老师在了解我的学习状况后,耐心地教我编程,从理解程序的运行开始,逐渐激发了我对编程的兴趣。

从此,一扇新世界的大门在我面前打开。

本科毕业之后,我对计算机的兴趣不减反增,想再次进入计算机领域探索未知的世界。于是,我决定报考地大计算机专业的研究生。我脑海中想到的第一个报考导师就是王老师,因为王老师具有极强的专业能力和丰富的教学经验。

王老师在了解我的想法后,欣然同意了我的请求,并鼓励我好好学习,争取进入实验室学习。有了王老师的鼓励,我信心倍增。此后,我尽力克服一切困难,从零开始,沉下心学习。一个人在外地,一学就是半年。终于,皇天不负有心人,我以优异的成绩考上研究生,顺利进入实验室学习,实现了我的目标。

在近一年的时间里,王老师给予了我非常大的帮助。王老师的鼓励是我坚持下去的动力。星光不问赶路人,感谢王老师的帮助!

[图文来源:中国地质大学(武汉)计算机学院2021级博士研究生 包芊]

用一朵云去推动无数朵云的郭明强教授

郭明强,就职于中国地质大学(武汉)计算机学院,2022年被破格聘任教授,博士生导师。2007年获中国地质大学(武汉)计算机科学与技术学士学位;2013年获中国地质大学(武汉)地图制图学与地理信息工程博士学位。先后担任计算机学院软件工程系副主任、湖北省测绘行业协会技术标准与知识产权工作委员会秘书长、湖北省测绘行业协会数字孪生工作委员会副主任委员、《测绘工程》青年编委。获国家地理信息科技进步奖一等奖、二等奖,湖北省测绘科技进步奖等多项奖项。从事遥感影像超分重建、网络地理信息系统、高性能空间计算、机器学习、三维建模、图像处理等3S和计算机科学的交叉研究和教学工作。

郭明强主要讲授"空间信息高性能计算""互联网与移动GIS开发"课程;参与编写教材、专著5部:《网络GIS行业应用开发实践教程》《地理信息系统设计与实现》《地理信息系统原理与方法》《地质大数据非结构化数据的存储与挖掘》《地理信息系统应用与实践》;主编教材、专著12部:《移动互联网地图实践教程》《空间信息高性能计算》《地理空间信息系统设计与开发》《网络地理信息服务开发实践》《WebGIS之Openlayers全面解析》《WebGIS之Openlayers全面解析第二版》《智慧城市之地上实体三维建模》《WebGIS之Leaflet全面解析》《WebGIS之ECharts大数据图形可视化》《WebGIS之Element前端组件开发》《图像处理与深度学习》《移动GIS应用开发实践》。

郭明强老师从2006年开始从事WebGIS平台开发工作,深知学习WebGIS的难点所在,自2013年任教以来,一直想改变WebGIS类课程缺乏教材的现状,这个想法一直深深扎根在郭老师的脑海里。他时刻牢记德国著名哲学家雅斯贝尔斯说的"教育的本质是一棵树摇动另一棵树,一朵云推动另一朵云,一个灵魂召唤另一个灵魂。"郭老师提醒自己要充分利用业余时间,用有限的时间做有意义的事。郭老师认为编写教材就是一件非常有意义的事。然而,编写教材是枯燥乏味的,需要咬文嚼字、逐字校对,繁琐至极。编写《WebGIS之OpenLayers全面解析》时的痛苦经历至今仍历历在目,难以忘怀。但想到学生一旦有了教材后可以快速地掌握一门开发技术,能够缩短学习时间,也能为其他高校的学生提供一些帮助,便觉得这是一件非常有意义的事情。

郭老师认为,作为一名大学老师,首先必须做好"传道授业解惑",而做到这一点最直接有效的途径,就是把自己掌握的技术转化为教材。虽然现在高校的评价体系还有待完善,但不影响老师完成自己觉得值得做、应该做的事。编写教材也是教师自身价值的体现,所以教师应充分发挥自己的优势,沉淀毕生所学,将宝贵的新技术、新方法进行凝练,开发适合大学生的教材,帮助更多的优秀学子走完"书山之路"。

▲郭老师所编教材

现任职于高德软件有限公司的前端技术专家,第七届全国高校GIS技能大赛特等奖获得者,中国地质大学(武汉)信息工程学院地理信息科学专业2013级学生高子扬这样评价《WebGIS之Openlayers全面解析》:这本书尤其适合参加GIS二次开发大赛的学生作为参赛指导书,书中对OpenLayers中的各个功能开发进行了详细深入的讲解,参赛者可以节省大量的搜索资料时间,从而将主要精力投入项目的功能开发中。

下一步,郭明强老师将继续坚持做好"传道授业解惑",继续紧跟前沿技术的发展,将掌握的技术进行凝练,为广大优秀学子奉献更多、更好、更有价值的指导书。

[图文来源:中国地质大学(武汉)计算机学院　郭明强]

因材施教 教学相长
——张锋老师指导学生参加科技活动的心路历程

最近ACM-ICPC协会的学生获得了国际大学生程序设计竞赛(International Collegiate Programming Contest,ICPC)区域赛的金奖,我作为指导老师感到与有荣焉。仔细回想,在指导学生科技活动、科研工作方面已有多年经验,很乐意与大家分享交流我的体会。

多维度培养和评价学生

ACM班的学生,可能有些"宅",有些木讷,总体上他们属于技术型学生。我喜欢他们,喜欢和他们一起努力做事情的感觉。新型冠状病毒感染疫情前,我每年都会带队伍参加比赛,虽然要经历漫长的车程、紧张的赛程、长时间的身心考验,但我非常享受这样的体验。在偌大的体育馆里看着成百上千名中国顶尖的程序员心无旁骛地敲代码、升气球,对浮躁的心灵是一种涤荡,是一种初心的回归;碰上学生在封榜时刻甚至最后一秒拿到好成绩,我们兴奋地欢呼和狂欢!虽然绝大多数比赛带回的是遗憾,但领导们好像从没苛责我"浪费"经费,这是领导的格局,学生培养是润物无声的过程,不应以绩效衡量,也不一定能以个人利益考量。

▲比赛现场

但是,在这个讲究综合素质、个性张扬的年代,ACM班学生过于内敛、沉湎技术的性格也存在一些问题。每年协会干部改选的时候,选拔优秀的协会管理者就成为一件难事。对于一个专业性特别强的学生协会,管理干部特别是会长在兼顾专业的同时还需要化身"多面手"。所以,每周训练的时候,我安排学生轮流展示并讲解PPT,这是锻炼表达、沟通能力的机会;我也鼓励他们在比赛过程中结识顶尖高校的参赛者,与他们多沟通、多交流,对他们将来的事业发展有很好的助益。幸运的是,我们的每一任队长、会长、管理干部都非常优秀,他们出色地完成了任务,提升了个人素质,也让我这个所谓的指导老师越来越"无所事事"了。

学院这些年建立了相应培养机制,尊重学生的个性和特长,虽然任重道远,但已经在路上。相信ACM班学生及计算机学院的优秀学生有朝一日会成为学院乃至学校之光。

ACM 班学生最擅长的是写代码?

ACM班学生擅长写代码,这是毫无疑问的。我经常跟协会的同学说,你们在技术上,绝对是同届同学里出类拔萃的,就算在百度在线网络技术(北京)有限公司、深圳市腾讯计算机系统有限公司、阿里巴巴集团控股有限公司、字节跳动科技有限公司(现更名为抖音信息服务有限公司)这样的大公司,在北京大学、清华大学这类顶尖的高校及科研院所,他们的技术能力都是过硬的。但是,抛开这些代码层面、技术层面的素质,一名顶尖的ACMer,数学水平绝对是过人的。例如,这次济南站的比赛,出题方是北京大学,题目内容偏数学,难度偏大。但是,我们团队在数学方面扎实的基础和良好的训练效果,在这次比赛中得到全方位的体现。而一些平时写代码能力可能更强的队伍，却在这次比赛中名落孙山。我的体会是，那些拿过数学竞赛奖的同学，就算没有任何程序设计基础，也可能会比那些在中学获得过权威程序设计竞赛奖项的同学走得更远。我们有支2017级的队伍，编程零基础，而且入队很晚，但是由于具有扎实的数学功底和对ACM事业的热爱和全情的投入，他们连续多年取得好成绩，虽然最后遗憾没能夺金，但他们已足够优秀！

▲张锋老师带队参赛

这种数学功底、算法能力俱佳的学生，在几年团队精神的熏陶和抗压能力的淬炼下，非常适合做科学研究。绝大部分的ACMer毕业后都去985高校深造或者去大企业工作。少数留在中国地质大学（武汉）读研的学生，他们也具有良好的科研潜力。当然，这些年来，实验班里更多是训练了一两年后退役的同学，他们大多数进入其他老师的实验室，在老师的指导下做科研，也取得了很好的成绩。

每年的ACM新生赛和校赛，都是热爱IT技术学子的圣殿，相信他们在参赛过程中多少能得到启迪。我常想，如果我们学校有更高的科研平台，有更多优秀的醉心学术的老师，也许他们中的大部分都能留在学院，而且在本科期间就能实现更好的科研成绩。这一切理想，就留待计算机学院一代代更优秀的老师和管理者去实现。

大学的根本使命是科学研究还是培养人才？

大学的根本使命是科学研究还是人才培养，教学和科研的关系如何处理等，这些都是争论不休的问题，宏大却具体，但不是我能给出答案的。我认同很多老师的说法,就是一名优秀的大学教师必须做到科研出色。很多教学很出色的老师,他可能是位优秀的老师,但未必是一位优秀的大学教师。如果科研做得不好,首先学校不会认可,其次也不一定能真正获得学生的尊重和尊敬。我深知,与学院其他教师相比,我在教学和科研上都做得不够好,但我一直努力平衡教学、科研和带学生竞赛的时间,履行一名教育工作者的职责,我希望今后能做得更好。

这些年来,除了ACM班学生,我也带其他学生参加过各类竞赛,比如超算全国并行应用挑战赛(PAC)、国产CPU并行应用挑战赛(CPC),多次闯入全国8强,获得的最好成绩为全国第三名。有些学生大二就开始跟我一起做研究,他们学分绩点很高,也非常努力。我经常把他们和ACM班的学生进行对比。ACM班学生的技术基础和洞察力、算法理解力都远超一般学生,并且具备科研需要的数理能力,这些不一定跟所有ACMer匹配。从我的体会看,地大ACM的学生更适合做那种"理论+实践"体验非常深刻的研究项目,如果天时地利人和,他们完全有能力做出些更有影响力的成果。

▲颁奖现场

四五年前,我还经常自己写代码,直到有一天,我把一个我觉得很难实现的问题交给一名研究生,他很快就完成了,而且结果非常出色,从那时候起,我就知道,在写代码这块我该退休了。这些年来,我的科研能力如果说保持了一定水平或者说有所提高,其原因是有幸参加了一些老师的项目并从中学到了很多,但不得不说,更是有幸能与一群优秀的学生一起工作。

▲张锋老师指导学生

后记

我于2010年到计算机学院工作，当时的党委书记李晖老师给我布置了一个任务，负责带ACM队伍比赛。刚到新单位，我想做点事情，便欣然答应。之前学院有几名优秀的队员，取得过很好的战绩，当时能排在武汉地区前三，但后来这些学生退役，队伍逐渐后继无人。加之首先ACM是一项很耗钱的比赛，经费缺乏；其次难出成绩，学生更喜欢那些短平快的竞赛和项目；再就是要处理很多复杂的关系，我逐渐发现这项工作难度挺大。幸好，戴光明老师当时把他的一名研究生分配过来担任临时队长，再加上2009级的几名学生也慢慢成长起来，团队开始焕发生机。

大学教师带学生参加竞赛最大的不便还是向各个部门申请经费，这是我最不擅长的工作。但是幸好，领导和同事们都很支持我。我尤其记得，几年前，童恒建老师担任副院长的时候，带着我去教务处申请经费，虽然当时的经费很少，但至少这种机制一直持续至今，而且学院也对竞赛活动指导教师进行奖励。无论怎么说，这些学科竞赛工作若没有学院的支持，仅靠教师单枪匹马肯定无法获得成功。

带过学生竞赛的老师都知道其中的苦与乐，我也曾打过退堂鼓。在我的学生时代，领导、老师经常教育我们要踏实做事，善待学生，不图虚名。这些年来，不敢说做得很好，但我一直身体力行。地大ACM是个多方合作的平台，我只是做了很小的一部分，但我很感谢地大ACM为我提供了一个做实事的平台。

▲ 与参赛学生合影

科研工作可以量化,但是教学和学生培养的付出,是很难量化的,更多的是一种良心活。我看到学院"育人先锋"系列介绍了很多优秀教师的出色工作,尤其是张志庭老师对教学的那种真心付出,特别让我感动。像志庭一样的很多老师,都给 ACM 班推荐过优秀学子,让他们加入训练。这些学生无论在竞赛中是否取得成绩,都在计算机学院这个大家庭中成长成才,这就是我们作为教育工作者的共同初心吧。

[图文来源:中国地质大学(武汉)计算机学院　张锋]

静待漫山花开　即是心所归处
——张志庭老师育人二三事

在中国地质大学(武汉)公布的2020年度各学院本科教学质量评价排名前10%的教师名单中,计算机学院张志庭老师的名字后用两颗"＊＊"注明,意思是教学评价结果连续5年在本学院排名前10%;我院拥有"＊＊"的教师有两人,张老师即是其中之一。作为我院计算机应用系的一名普通人民教师和共产党员,张老师长年坚守在教书育人一线,面向计算机专业和非计算机专业学生,讲授"综合勘查与数字技术""计算机高级语言程序设计""面向对象程序设计""地学信息系统工程""应用开发实习"等多门课程,每年赴秭归开展实习教学,并承担班主任工作。让我们一起走进张老师的内心世界,倾听他讲述育人故事。

▲张志庭老师

关于教学

一是了解教学目标与课程体系,同一门课着重点不同,会有不同的"味道"!

我认为无论教授的是计算机专业的学生还是非计算机专业的学生,教师都应了解所授课程在学生的整个专业体系中所处的位置,及所要达到的教学目标。

如果该课程在学生的整个专业体系中处于基础位置,就需要夯实基础,让学生具备切实的能力去思考和学习后续课程。例如在计算机专业学生学习程序设计类课程时,要特别向学生强调底层思维和顶层设计思维的重要性,在程序设计过程中一步步引领学生进行思考,培养两种思维方式,这样既能达到本课程的教学目标,又能培养学生良好的思维习惯,方便后续课程的学习。在非计算机专业学生学习计算机程序设计时,着重培养学生的顶层思维,如面对问题时如何思考,如何拥有快速提出解决方案并进行实现的思维方式与实践能力。

如果是承上启下的课程,就需要教师在知识传授过程中,将学生已学知识与后续的目标进行匹配。例如为空间信息与数字技术(以下简称空信)专业的学生讲授"综合勘查与数字技术"课程时,将前序的"地学理论基础""秭归地质实习"所学知识与本课程知识进行贯通,同时,将本课程的内容与后续课程"地学信息系统工程""应用开发实习"结合起来,引导学生将本课程所学知识运用到后续课程的知识体系中,并通过思考题,启发学生进行思考。

二是课前备课充分,手上握有各种资料、胸中自有丘壑!

现在的学生是幸福的,网上有大量的学习资料,学生可以自由、自主地学习;现在的学生又是迷茫的,网上有太多的学习资料,不知道学哪个好,学习过程是不系统的。

我的备课是从教材入手,先将教材统览一遍,带着教学过程中预想到的问题去搜寻同类的权威性教材,如国际上通用的教材和国内的国家级教材,学习这类教材的知识体系,并结合学生学习的特点,建立完整的、具有个人风格的教学体系。我也在网上学习大咖的教学视频,上至著名高校如清华大学郑莉老师、北京大学郭炜老师、浙江大学翁恺老师和南京大学客座教授侯捷老师出版的全套教学材料,下至教育培训机构研发的教学材料。通过完整地学习教学名师的教学内容与教学方式,我对重难点的讲解有了进一步的认知,逐步形成了自己的教学方式和风格。例如,关于"计算机高级语言""面向对象程序设计""程序设计方法学"等这个体系的课程,我已经在网上学习了10余个完整的教学视频。同时将这些教学视频按照学生学习基础、学习难度以及学习方式的不同,向学生进行推荐。

三是重视学生的学习过程,时刻做引路人,于无声处听惊雷,于无色处见繁花!

能考上地大的学生都是能力非常强的孩子,但过度的自信使部分学生认为大学学习完全可以依靠自学,而忽视课堂教学的学习过程。其后果就是上课不好好听课,课后不认真学习和实践,考试前疯狂地补习以应付考试。扎实的基础是平时以跬步积累起来的,精深的专业是在扎实基础上厚积而薄发迸现而来的。在人才培养的道路上,首先要重视的不是结果,而是过程,走好了每一步,经历了每一个过程,阅遍了全程的风光,才可听惊雷、见繁花。

教学过程中,我非常重视学生的学习过程,除了为学生布置课后习题外,最重要的有两点:第一,要求学生记笔记。统一要求学生使用康奈尔笔记法进行课程学习内容的记录,在学习过程中遇到的难点、思考的症结点等都要体现到笔记中。在课堂授课的间隙,如上课前的15分钟、课间的5分钟,我会随时查看学生笔记,见到学生的笔记问题区域有标记时,马上进行答疑,不出现问题堆积的情况。第二,利用QQ群进行讨论。鼓励同学们将学习过程中遇到的问题发到群里,采用开放的学习方式,引导大家一起看问题出在哪里,每位同学都可以提出自己的想法。我的工作就是鼓励大家积极讨论,在问题最终解决时也会给出我的思考和方案,供同学们参考。

新型冠状病毒感染疫情期间我们使用网络授课、开会、答疑,例如我会利用周六下午,将本周学习内容中的一些问题,以及作业中存在的普遍性问题,通过网络会议的形式为学生讲解。

四是对于科学技术发展持拥抱变化、沐浴新知的态度。

科技是在不断向前发展的,近些年来尤甚,对于高校老师而言,传道授业解惑的前提是要紧跟科技发展的脚步。对于计算机行业而言,发展的速度更加迅猛,例如我

▲ 张老师指导学生

所讲授的"C＋＋课程",从 2003—2011 年的 8 年时间里都没有更新的发展,但从 2012 年发布的 C＋＋11 标准开始,短短 8 年内,发布了 4 个新标准体系,如果教师不能紧跟发展的脚步,就无法读懂新的知识,更遑论教学了。为此,我一直紧跟标准委员会发布的标准,关注其官方信息,随时学习。同时关注微信公众号,学习专家的心得体会,并通过自己的实践去验证,在担任课程组组长期间,在童恒建老师的带领下,与课程组的熊慕舟、武云、翁正平、朱静、宋志明等老师交流心得体会,确认自己是否掌握了新的知识。同时,因科研需要,我也在不断地使用这些新知识开展研究,跟上时代发展的步伐。我相信只要抱定开放的心态,积极地去拥抱变化、沐浴新知,就可以履行好一个老师的基本职责。

关于实习

我的秭归实习教学工作是从 2016 年开始的。当时我作为班主任,以辅导员的身份跟随所带班级的学生参加实习。至此,我与秭归实习结下了不解之缘。2018—2021 年连续 4 年我以计算机学院秭归实习队长身份与各位带班老师(郭建秋老师、汪校锋老师、董玉森老师、李新川老师等)一起圆满完成实习任务。

"秭归地质教学实习"是计算机学院空信专业的一门专业实践基础课程,也是我们计算机学院创办该专业的特色课程。但在计算机学院开设地质类的课程,学生都会觉得有点奇怪,甚至影响到他们对专业的认知。在实习期间,我重点做了 3 件事情。

一是时刻守护学生的安全,做学生安全的守护人。

安全是野外实习的必修课。为确保学生野外实习的人身安全,在秭归野外实践教学中,危险之处我总是第一个到达、最后一个离开。2017年,因实习计划中填图区域变化,新的区域就有新的未知危险存在。为此,在学生开始填图时,我用双脚丈量了新的填图区域,将可能存在风险的区域随时告知学生。与同学一起跑路线时,为了防蛇,我走在队伍最前方,用竹杖探路,将风险降至最低。连续几年的填图期间,我都全程跟踪守护,每天早班车出发,直到当天最后一名学生坐车离开填图区域,我才同值班老师一起离开。

▲张老师在秭归实习现场守护学生安全

在基地对学生实行到寝报备制度,每天22:30,由寝室长上报寝室人员到位情况,对没到位的同学我一定要去找到,确保其能够在23:00前回到寝室,并且随时进行寝室巡查,确保全体人员按时到位。

对于在实习过程中,没能按照规范要求进行实习的同学,例如去危险区域不戴安全帽的、在路上发呆的,我的做法是严厉地批评,甚至有同学说,从来没有看到过张老师这样批评人,大家都吓坏了！批评之后,我会告知带班老师哪位同学违反了安全规定,一定要叮嘱该学生提高安全意识。

二是配合带班老师达成教学目标,开展线上、线下混合教学。

我们学院的几位带班老师,都有着丰富的野外实践经验,郭老师、汪老师都负责过中国地质调查局的填图项目,是空信专业地质类的专家级人物,董老师、李老师及张夏林老师等都是地质科班出身,加之地空学院的袁晏明老师、张志老师为指导老师,我们的实习队伍是一支专业的教学团队。我所做的工作主要是配合带班老师完成教学任务,达成教学目标。

在教学过程中,我每天都跟随队伍出发,除了负责好后勤、安全等事宜外,在教学路线、教学点上,与带班老师配合、结合专业建设需要讲授地质知识。学生们都说:"听郭老师、汪老师、张老师三位像讲故事、讲相声一样讲课,让我们学习到了知识"。

在实习总结、报告编制期间,时间比较紧张,很多同学未能安排好工作时间,致使后面几天要熬夜绘图、编制报告等。我与带班老师配合,一起与学生值守,以23:00为界分两班值守。学生有时熬夜前一点准备都没有,我和带班老师将学院给老师的慰问品都拿出来发给学生;物品不足时,会提前安排学生和我一起去附近的超市购买充足的食品发给学生。

新型冠状病毒感染疫情的影响之下,线上学习成为了一种新的学习方式。但由于野外实习的特殊性,线上实习是无法替代线下实践的。我们就将线上学习作为学生学习的有益补充,2018—2019年,我与袁晏明老师一起完成了MOOC课程的录制和上线工作。从2019年开始,每年6月底、7月初召开秭归地质教学实习动员会时,我都会向同学们提出线上学习的要求并进行实际落实。在秭归实习期间,每条教学路线开展前一天,我都会在线上发布学习目标和练习题目,辅助学生系统掌握第二天所学知识。经连续3年的线上课程学习,我院学生都全程参与,并取得了很好的成绩。

三是争取与学生走得近一点,引导学生对专业的了解,稳固专业思想。

空信专业的培养目标:将现代计算机技术、空间信息技术与地球科学交叉融合,以培养地球科学与现代信息技术交叉的复合型创新人才。地质是我们学校的特色,但同时因这些年地质行业在就业时存在的各种难题,学生在学习时只要涉及地质知识,就会产生一定的困惑,甚至有同学说我来计算机学院为什么要学地质知识。当学生抱有这样的想法时,其学习态度是不积极的,甚至会影响到其他课程的学习。为破解这个问题,我的做法是与学生走得更近一点,积极引导他们。

整个教学期间,我一直会向学生宣传专业的重要性,所学专业可能会成为他们一辈子为之努力的事业,通过向学生介绍该专业毕业生的就业方向、就业前景等,让学生对所学专业有更深入的了解。同时,同学们在学习地质知识的时候,我们会引导学生将地质知识与计算机技术、信息技术结合起来,明确专业的发展方向和跨专业学习的重要性,让同学们充分发挥自己的想象力,同时激发学生思考的热情。例如在"综合勘查与数字技术"课程期间,为提高学生的感性认知和实践能力,在教学活动外,我联系学校车队,组织学生到铁山进行现场学习,讲解铁山的历史以及最新的信息技术和传统的地质行业融合发展等内容。通过这些努力,有部分学生将地质知识和现代信息技术结合起来,申报了学校的创新项目。

▲张老师指导学生实习

关于思政教育

为国育才、为党育人是高校教师的责任与担当,培养具有正确世界观、人生观、价值观的人才是我们高校教师的责任,也是我们的荣耀。

我在授课过程中,通过课前5分钟讲故事的方式帮助学生树立正确的"三观",鼓励他们追求幸福生活,创造美好未来。如引导学生在学习和生活中不过分地关注结果,而是注重奋斗的过程;以"带孔的邮票"来说明要做生活中的有心人,创新不一定要站在巨人的肩膀上;以"一千次敲开幸运的大门"来说明坚持的重要性;以"写书的老人"来诠释只要肯付出努力,微笑都在向你招手,等等。

2014年,空信专业正式获批,我有幸成为此专业班级的班主任,在当班主任期间,我努力和学生走得更近一些,融入学生的生活和学习中,主要做了以下几件事情。

一是与同学们一起成长。这是我第一次做班主任,没有经验、没有理论指导,一切都靠自己摸索。我觉得最好的办法就是走到学生中间去,了解他们的心声,让他们感受到老师在时刻关注着他们。当时办公室和学生宿舍都在北区,有时晚上加班到10点后,我会找个时间"溜"进学生宿舍楼,去看学生的状况,去抓打游戏的同学,去找同学聊最近的学习和生活等。

二是设立班主任奖学金。每年从自己的工资中拿出1000元作为班主任奖学金,主要奖励每年学习成绩排在前3名的同学,以及进步最快的1名同学,在肯定已经很优秀的同学外,鼓励后发努力的同学,形成一种集体向上的核心力量。

三是关注他们的毕业走向。时刻了解学生就业的心理状况,通过各种渠道搜集就业信息和考研信息等。现在已经毕业的学生有时会打电话来聊聊他(她)最近的学习、生活状况,咨询我的意见等;有的同学结婚时会给我发邀请函,接收到这些邀请的时候心里真的很感动。

关于遗憾

最大的遗憾就是时间和精力不足,有时候带的学生多了,实在是管不过来,无法做到每个学生的作业都仔仔细细地看一遍,不能每个学生的问题都讲到……这些都是遗憾!

另外,我批评人的时候脸真的很"黑",希望不要吓到同学们!

还有很多遗憾,例如想在秭归实习中发挥专业的特色,但惜于时间、人手等不足。

用心、用行动去做好每一件事情,静待漫山花开,即是心所归处! 保持这颗心,继续努力吧!

▲张老师与学生合影

[图文来源:中国地质大学(武汉)计算机学院　张志庭]

同心同向同行　师生相伴成长
——2022年度校优秀辅导员王太茂

"这一路走来，得到很多人的帮助，尤其是我的导师——王太茂老师，无论什么时候，你随时都在。有时候我不愿意去面对一些问题，是你一直带着我去解决问题，不仅帮我解决了问题，也教会我怎么样去面对问题……"这是一位辅导员老师在学生毕业离校时收到的无数条留言之一，"王导""茂哥"是学生对他亲切的称呼，他就是2022年度校优秀辅导员——王太茂老师。

在相互理解中因材施教

玩游戏被走访宿舍的辅导员看到，同学们是否会担心被说教？当电子竞技成为产业，当游戏已成为学习生活的一部分，王老师积极探索新形势下的教育路径，不断更新工作思维，启发同学们运用自己的计算机专业特长，探究游戏的底层逻辑和引擎

▲王太茂老师

▲王太茂老师（左一）与学生合影（1）

技术，鼓励同学们未来开发出风靡全球的游戏，将中国元素融入世界游戏领域。

　　王太茂老师就是这样一位"成长型思维"的积极践行者，用开放包容的心态理解和拥抱学生，与学生离得更近，走得更远。当前，计算机行业蓬勃发展，当王老师听到一位同学计划跨考一个相对"冷门"的专业时，起初有些担忧。但在与这位同学交谈后，王老师发现，学生一谈起这个专业便眉飞色舞，并对该专业的基本情况了如指掌，于是，王老师坚定地支持了这位学生的选择。

　　在这个瞬息万变的时代，"热爱"是抵御一切所谓"冷门"的关键。王老师说："我

▲王太茂老师(左二)与学生合影(2)

们的工作不是强迫同学们做不喜欢的事情,而是理解同学们多元化的价值观,在尊重的前提下给予引导,我觉得这才是当下教育的积极意义。"在王老师的帮助下,他的学生在各自领域发光发热:有知名企业的技术达人,有清华大学、北京大学等名校的科研学子,有放弃高薪参军入伍的人民解放军,有服务西部的基层工作人员……能够帮助和引导学生融入这个时代的发展浪潮中,并且能够为社会创造价值,在王老师眼中,这就是辅导员这份平凡而伟大的工作的意义。

在彼此陪伴中春风化雨

对王太茂老师的采访是晚上在位于学生宿舍楼的办公室进行的,他说白天事情比较杂,晚上相对安静,采访完也可以接着去走走宿舍或者约几个同学"喝茶"。"喝茶"是王老师与同学们间的一种默契,因为王老师在谈心谈话时一般会给大家倒一杯茶,后来逐渐就被同学们戏称为"喝茶"。也正是在无数次"喝茶"中,师生聊日常、吐心声、说槽点,一个个问题便迎刃而解。

除了在办公室谈心谈话,宿舍、课堂、操场都能经常见到他与学生在一起的身影。每周"三必访一请教"是他对自己的基本工作要求,访早操、访课堂、访宿舍,并常常与任课老师交流沟通,了解同学们的学习情况,以便及时发现问题并予以解决。例如,当他发现同学们学习"数据结构"这门课程比较吃力时,他便协助任课老师组织同学们编排算法排序舞蹈,让同学们在舞蹈中学习代码的奥秘。

日常学习生活中的彼此陪伴,让王老师与学生的感情无比深厚。在他的办公桌上摆放着一个"百宝箱",里面有手工折纸、贺卡明信片等小物件,每件物品背后都有

▲计算机学院数据结构排序舞蹈表演

着让人动容的故事。其中有一件特殊的"珍宝"最为引人瞩目——一双用密密麻麻的针脚绣着少数民族标志的鞋垫。一位来自西北农村的同学,大一学年因为没有跟上课程进度,考试挂科较多,大二下学期情绪低落想要退学务工。在接下来的 3 年中,王老师用陪伴帮助他走出阴霾,成功毕业。在王老师的影响下,他选择前往基层地区工作,成为一名光荣的青藏铁路工人,用所学服务家乡。王老师拿起手机,翻看着不久前这位同学发来的照片,照片上的大男孩身穿工作服,脸上洋溢着笑容,身旁是青藏铁路上的火车,身后是一座座巍巍雪山,曾经的少年响应国家号召,服务基层,亦如这双鞋垫,承载着学生和家长对王老师工作的认可。

▲学生的致谢明信片

在不断学习中共同进步

谈起成为一名优秀的辅导员所需的能力,王老师相信学习能力是最为重要的。

王老师说:"随着工作年限的增长,愈发认识到想要把工作做好,一定是需要不断学习的。比如说,辅导员如何在思想教育工作中有效引导同学们,如何与同学们进行有效沟通,如何发现同学们的心理健康问题并有效介入,这些都需要不断学习"。

为了更好地成为学生成长成才的人生导师和健康生活的知心朋友,王老师不间断地提升自己,相继参加生涯规划、就业指导、团体辅导等相关培训并获取专业认证。日常工作中,他尤其注重引导同学们做好职业生涯规划,在谈到如何帮助同学们做好学业和职业生涯规划时,王太茂老师用"指引方向""提供助力""价值认同"3个词汇进行总结。

王老师一直坚信,职业生涯规划要"前置化",辅导员要及早为同学们的人生之路"指引方向"。为此,他成立"罗盘成长营"工作室,开展各种职业生涯指导和体验活动。王老师深知,辅导员一个人的力量是有限的,想要更好地帮助同学们,还需要"提供助力",因此他整合资源,与班主任、任课老师、企业导师共同为同学们的成长保驾护航。王太茂老师深信每位学生都有自己的特质,从不强迫学生做出选择,而是鼓励他们追求自己热爱的事物,通过"价值认同"来引导和启发同学们做出科学的选择,对自己的未来负责。

▲王太茂老师主持活动

在躬身践行中扬帆领航

王老师深知调研实践在学生培养中的重要性。入职以来,连续4年,他每年暑假都指导学生开展社会实践,足迹遍布祖国的大江南北,下基层、进社区、访企业,所带团队连续3年获校级一等奖,连续2年获评省级优秀团队,并入围全国百强实践团,团队事迹先后被《光明日报》《中国青年报》等媒体报道。谈到为什么每年暑假都要不辞辛苦带队实践时,王老师认为:没有实践的认知是不具象、不深刻的,希望通过每年的社会实践带领同学们在调研中加强国情认知、在实践中坚定理想信念、在服务中提升专业能力。

▲王太茂老师带领学生赴红安县调研

2019年,王老师带队前往湖北省红安县,通过实地走访、人物访谈、史籍资料收集等方式回顾红安县革命战争历史,接受革命传统教育;2020年,团队前往嘉兴南湖,将具有特色的红色资源与专业知识相结合,通过开发智慧云党建小程序、尝试构建线上红色VR展馆、打造AR&VR红色教育平台等方式,重温中国共产党走过的峥嵘岁月;2021年,团队前往神农架林区,开展"长江+乡村振兴"社会实践活动,依托专业知识,通过互联网与传统产业相结合,以大九湖国家湿地公园为试点开发旅游小程序;2022年,团队前往湖北省红安县,建立红安县近10年来农业、交通运输业、教育等多个行业的资料库,收录700余幅图片素材,包含时长300余分钟的视频资料。

迄今为止,王老师所带团队已有近万公里的实践行程、10余万字的调研报告、2000余分钟的影音资料,所建立的实践教育资料库让广大学子真切感悟红色精神,提升专业能力,服务社会所需。

桃李不言,下自成蹊;春风化雨,润物无声。王太茂老师经常以"因材施教守创新,精进不休促发展"这句话进行自我勉励。接下来他将继续坚守育人初心,与学生同奋进、共成长。

[图文来源:中国地质大学(武汉)计算机学院　王太茂]

打造班级学习共同体
助力学生学业有成
——2022年度校"十佳班主任"石剑峰

　　石剑峰自2019年起担任191193班班主任（专业分流前为19C19D班）。他围绕以学习为核心的班级建设方向，指导班级制定并严格执行全空间时间、全链条的学习制度，打造了班级学习共同体，助力同学们学业有成。

　　他建立寝室制度，规范作息，明确学习要求，多方（班主任、寝室成员、生活委员）签字，促进学生学习。

　　他指导班级制定每堂课班级考勤制度和每周3次集体晚自习制度。以课堂督促与课余多形式引导相结合的方式，打造学习共同体。

　　他引导学生成立强化学习、深度学习、图像处理与模式识别、智能优化等多个兴趣小组，每周安排1个小组进行总结分享，组队学习。

　　他每学期召开1次学习分析交流会，分析成绩，分享优秀同学学习经验，指导学生怎样学习。

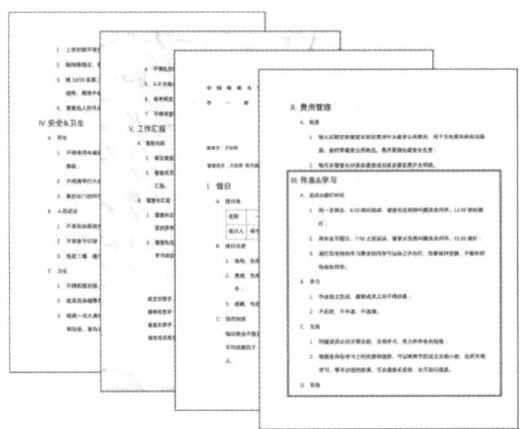

▲指导建立寝室制度

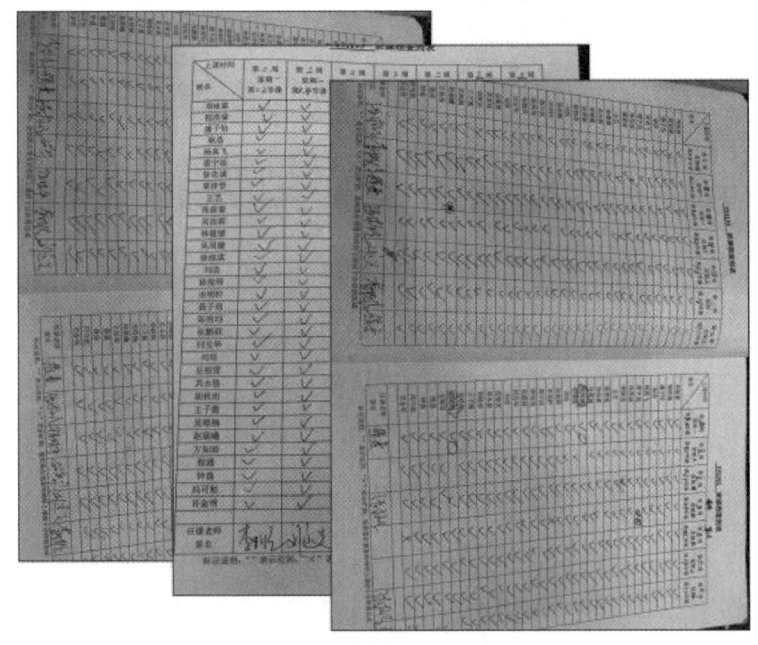

▲每堂课由学习委员进行班级考勤

　　他督促学生开展假期学行动。在寒暑假作业中,要求自觉阅读计算机方面书籍,同时撰写读书笔记;鼓励每周至少完成1道算法或面试题,并在群内打卡互相监督。

　　他还调整"综合测评"方案,增加科研分值和比重,推荐同学们参加各个科研团队、竞赛团队,动员学生参加学术讲座,引导同学们积极参加各类实践,有目的地学习。

　　同时向计算机学院官微投稿2篇,由4个获得国家奖学金的同学以"计科E分享"压力大,学不会? 看看他们怎么说"(https://mp.weixin.qq.com/s/ngcb1v02ubsbxtwndm9t1a)、

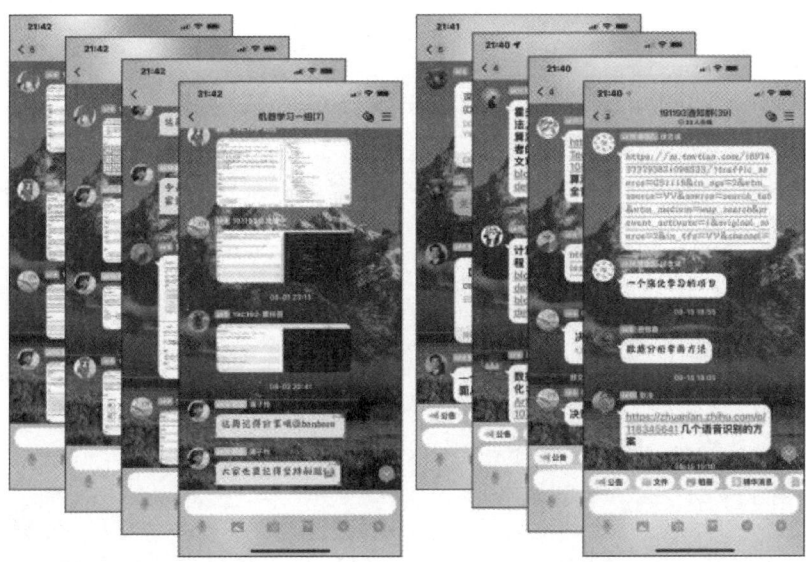

▲学习小组群内分享

▲学习小组线下讨论

数学建模一等奖团队介绍学科竞赛经验、"'赵帅雨'队的数模竞赛经验谈"（https://mp.weixin.qq.com/s/20bdhc_q_vkjfcphltublg）为题介绍学习经验，带领其他同学一起学习。

在石剑峰老师的指导和同学们的共同努力下，班级同学学习成绩优异，实践能力突出，优秀学生不断涌现。

除部队转业人员外，班上的其余 31 名同学平均学分绩点为 3.65，英语四级一次性通过率 100%，英语六级通过 28 人。保研 7 人，其中北京大学 2 人，中国人民大学、

像身边人一样优秀
——"计科先锋"启示录 I

▲优秀同学分享学习经验时的现场图片

▲假期作业计划表

同济大学、武汉大学、华中科技大学、南开大学各1人。获得各类奖项108项,其中国家级22项、省部级21项,1名学生获评校十大标兵称号,班级获评学校优秀班集体标兵称号,2次获评学校红旗团支部。

[图文来源:中国地质大学(武汉)计算机学院 石剑锋]

第二篇
计科励志先锋

国家银奖与"星陈科技"团队奋斗史

在 2023 年 3 月举行的第十三届"挑战杯"中国大学生创业计划竞赛中,中国地质大学(武汉)计算机学院"星陈科技"团队报送的"星陈科技项目"荣获全国银奖。在长达一年多的时间里,崔祥森、马瑞华、杨博、顾伟超、张磊、雷培迪、余倩倩、李嘉欣 8 名同学在戴光明、王茂才、傅苑、李欢欢等老师的指导下,团结拼搏,攻坚克难,收获了成长与进步,书写了地大计科人的传奇。下面请倾听他们讲述自己的奋斗故事。

初识"光明地带"

2020 年 10 月,大三的雷培迪同学对航天仿真知识一无所知,甚至不知道轨道六根数、近赤道等概念。她曾经十分迷茫,没有想清楚自己到底要研究什么领域。跟着空间信息技术实验室的王茂才老师读研,是她步入航天仿真之路的开端。通过了解与学习,她才发现这是一个十分前沿而且酷炫的研究方向。航天仿真领域研发内容十分贴近国家发展需求,这让她对自己从事的科学研究更有认同感,觉得自己的研究工作是有价值的,未来有可能应用到国家急需的场景中,去探索更大的宇宙。所以,她当时义无反顾地选择了这个方向,加入了王老师的科研团队,开启了自己的学术生涯。

2021 年 4 月,刚刚参加完研究生复试的顾伟超同学加入了"光明地带"——计算机学院空间信息技术实验室这个大家庭,认识了同届的研究生同学,其中就有后来"星陈科技"团队的初创成员。这一年的 9 月,雷培迪正式成为一名研究生,也来到了空间信息技术实验室,接触到了许多非常厉害的人。在老师们、师兄师姐们的带领下,一步步了解了 CSTK(China Satellite Tool Kit)。

"星陈科技"团队大集结

2021年10月,2021级研究生崔祥森联合实验室的其他4位同学(雷培迪、顾伟超、张磊、杨博),组建了"星陈科技"团队的前身——"实验室开放基金"五人团队,目标是获得学院新推出的"实验室开放基金"项目。在这次申报过程中,大家各司其职、分工合作,最后申报圆满成功。实验室开放基金的成功申报,很大程度上增强了团队成员的凝聚力并鼓舞了团队的士气。

2022年2月新学期伊始,在团队负责人崔祥森同学的倡议下,我们报名参加了计算机学院的"大学生自主创新领航项目"(以下简称"领航项目"),合作完成了团队第一份正式的项目申报计划书,这增加了我们的科技竞赛工作经验。领航项目申报对当时的我们来说有着很大的困难。

首先,我们没有丰富的知识积累,甚至不知道应该深耕哪个方向。为此,我们与宋志明老师进行了多次交流,而且每一次的沟通都是两小时起步。宋老师耐心地给我们传授了很多的航天知识,也对很多研究方向进行了介绍。在短短一周内,我们几个人阅读了近百篇中外文献,最终才确定研究空间信息网络的高效组网机理。也是从这时开始,我们知道了如何去读文章、应该去读哪些文章。还有一个困难在于我们并没有太多成果支撑,仅有几项计算机软件著作权和专利,在成果支撑上与其他项目相比显得格外"寒酸"。"别人这么一长串论文我们怎么比?"大家心里都没有底,整个团队士气低迷。这个时候崔祥森站出来鼓励我们,"我们在论文上比不过他们,但是可以在实践成果和真正能创业落地的工作基础上去超过他们,我们也有他们比不上的。"在崔祥森的鼓励下,我们一扫低迷,重新振作,最后从众多项目中脱颖而出。通过这个项目,我们团队中几位未曾参与过科技竞赛的同学对项目申请、项目实现以及项目答辩等一系列科技竞赛的相关流程有了初步的了解,从而为我们后续"星陈科技"团队的建立以及发展奠定了坚实的基础。

几乎与此同时,2月底,我们迎来了"挑战杯"中国大学创业计划竞赛的报名。团队立足我们实验室的"看家项目"——CSTK航天仿真平台,在第一时间以"AeroSpace Bulider航天任务设计优化与分析仿真软件平台"为题报名,完成了"挑战杯"旅程中"万里长征第一步"。万事开头难,在"挑战杯"项目初期的工作中,我们对CSTK项目的很多情况一知半解,团队成员仅凭借硕士研究生第一学期所学,进行项目申报以及阐述流程。鉴于此,我们从实验室老师们的前期论文以及专业书籍出发,搜集了大量文本资料,力求完整理解项目核心、技术优势以及项目应用场景。在此基础上,我们开始了日复一日的PPT绘制修改以及答辩稿的撰写修改。之后便迎来了材料提交和院赛、校赛的答辩等一系列工作。

2022年4月21日,我们顺利通过"挑战杯"校赛答辩。但在评委老师的提问中,我们发现项目和团队存在不少问题,比较突出的两点是财务分析和路演答辩问题。现有团队成员均有理工科的计算机专业背景,但缺乏专业的项目财务分析基础以及相对清晰流畅的路演答辩能力,基于此,团队负责人崔祥森通过其广泛的朋友圈,于5月初向兄弟学院同学发出邀请。经济管理学院马瑞华和李嘉欣两位同学基于过往的参赛经历和对自我提升的渴求,欣然应邀加入团队。至此,"星陈科技"团队全员集结!

马瑞华同学后来回忆道:"2022年5月,第一次作为团队成员参加项目培训,看着复杂的PPT内容,我只能机械地理解为星陈科技是做航天仿真的,至于具体精细的仿真模块、面向的客户群体和未来选择的商业模式等皆心中无数。第一次培训就是超高强度,众多项目逐一指导修改,团队8名核心成员在老校区大学生活动中心305教室里找素材、捋逻辑直至凌晨。高强度的培训模式和完全不懂的专业知识让我心生疑虑,即将研三的我参赛合适吗?作为项目路演人,真正激励我有信心讲好'星陈'故事的契机出现在"互联网+"校赛决赛现场。上午彩排时我还磕磕绊绊背不下来,满脑子都在想为什么昨晚才临时改PPT换稿子。一个人坐在楼道默默背稿,处处不顺,心里既担忧又愤慨。崔祥森同学不但不责怪,还耐心安抚我的情绪,慷慨激昂地示范,并带我在电脑前一遍遍顺稿子。转念一想,大家通宵达旦地临时修改还不是为了更好地展示我们的项目,我又何必执念于此,竭尽全力地把最新、最好的内容展示给大家,让我们的项目走得更远才是最重要的。下午正式比赛时,我们便心无旁骛地路演答辩,最终顺利取得校赛一等奖的好成绩。自那以后,无论是临时改PPT还是换稿子,我都不再质疑埋怨,任何需要我配合的,我便一心一意去做就好,只有和大家拧成一股绳,劲儿往一处使才能让我们走得更远。"

"星陈科技"的由来

2022年5月初,在通过了校赛的基础上,我们开始准备省赛。在此期间,我们综合考虑了项目宣传需要以及评委老师意见,决定对项目名称进行修改。团队各成员集思广益,提出了各种或张扬、或朴素、或复杂、或简单的项目名称。而顾伟超同学出于对名称内涵底蕴的考虑,尝试从古诗词入手,从中寻找命名灵感。很快,在不断的搜索中,屈原的一篇长诗《天问》映入他的视线。通读这篇经典诗篇之后,其中一句"日月安属,列星安陈"让人深刻印象。"日月天体如何连属?众星在天如何置陈?"他转而联想到了我们项目的卫星仿真领域:我们项目的很大一部分工作内容就是研究人造卫星在地球空间轨道上的排布运转,这与"众星在天如何置陈"是否不谋而合?跨越2000多年的向天寻问,从屈原对自然天体的追寻到如今我们团队对人造卫星的研究探索,今人在继承古人理想向往的基础上,也在开创着属于新时代的追梦之旅。于是顾伟超同学从"日月安属,列星安陈"提取出"星陈"二字,向团队各成员寻求意见,并得到大家的认可。最终,"星陈科技"正式成为了我们团队的标签。至此,完整团队集结完毕后,我们团队又披上了全新的"战袍"。于是"星陈科技"目向前方,一往无前!

2022年5月20日,学校进行了第一次"挑战杯"省赛培训,各省赛参赛队伍所有成员齐聚南望山校区大学生活动中心,专家现场指导。在专家的指导下,我们重复修改着PPT的内容,哪些部分需要重点阐述,哪些部分可以简单略过,哪些部分需要添加内容……等培训结束一看时间,已是次日凌晨1点多了,此时返回未来城校区将徒增劳累,于是我们团队有了第一次的集体外宿。在深夜蚊虫叮咬、凌晨鸟鸣噪声等影响下,我们经历了几乎不眠的难忘一晚。

▲夜以继日地工作

5月30日晚,我们经历了参赛以来工作强度最高的一晚。我们第二天要交省赛申报书和答辩材料,但由于导师安排的工作任务与此冲突,我们只能在30日晚完成所有材料的修改总结和提交。于是我们团队所有成员修改整理材料直至次日凌晨。令人印象深刻的是,我们在网上提交材料时才发现上传文件有大小限制,我们整理出来的材料远远大于要求。于是大家一遍又一遍地重复压缩文件,近凌晨4点才返回寝室。在仅仅2小时的小憩之后,大家又匆匆起床赶7点出发前往南望山校区的校车,去完成导师安排给我们的集体工作。直到31日下午2点我们完成所有工作后才坐上开往未来城校区的出租车,我们长舒一口气,结束了连续的高强度工作。

▲ 模拟答辩

马瑞华同学后来回忆道："随着高强度模拟答辩和正式比赛接踵而来，每个人都要兼顾学业和比赛，常常前一晚通宵改PPT写稿子，第二天迅速背稿登台路演。连轴转的备赛过程中，团队成员人人都是随叫随到、任劳任怨。正是大家一心向好、点点滴滴的努力，让我看到团队成员的凝聚力和参赛必胜的决心，激发了我的主人翁意识，唤醒了我学习航天产业、仿真软件、创业大赛知识的求知欲。"

在团队所有成员的通力合作下，我们顺利通过了6月份的省赛。实验室的老师们也看到了我们的用心努力，给予了我们暖心的鼓励，同时也加大了支持力度，鼓励大家冲击国赛。老师们时常组织我们在会议室开展路演培训，事无巨细地为我们解释每一张PPT上涉及的专业术语和动态演示图，具体到合作单位、负责人、创新方法、基本原理以及通俗解释等。每次培训都是3小时起步，五六位老师轮番上阵。正是这一次次细致到词句表述的指导，让马瑞华同学这个外行人逐渐理解了项目的核心，帮助她更加自信地展示。

傅书记和欢姐（学院党委副书记傅苑和研究生辅导员李欢欢）更是在赛前带着鲜奶、零食为我们加油鼓劲，帮我们理问题、找状态，全真模拟录像找问题，再重新来过。慢慢地我们相信能把凝聚实验室心血的项目推向更广阔的舞台。

当头棒喝

受疫情影响，"挑战杯"国赛推迟到2023年3月，团队选派崔祥森和马瑞华作为路演人、答辩人代表团队赴京参赛。临行前一个月，我们又开始新一轮的高强度培

▲教师开展指导工作

▲充满信心，必胜！

训,学校内部的多次培训帮助我们在原有内容的基础上不断补充精修。正当我们沾沾自喜觉得问题不大时,遭到了在湖北工业大学举办的全省模拟大赛中评委老师的质疑。不少老师困惑地问道:"你们究竟是做什么的？你们究竟做了什么？"当头棒喝让我们开始反思,过去无论是学院老师还是外聘专家多多少少都是站在已经了解一点项目内容的主观立场上,我们很多时候渴望从更高的层次展示我们的优秀成果,却忽视了很多评委并不了解这一领域。一旦国赛6分钟路演结束后,出现评委老师质疑我们究竟是做什么的,那我们就彻头彻尾地失败了。于是模拟答辩一结束,王茂才老师和我们立马围着评委老师询问PPT的呈现逻辑,分析如何把我们的项目讲得更清楚,讲得更好。王老师随即在湖北工业大学的校园里将评委意见消化吸收并转达给我们,在PPT具体模块划分、案例选用等方面都帮我们做了方向性的定位。在消化吸收老师所有意见的基础上我们推翻过去,重新来过,跳脱了以往的定式思维,重新打磨新版PPT。实验室的老师们先后多次线上、线下审查指导,专业词汇甚至是标点符号都不容差池。学工组老师们更是组织多次模拟,帮助我们找到路演答辩时娓娓道来的感觉。两位代表承载了团队全部的希望,彼此帮衬着在最后阶段共同打磨PPT,精修路演稿。在北京备赛的那3天,他们俩每天都凌晨三四点才睡,上交PPT的前半小时才最终定稿,秉承着最初的参与原则,即使压力大到眼泪汪汪,也要竭尽全力做到最好。

▲参赛证件　　　　　　　　　　▲部分参赛师生合影留念

比赛当天,崔祥森和马瑞华从容淡定,正常发挥。跑出赛场的时候,傅老师和欢姐像高考时守候在校门口等孩子的家长,兴奋地为我们拍照录像。最终,我们喜获第十三届"挑战杯"中国大学生创业计划竞赛国家级银奖。虽离金奖一步之遥,但我们团队所有人已然做到了最好,也不负这一段充满回忆的征程。

"星陈"大海

👍 团队成员雷培迪

我很荣幸加入"星陈科技"团队。我经常跟身边人说,我是十分幸运的,也十分感恩这一路走来遇到的所有贵人和机遇,这些人和事影响并成就了现在的我。在准备比赛的这段时间,我感受比较深的一点应该是国内外科研与航天仿真之间的紧密合作。国内外的科研院所与航天仿真结合特别紧密,航天科研人员之间的交流也很密切,这样有助于及时跟进、了解航天需求,同时也便于获得许多珍贵的航天资源用于科学研究,最终使双方形成很好的优势互补。我曾经虚心地向实验室做过相关科研院所外出驻场项目的师兄请教,他们讲授相关经历的时候,我十分羡慕,期待自己终有一天也可以走进科研院所的大门,看看中国航天的真正模样。另一个让我印象深刻的是实验室内开放、包容、合作、艰苦奋斗的学术氛围。航天仿真是一个多学科交叉的学科,因此不同学术、专业背景的人员之间的团结合作十分重要。在每一轮比赛前期,都能在209办公室看到我们深夜奋战的样子:在凌晨的夜里,大家还在为了同一个目标一起努力,疲惫但又快乐。我们甚至一起见过凌晨3点的地大,伴着夜色回寝室。虽然在比赛期间忙碌是常态,但是当看到电脑中一版一版的PPT,每一页慢慢地被填满,209也越来越有"人间烟火气儿",这让我感觉到前所未有的满足感和责任感,不断激励着自己鼓足力气加油干。我会努力和"星陈科技"团队继续深耕航天仿真领域,力求不断突破领域内技术瓶颈,并积极拓展新技术在航天各个领域的广泛应用,为积极推动航天仿真技术贡献自己的一份力量。

👍 团队成员顾伟超

时光不负好少年。回顾这一年多"星陈科技"团队的奋斗史,我很难用一些缺乏表现力的成语或句段去确切地描述我们所经历的种种。我只知道,我们的比赛QQ群中,积累了400多天以来数以万计的聊天记录,群文件中积累了数以千计的素材及PPT文档,所达数据量超过群文件的容量上限;我还知道,通过这个比赛项目,我们深入地了解了实验室的发展历程,详尽地了解了实验室项目的强大之处以及核心技术的先进性,加强了与实验室各位老师的沟通交流;我更知道,通过这一年多的合作奋斗,我们的团队成员间相互成就、共同进步,同时也因为这个项目,成就了一段姻缘,也传成了一段佳话。伴随着第十三届"挑战杯"的落幕,我们"星陈科技"团队暂时完成了我们的追梦之旅,新一届的师弟师妹们也将踏上属于他们的科技竞赛征程。我们作为实验室科研竞赛的过来人,也将力尽所能地提供帮助。加油!一届又一届新时代的地大计科追梦人,未来属于你们!

👍 团队成员杨博

这一年多的征程于我而言,漫长且曲折。我不得不一改往日急于求成的脾气,静下心来,一次又一次地推倒重来。昨日自认为的完美,仅仅留在昨日,今日出现的新问题、新挑战、新机遇,以及如何在这样的环境背景下适应、不断去改变,艰苦朴素、求真务实,说起来容易,坚持做到实属不易。记得路演前夕,高强度的新老校区往返培训,几乎快耗尽我所有的精力,不同专家的犀利提问,让我们的问题簿越积越厚,甚至一度将路演结束变成了一种解脱。但真理的探寻总是曲折且艰难的,记得"星陈科技"诞生的时刻,一群踌躇满志的年轻人在一个熟悉的会议室畅所欲言。记得校赛结束时,成功答辩卡点的百年一遇,是一次次打击后的浴火重生。在这个漫长的取经路上,需要放下年轻时的焦躁、克制住想要一步到位的冲动,戒骄戒躁,平静以待。曾经那个意气风发、指点江山的我,渐渐收起锐气;曾经那个急于求成的我,渐渐变得心平气和;曾经那个一度坚持不下去的我,现在也有信心、有能力去经历未来更大的苦难。这也许就是这段"挑战杯"经历给我最大的馈赠——变成更好的我!忆往昔,我们一起看过凌晨3点的校园,一起坐在熟悉的会议室畅所欲言,一起站在校赛、省赛的现场,一起迎接一轮又一轮的挑战。乘风破浪会有时,望未来更美好。我是杨博——"星陈科技"的一员。

👍 团队成员张磊

参赛一年多以来,我最大的收获便是团队成员间真挚的友谊。那些一起翻过的窗,一起熬过的夜,一起欢乐干饭,一起为项目焦头烂额,一起漫步在凌晨3点的地大……无数个和大家一起走过的日子串成了我参赛后最美好的回忆。在参加"互联网+"和"挑战杯"两项比赛近一年多的时间里,我们有过烦恼,有过争吵,有过不开心的被迫熬夜,但更多的是和大家一起为同一个目标而努力的快乐。比赛过程中我们经历最多的便是一次次推倒重来,每次参加培训都会被评委指出许多问题,每一个问题都会让我们花费几小时甚至几天才能想到完美的解决方案。在一次次的培训中我们被虐得心累,为了能够更好地展现我们的项目,我们要对每一个点、每一个细节仔细斟酌,伴着月色而归成为常态。比赛虽然结束了,可是"星陈科技"还在继续,我们会继续坚守理想,继续在航天仿真领域深耕,为中国航天继续奉献我们的力量。

👍 团队成员马瑞华

回想参赛的这一年,好像是重新参加了一次高考。每次模拟参赛都像一次小考,压力又大又复杂,中间有很多次都想打退堂鼓,但我不想对不起自己,更不想对不起团队,所以次次都选择竭尽全力地迎难而上。很多人问我:"你都研三了,干吗还参加这种费时费力的比赛,图什么呢?"我也曾无数次问自己这个问题。思来想去,我从加入"星陈科技"团队开始,就没想过要图什么,恰好遇到了一群志同道合、心气相通的战友,力所能及地将真正有价值的项目推向商业化市场,真正为项目落地做一点贡献,仅此而已。从最初的一窍不通、照本宣科到现在略知一二、深有体会,这一年期间和大家并肩作战的快乐时光以及个人能力的有效提升便是我最宝贵的财富。

👍 团队负责人崔祥森

一年多时间的备赛过程就是不断坚定我们一定可以把CSTK商业化落地、一定可以把这个项目做成的过程。我们曾有过迷茫,有过质疑,有过鼓励,有过阶段性的成果……我们一直在推翻重来,不管是对技术的学习实践,对项目赛道的调研理解,还是对创业实践本身的思考和规划,一切的认知都在随时间线螺旋上升并积累沉淀。我们愈战愈勇,越感觉什么都不懂,越会求知若渴;越感觉项目有攻不破的技术难点,越需要大量的学习和实践工作,越会激发我们的斗志,夜以继日、只争朝夕地去干;越被评委质疑,越想要通过调研更多的数据、提升认知来征服评委。我们一直追求的目标是,让小朋友也能听懂我们的研究内容,这才说明我们真正对这个领域具备了透彻的理解和深入的研究。我一直觉得,一个项目培育成长的过程,本质上是创始团队成长的过程。世上无难事,只怕有心人。过去,我们的底气来自实验室老师及前辈们扎实的工作成果和对我们事无巨细的指导与帮助;现在,我们的信心源于这一年多来不下100场的培训学习、平均每周1次的模拟答辩、QQ群文件中被填满10个G的笔记资料、收藏夹里10 000多页的行研报告,源于暑假1个月住在老校区每天就干这一件事情的专注岁月、不知道多少次集体通宵的难忘记忆。我们的激情源于我们对实验室CSTK项目各个层面的透彻理解,以及我们这一年多来进行的开发和学术研究工作。航天软件国产化的道路任重道远,CSTK也是实验室几代人历时20年才做出来的。我们用一年的时间践行了一条以赛促练的传帮带团队发展模式,也会在未来不断去发展和改进我们的模式,将CSTK更好地传承和发展下去。

师说心语

👍 王茂才(指导老师)

祝贺同学们取得好成绩。培养什么样的人、如何培养人以及为谁培养人,一直是习近平总书记强调的重中之重。团队指导老师一直不忘初心,始终将立德树人放在个人工作的首要位置,围绕经济建设主战场,秉持为国育才、为党育人理念,着力培育能担当民族复兴大任,有理想、有本领、有担当的时代新人,在解决国家重大战略需求中积极培育学生的家国情怀,始终贯彻"价值塑造、能力培养、知识传授"的育人做事教育理念,注重"厚基础、宽口径、高素质、创新型"的人才培养模式,秉持"创造、创新、创业"教育方针,坚持将创新创业教育贯穿于人才培养全过程,长期坚守在学生科技创新能力培育的第一线,通过在关键核心基础软件领域突破国外的技术封锁和"卡脖子"制约,为国家航天强国建设积极培育人才,取得了丰硕的成果。希望计科学子不忘初心,以此次成功为新的起点,树立星辰大海的志向,立足自己的学业和岗位,为国家作出应有的贡献。

后记:正是有了崔祥森、马瑞华、顾伟超、雷培迪、杨博、张磊6名同学及王茂才老师的支持与回忆,才有了这篇独属于地大计科人奋斗科技竞赛、追寻"星陈"大海的宝贵记忆。

(图文来源:王茂才、崔祥森、马瑞华、顾伟超、雷培迪、杨博、张磊)

华为 ICT 大赛全球一等奖获得者刘林凯专访

在 2022 年华为 ICT 大赛(高等教育学会 A 类赛事)上,我院刘林凯、程浩銎、陈兴烨 3 位同学组成的"未来城战队"获得了全球一等奖的优异成绩。计算机学院"智能基座"协会宣传部部长刘亿超同学对数据科学与大数据系刘林凯学长进行了专访。以下为采访纪实。

▲刘琳凯(右)接受专访

问:比赛队伍是怎样组建起来的?

答:大一我和程浩銎同学是同班同学,彼此之间比较熟悉。大三上学期,我们组成团队,并在地大表白墙上招募有兴趣参加华为 ICT 大赛的队员,后来就找到了陈兴烨同学。我们 3 个人来自不同专业(分别来自数据科学与大数据技术、智能科学与技术、计算机科学与技术),但有一个共同的目的,就是争取保研。因为志同道合,所以我们聊得来,很快就成为好朋友。

问：为什么要参与华为ICT大赛？

答：刚才说了，我们参加比赛的目的其实很简单，希望能够通过竞赛获得保研加分，同时促进自身与外界的交流。我们的队员专业不同、各有所长，通过竞赛可以互相学习很多知识，也能快速看清自己和外校优秀学生之间的差距，并以此来督促自己努力学习。

问：你们是怎样联系指导老师，以及如何选择比赛课题的？

答：我们通过学长、学姐们的推荐，请阎继宁老师作为我们的指导老师。他提出了"大规模遥感影像的分布式目标检测系统"课题。这个项目结合了大数据、深度学习、网站设计等技术，像是为我们量身打造一样。阎老师时刻关注着计算机相关的前沿技术，逐一了解我们每个人的优缺点，并在竞赛全程为我们提供了极大帮助。

问：你们在获得全国一等奖的过程中都遇到了哪些困难？

答：11月左右，华为ICT大赛需要参赛者提交项目答辩相关资料，而我们当时又刚好面临几个科目的期末考试。我们面临一个非常关键的抉择：到底是专心复习考试，还是准备竞赛相关的答辩资料。因为我们课业繁忙，想要同时做好这两件事是非常困难的：选择复习备考就意味着放弃竞赛，选择参加竞赛就意味着我们可能会因为复习得不够扎实而得不到理想的学分绩点（学分绩点对于即将面临保研的我们来说非常重要）。我们考虑了很久，最后达成一致，竞赛获奖率太低，还是好好考试，毕竟我们都觉得学分绩点输不起。

问：那最终是什么原因促使你们又投入到比赛中，并且一直坚持到最后？

答：竞赛答辩资料截止的最后一天，我们看到竞赛群里提交材料的队伍越来越多，也看到了地大的几支队伍，心里又开始犹豫起来。当时程浩鋆同学就提了一句："要不我们熬个夜也提交一下材料好吗？"于是那一天我们通宵达旦，最后快累趴了才写完材料，并且仓促地完成了作品（那作品就是拼凑了我们平时的一些小成果，快速"包装"一下）。意想不到的是，我们竟然成功入围了全国总决赛。

问：入围全国总决赛的心情是什么样的呢？你们是怎么从全国这么多支优秀的队伍中脱颖而出并最终晋级全球总决赛的呢？

答：我们第一时间将这个好消息告诉了阎老师。他邀请几位研究生学长、学姐，从作品设计到答辩技巧等多个方面给出宝贵的建议。我们连熬了几个夜晚，总算将最初拼凑而成的"作品"变成了一个真正完整的作品。答辩的过程非常紧张，不过还好，最终我们没有辜负老师和学长、学姐的期望，顺利拿到了全国一等奖，并成功入围了第二年6月即将举行的全球总决赛。

问：在全国总决赛到全球总决赛的近半年时间里，你们做了哪些准备？

答：全国总决赛后，我们参加了各种夏令营，准备参加多场面试，几乎没有时间再去准备全球总决赛。因为单单从竞赛加分项来分析，拿到全国一等奖便意味着竞赛

▲比赛现场

加分项加满了,没必要再耗费更多的时间参加全球总决赛,况且那个时候不止有夏令营面试,还有各种课程设计、上机实验。那段时间我们3个人几乎每天都是凌晨两三点才睡,每天都处于"浑浑噩噩"的状态,根本没有精力去理会全球总决赛。

问:在学业与竞赛冲突的情况下,是什么让你们又有了参加全球总决赛的动力?在此期间你们又付出了哪些努力呢?

答:当我们准备跟阎老师商量放弃竞赛时,他的热情与信心瞬间感染了我们,我们最终也没能做出放弃竞赛的决定。阎老师不仅为我们提供了硬件上的支持,还针对我们全国总决赛时的作品提出了许多建议,剩下的就只能靠我们自己努力了。备战两天两夜,我们对全国总决赛的参赛作品不断完善。与全国总决赛时一样,我们3人为模拟答辩过程,请老师和学长、学姐扮演答辩评委,对可能提出的问题作出各类预案。

▲会议海报

问：真正到了全球总决赛这么隆重的比赛现场，你们会紧张吗？是如何调整自己的比赛状态呢？

答：全球总决赛挺隆重，答辩现场采用网络直播的形式！我们的父母、亲朋好友都在手机上看着我们，这让我们非常紧张。答辩形式是由一名队员主讲，评委老师提问时其他队员可一起回答。幸运的是，评委老师提出的问题和阎老师事先预想的相差不大，我们顺利地完成了答辩。

问：可以谈一谈最终的颁奖过程和获得全球总决赛一等奖后的感想吗？

答：老师受邀到深圳参加颁奖活动，我们3个人通过电视观看颁奖典礼的现场直播。我们全程紧张地盯着电视屏幕，当看到三等奖和二等奖名单都没有我们的时候，我们都以为"凉"了。提前给老师和学长、学姐发了消息："希望不大了！让你们失望了！"阎老师却很淡定地回答："不可能没有获奖，肯定是二等奖以上！"终于，在一等奖的名单上，我们看到了 China University of Geosciences 的一瞬间，我们都愣了，对着字母快速在心里仔细翻译了一遍又一遍，确认是我们队伍获得全球总决赛一等奖之后，3个人都兴奋得跳了起来。这是我们完全没想到的！那时感觉熬得所有通宵都是值得的，也不枉我们掉了那么多头发！

问：最后请谈一谈是什么原因支撑着你们一路过关斩将拿到这么高的荣誉。在这次比赛中，你们收获了什么？

答：竞赛的整个过程很长。在这个过程中，阎老师和各位学长、学姐给予了我们极大的帮助，为我们指引了正确的方向，让我们少走了许多弯路，因此才能高效地完成作品。我们非常感谢阎老师和各位学长、学姐的帮助！也很庆幸我们没有中途放弃竞赛，能够为学院争得一点点荣誉，心里还是非常开心的！很高兴大学4年能有这么一段还算精彩的经历，也很荣幸能够得到老师们的信任和支持！

▲获奖名单

后记：通过刘林凯学长的回忆，我们了解了一段非常精彩的竞赛故事。这样的竞赛经历相信很多同学也有所体会，有的时候努力不一定会有等价的回报，但是只有坚持努力到最后才知道最终的结果，也许结果是一个意想不到的惊喜！在毕业季做这样一次专访，特别有传承的意义，我受益良多。衷心感谢老师们一直以来的谆谆教导，祝学长们前程似锦，希望学弟、学妹们奋发有为，创造新辉煌！

(图文来源：刘亿超、刘林凯)

我们是斩获全国大学生信息安全竞赛—作品赛一等奖的四元一次方程组

经过一年半的准备,计算机学院信息安全系章丽平老师指导的四元一次方程组战队斩获第十六届全国大学生信息安全竞赛一等奖,参赛作品名称为"SecurePulse:基于全同态卷积神经网络的远程 PPG 信号身份认证系统",参赛队员为计算机学院本科生李铂浩、潘鹤文、唐桎林、赵籽萌。让我们一起聆听他们的奋斗故事!

故事始于 2021 年秋,那时我们 4 人刚进入大二学年。在得知学院开启科研立项后,我们相约组队报名参加章老师的课题组,主要从事生物特征认证方面的研究。一开始,报名加入章老师课题组的学生很多,因为没有相关学术基础和科研经历,我们顶着巨大的压力,从零开始共同努力学习,不断定时讨论。自此命运的齿轮开始转动⋯⋯

▲团队合照 (从左至右依次为赵籽萌、李铂浩、潘鹤文、唐桎林)

纵向探索，明确方向

从 2021 年 12 月到 2022 年 9 月，我们团队都在学习生物认证的基础知识和做认证模型的实验，但大部分精力都投入文献阅读和复现方法中。我们主要学习前人的实验方法，并没有具创新性的想法和框架，因此我们对于整个项目的研究方向也比较迷茫，但大家一直都在努力学习，通过定时开会来分享新的想法并不断探索。后来我们得到章老师的研究生李安子的帮助，他为我们指明了前期纵向的研究方向。

潘鹤文同学回忆道："在此阶段，我们通过阅读大量的论文，从信号处理到特征提取再到分类任务实现，结合我们自身的信号数据，不断地尝试用多种方法对代码进行编写、调试，并想办法提高算法效率和准确率，进行优化。同时，我们也遇到了各种复杂的问题，比如如何排除生物信号的时序特征对认证的干扰。一次次的困难不断地打击我们的信心，让我们陷入沮丧，但我们坚持不懈，每一次发现问题后都积极查阅各类论文和书籍，测试可行的办法。"

横向研究，不断完善

2022 年 10 月至 2023 年 7 月，经过之前的纵向研究后，我们最终确定了生物认证实现的整体框架和实现技术以及实际运用场景。在完善整个系统时，一系列的实际应用问题接踵而至，我们经常聚在一起讨论。此外，我们经常会换位思考。例如，如果我们作为用户去使用这个系统，希望得到一个怎样合理的解决方案。同时我们也针对初赛报告上的要求，对实验结果进行多种形式的展示。最终，我们成功在 2023 年 7 月收到了进入全国大学生信息安全竞赛—作品赛决赛入围通知。

▲决赛入围通知

决赛入围名单

唐柽林同学回忆道：在实现整个前后端框架时，我发现了各种各样的需求和待解决的问题，经常被折磨得头疼，并且有时一解决就是一两天，整个过程非常考验人的耐心和毅力，但最后我们团队经过不断的相互鼓励和讨论，成功地搭建起了整个系统，这也给予了我们极大的信心。

赵籽萌同学回忆道："在完善系统的同时，我们还需要着力准备好初赛需要提交的作品报告——这是一项非常浩大的工作。我还清楚地记得，仅报告中'国内外相关工作'这一小节，修改了近 10 个版本才最终定稿。在这个阶段，熬夜成了家常便饭，有时候我们工作到深夜两三点才能结束修改工作。"

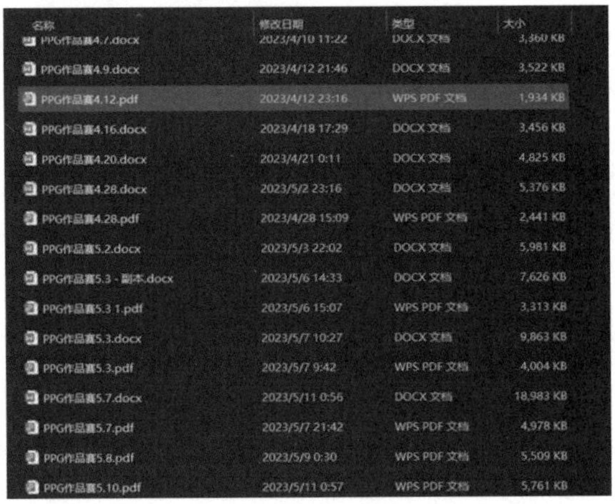

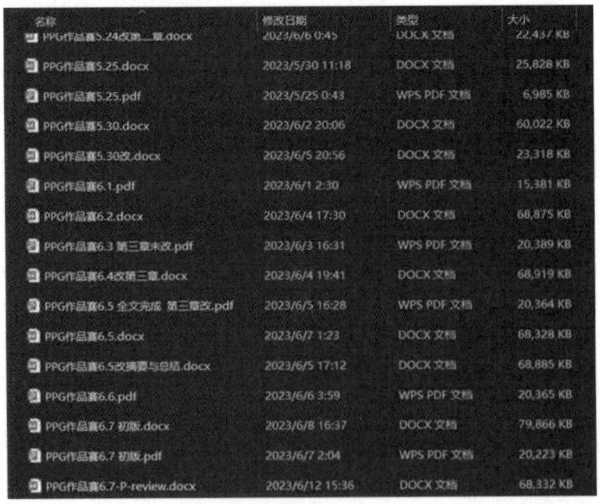

▲ 初赛阶段修改的作品报告版本（共有 70 多个作品版本）

决赛将至,全心备战

收到入围决赛通知后,2023 年 8 月我们进入全心备战阶段。在实验室里,我们度过了既短暂又漫长的 1 个月进行项目调试、制作决赛作品册、准备决赛答辩 PPT 和演讲稿等。这 1 个月是最难熬的,也是最不能松懈的,我们几乎每天早上 8 点到实验室,晚上 12 点回到宿舍,有时甚至在实验室通宵加班。代码不断地得到调试完善,系统不断地得到优化,PPT 不断地得到改进……我们每个人都全力以赴。还记得在杭州参加比赛的前一晚,章老师带着我们一遍遍地模拟、一遍遍地更改,这些都帮助我们在比赛时做到冷静应对与灵活处理。

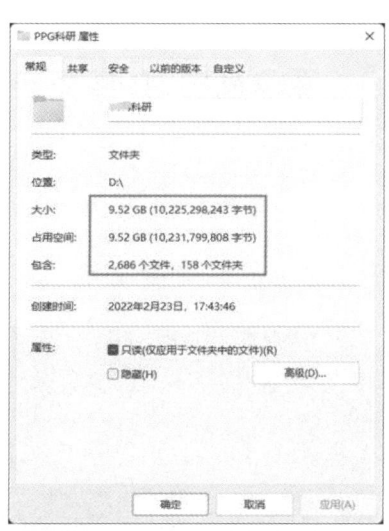
▲整个科研项目文件材料大小

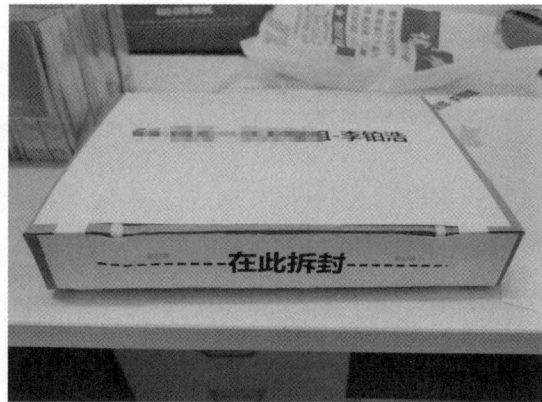
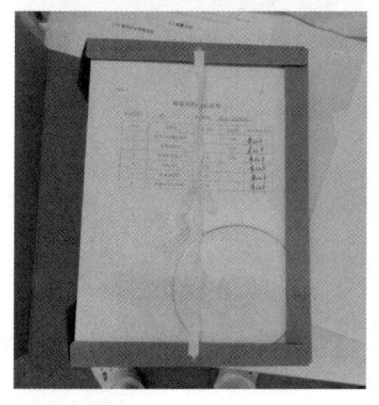

▲决赛准备材料与决赛现场

春华秋实,如期而至

第十六届全国大学生信息安全竞赛落下帷幕,四元一次方程组战队从众多双一流高校的队伍中脱颖而出,"SecurePulse:基于全同态卷积神经网络的远程PPG信号身份认证系统"斩获全国一等奖!

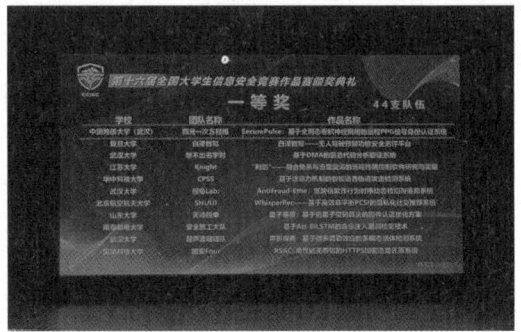

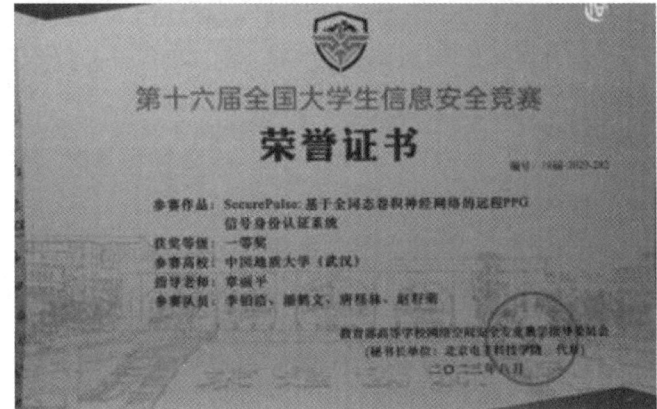

▲所获荣誉

参赛感悟

👍 李铂浩

近两年的项目,我和我的小伙伴们坚持到了最后。有人问我队名的来由,我说是因为4个人共有一个目标,只为实现一个最优解,共同努力去"求解"。在项目研究中,我们遇到了很多的难题和挑战,也有过很多次放弃的想法,但大家一直相互鼓励,不断地提出新的想法,不断付出,最后进入了决赛。我想说的是只要团

队齐心协力,一起努力,不离不弃,就一定可以到达成功的彼岸!这一路走来,我学习到了许多,成长了许多,不仅能力得到了提升,更重要的是心智成熟了许多,精神境界得到升华。我最想感谢的是一直陪伴在身边的小伙伴们和章老师,真的很感谢章老师一路对我们的耐心指导,是我们一起努力才造就了今天的成绩!

👍 **潘鹤文**

这一年半的探索对我来说是挑战也是成长。科研的探索不是一蹴而就的,从前期对项目方向的了解与深入,到各类方法的测试与研究,再到最后的技术定夺与完善等,实施过程中我们会遇到无数的挫折与问题,也许再坚持一下就能找到问题所在,也许只能全部推倒重来,但坚持是走向成功的必要因素。同时,队友间的互相扶持与沟通,让我们朝着一个方向努力前进;老师给予我们团队凝聚力和帮助,提供指导与资源,这一切的努力才促成了最后的成功!但一切都还有进步的空间,我们仍需要背上行囊继续前行,实现顶峰相见!

👍 **唐柽林**

参加第十六届全国大学生信息安全竞赛是我人生道路中难以忘怀的一段经历。刚学习信息安全专业时,我就听说该竞赛是专业顶级赛事,从那时起,我就对这个比赛心生向往。记得在大二和队友们组队参加章老师的项目时,我还没想到能参赛。随着进度不断推进,我们决定参加比赛。在备赛过程中,章老师和我们一起努力,帮助我们改本子,老师的研究生们也给予我们不小的帮助。在这期间,我体验了半夜去实验室赶进度,也体验了为达到最好的实验效果连着几天调试程序到凌晨四五点,直到提交作品前一天下午看到效果终于达到预期才长舒一口气。虽然辛苦,但是队友们坚韧不拔、追求进步的精神和"既然要做就做到最好"的信念感染着我,让我拥有不竭动力,不断向前。这次获得信息安全竞赛一等奖既是对我们一年多付出的认可,也是对我们日后学习的激励。通过这次比赛,我既拓宽了知识面,也提高了实践能力。感谢章老师的悉心指导,让我们在准备比赛的道路上披荆斩棘;感谢队友们的鼓励,让我在这个过程中不断提升自我。

👍 赵籽萌

当回顾这段经历时，我们不仅能感受到成功的满足，还能体验到团队合作和坚持不懈的重要性。比赛前的那段时间，我们不仅仅是在为比赛做准备，也是在培养自己的耐力和决心。这种坚持不懈的精神贯穿比赛全程，让我们变得更加坚强，并且更有信心去面对生活中的各种挑战。与志同道合的朋友一起参与比赛的过程也是一段宝贵的经历，我们互相激励、互相支持，建立了深厚的友情。这种团结和协作的精神在成功中起到了关键作用，也使我们认识了团队合作的重要性。不仅如此，我们还能分享彼此的成长和进步，这是一种无法用言语来表达的珍贵感受。虽然这次获奖令人激动，但它只是我们前进道路上的一个里程碑。成功不是终点，而是新的起点。我们要保持谦虚和勤奋，继续不断挑战自我，探索和发现更为广阔的天地。这段经历教会我们永不停止成长，永不满足于当前的成就，而要持续前进，勇往直前。我们期待着迎接未来的冒险和挑战，因为我们知道，只有坚持和合作，才能不断超越自己，创造更多的机会和成功。

师说心语

👍 章丽平（指导老师）

全国大学生信息安全竞赛是含金量很高的本科生国家级赛事之一。近年来该项赛事吸引了大量优秀本科生投入信息安全作品的设计中，也涌现出了大批创新性的信息安全作品，极大推动了信息安全专业人才的培养。随着参赛队伍数量的逐年递增，该项大赛的竞争也越发激烈。面对众多来自"985"高校的竞争队伍，我们的队员稳扎稳打，做好了充足的准备，将近两年来的研究成果完美地向评委呈现，取得了全国一等奖的佳绩，这也是对同学们无数个日夜奋战、辛勤付出的肯定和奖励。在整个赛事的准备和冲刺阶段，队员们坚持不懈，奋力拼搏，展现了地大计科学子坚韧不拔、勇攀高峰的风采。再次对获奖的同学们表示祝贺，祝愿大家在未来的学习中能勇往直前、再创佳绩！

（图文来源：李铂浩、潘鹤文、唐柽林、赵籽萌）

斩获 Kaggle 数据科学竞赛多枚奖牌的地大计科人

近日，Kaggle 数据科学竞赛的多个赛事落下帷幕，我校计算机学院 2020 级中美合作办学项目的两支队伍发挥出色，获得佳绩。在第一支队伍中，国际合作班本科生李祯宁同学在 Kaggle 数据科学竞赛-Image Matching Challenge 2023 和 Google Research -Identify Contrails to Reduce Global Warming 中分别获得铜牌（Top19%）和银牌（Top5%）奖项；第二支队伍 Satoshi Shimomoto 由谭以宁、秦浩然、陈予贤 3 人组成，他们在 Kaggle 数据科学竞赛 GoDaddy-Microbusiness Density Forecasting、AMP ©-Parkinson′s Disease Progression Prediction 和 March Machine Learning Mania 2023 比赛中分别斩获 3 枚银牌（Top2%、Top4%、Top5%），3 场比赛的参赛人员分别为谭以宁、秦浩然、陈予贤（GoDaddy-Microbusiness Density Forecasting）；谭以宁、秦浩然（AMP ©-Parkinson′s Disease Progression Prediction）；谭以宁（March Machine Learning Mania 2023）。

Kaggle 是一个进行数据发掘和预测竞赛的在线平台，目前拥有超过 80 万名用户。Kaggle 的使命是通过众包的方式，解决世界上最棘手的问题，同时推动机器学习和数据科学的发展。在 Kaggle 上，企业或研究者可以发布一些数据和问题，提供一定的奖金，吸引全世界的参赛者提出解决方案。参赛者可以下载数据，分析数据，建立模型，提交结果，查看排名，并与其他参赛者交流学习。Kaggle 不仅是一个竞赛平台，还是一个数据科学爱好者学习、分享、合作的社区。在 Kaggle 上，用户可以浏览各种高质量的数据集、运行和编写代码、发表和阅读文章、寻找和发布工作机会等。

计算机视觉团队奋斗记

李祯宁同学自入学以来就对数据挖掘表现出极高的兴趣，她始终梦想着运用所学的专业知识解决工程类和学术类问题，以此来展示自己的才华和能力。而这次

Kaggle大赛无疑为她提供了一次宝贵的机会。因此,她便开始进行比赛的筹备,并且希望可以在比赛中学习新技术,提升自身能力。

▲李祯宁参加的两项赛事

赛题初探

李祯宁同学共参加了kaggle竞赛的2项赛事,分别是Image Matching Challenge 2023和Google Research-Identify Contrails to Reduce Global Warming。

(1)Image Matching Challenge 2023

Image Matching Challenge涉及图像匹配任务。图像匹配是计算机视觉领域的一个重要任务,涉及从不同视角、光照条件和尺度的图像中识别相同的物体或场景。Image Matching Challenge 2023旨在推动这一领域的技术发展,要求参赛者利用机器学习和人工智能技术开发更强大的图像匹配算法。

任务要求对不同角度的图像进行关键点匹配。通过阅读论文,李祯宁先确定了算法流程和优化思路。主要分为3个阶段:特征检测与提取、特征匹配、几何验证和结构重建,其中kaggle官方为参赛者实现了最后的几何验证和结构重建部分,因此团队的优化重心放在了特征检测与提取和特征匹配这2个阶段。

(2)Google Research-Identify Contrails to Reduce Global Warming

凝结轨迹(Contrails)是在飞机发动机排气中形成的线状冰晶云,在飞机飞过大气中超潮湿区域时产生。

在本次比赛中,需要使用地球静止卫星图像来识别航空轨迹。原始卫星图像是

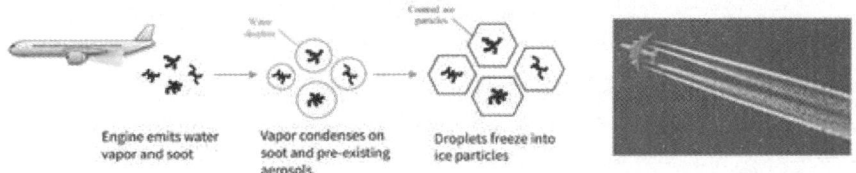

▲线状冰晶云图

从 GOES-16 Advanced Baseline Imager（ABI）获得的，在 Google Cloud Storage 上公开可用。

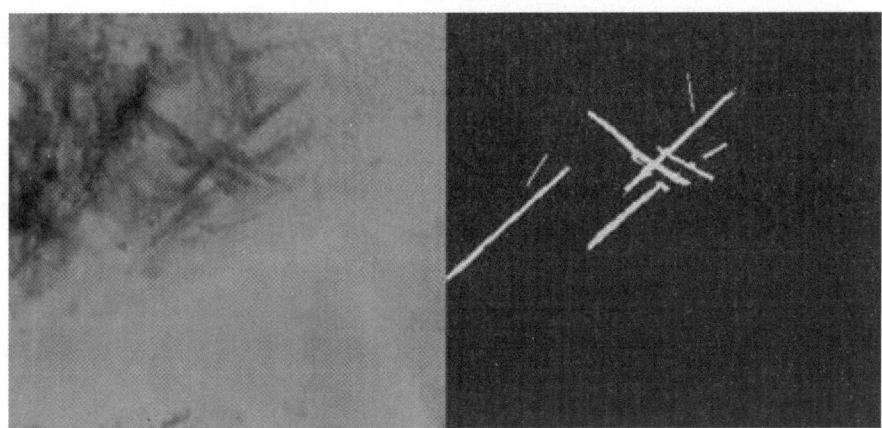

▲原始卫星图像（a）和二值图像（b）

模型初尝试

（1）Image Matching Challenge 2023

2023 年 5 月，经过一个月的初步尝试以及论文阅读，李祯宁设计了一个初步的模型方案。

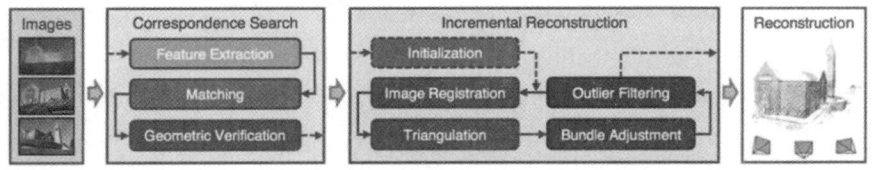

▲模型方案

首先,利用已经预训练的图像分类模型 Efficientnet 对每张图像进行特征提取,选择倒数第二层的特征向量作为输出,计算两张图像之间特征向量的余弦相关性并作为筛选指标,指定一个阈值作为筛选指标;然后使用 SIFT 算法对所有图像对进行特征提取和特征匹配(adalam),从中筛选出特征点比较多的图像对作为最终图像对;采用多模型串联并联方式提取匹配点,对 3 种图像尺度 640×640、800×800、1200×1200 分别利用 LoFTR 和 DKM 算法提取特征点,再对提取到的特征点进行聚类,从中裁剪出包含 80% 的特征点所在区域,再对该区域进行 LoFTR 和 DKM 特征提取;最后将两次提取到的特征点进行融合。

此解决方案取得了不错的成绩,但效果仍不够理想,模型还需要进一步优化。

(2) Google Research-Identify Contrails to Reduce Global Warming

2023 年 5 月,经过数据统计,李祯宁发现分割飞机航迹这个赛题的数据样本分布非常不均衡,训练集当中大部分的图片是不包含飞机航迹的,因此我们对这部分数据进行了剔除。而在包含飞机航迹的图片中,航机像素的占比又非常低,针对样本比例分布不平衡的特点,我们采用了 Focal loss 函数进行拟合。模型架构采用 Unet 网络结构,并在其架构下,采用不同的编码器(encoder)来提取特征。

Focal loss 是一种用于解决样本分布不平衡问题的损失函数,特别适用于分类任务。它是在交叉熵损失函数的基础上进行修改的,目的是减少类别间的不平衡问题。

Focal loss 的主要思想是降低容易分类样本的权重,从而更加关注那些难以分类的样本。具体来说,当模型在容易分类的样本上取得正确预测时,Focal loss 会给这些样本一个较小的权重;而在难以分类的样本上取得正确预测时,会给这些样本一个较大的权重。这样,模型会更加关注那些难以分类的样本,提高模型在不平衡数据集上的性能。

模型再优化

(1) Image Matching Challenge 2023

2023 年 6 月,在建立模型并取得了初步成果后,李祯宁围绕图像匹配寻找更加合适的模型。

在阅读了图像匹配领域相关论文后,团队建立了 SuperPoint+SuperGlue 的图像匹配模型。其中,SuperPoint 设计了一种自监督网络框架,能够同时提取特征点的位置,以及描述子。相比于 patch-based 方法,提出的算法能够在原始图像中提取到像素级精度的特征点的位置及其描述子。SuperGlue 是一种特征匹配网络,它的输入是 2 张图像中特征点以及描述子(手工特征或者深度学习特征均可),输出是图像特征之间的匹配关系。相比于 LoFTR 和 DKM,SuperPoint 和 SuperGlue 可以让模型更好地关注图像中的重要区域,从而提高学习效果。

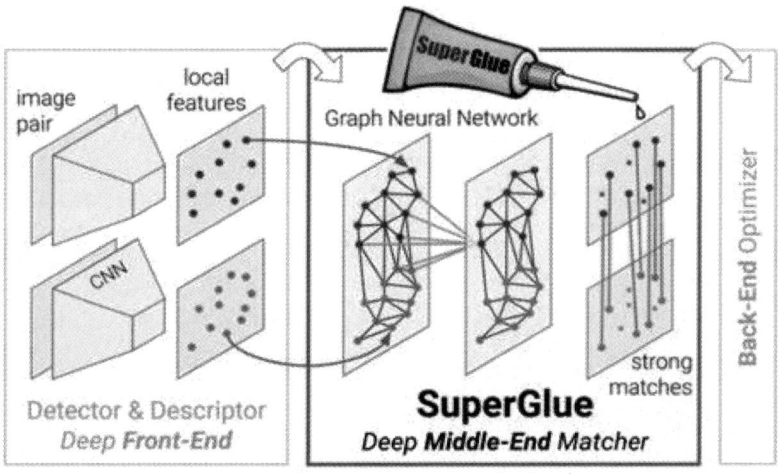

▲SuperPoint＋SuperGlue 图像匹配模型

(2) Google Research-Identify Contrails to Reduce Global Warming

在确定好模型的基础架构后,我们确定了最终方案。数据处理阶段:由于数据量庞大,去除所有无标签卫星图片,保存 human_pixel_masks,同时 normalize 后转为 numpy 文件保存,节省空间以及便于训练读取。模型训练阶段:采用图像大模型训练,分别使用增强(augment)和不增强(no augment)的训练方式,采用位置变换(翻转与旋转);图片数据尺寸在一定范围内越大,训练效果越好。竞赛中所用图像尺寸有 $512×512$、$768×768$、$864×864$。推理阶段:单模型使用 TTA 增强(翻转与旋转变换)预测结果,再将不同模型的预测结果通过加权融合取阈值,获得最终推理结果。

2023 年 7 月和 8 月,两场比赛落下帷幕,两次比赛历时 3 个月,吸引了来自全球多个国家的 494 支队伍和 954 支队伍报名,经过激烈的角逐,共决出 10 枚金牌、50 枚银牌和 50 枚铜牌。我们团队分别获得了铜牌(Top 19％)和银牌(Top 5％)。

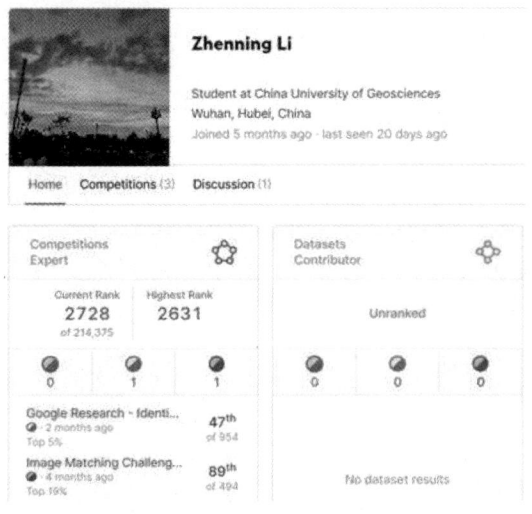

▲比赛结果

参赛感悟

👍 **李祯宁**

我经历了许多困难和挑战,但也收获了许多宝贵的经验。首先,我发现数据分析和建模能力是关键。在比赛中,我们需要对数据进行深入分析和挖掘,找到数据中的规律和趋势,并建立有效的模型来预测结果。我相信这些经验将对我未来的学习和工作产生积极的影响。同时,Kaggle 也提升了我的能力,包括数据分析和处理、深度学习算法应用、编程技巧等方面的能力。这些能力是保研面试中的重要加分项,能够帮助  我更好地展示自己的专业素养和潜力。目前,我已被复旦大学计算机学院录取。我将继续努力提高自己的技能和能力,为迎接未来的挑战做好准备。

Satoshi Shimomoto 团队"奋斗"记

谭以宁、秦浩然、陈予贤 3 位同学自入学以来就对数据挖掘表现出极高的兴趣。他们很早就达成了一起参加各类数据挖掘比赛的共识,并组成了队伍 Satoshi Shimomoto。恰逢这几场 Kaggle 数据挖掘类竞赛,他们决定参加来锻炼自己的能力。

赛题初探

Satoshi Shimomoto 团队共参加了 kaggle 竞赛的 3 项赛事,分别是 GoDaddy-Microbusiness Density Forecasting,AMP Ⓒ-Parkinson's Disease Progression Prediction 和 March Machine Learning Mania 2023。3 项比赛的参赛成员分别为谭以宁、秦浩然、陈予贤;谭以宁、秦浩然;谭以宁。

(1) GoDaddy-Microbusiness Density Forecasting

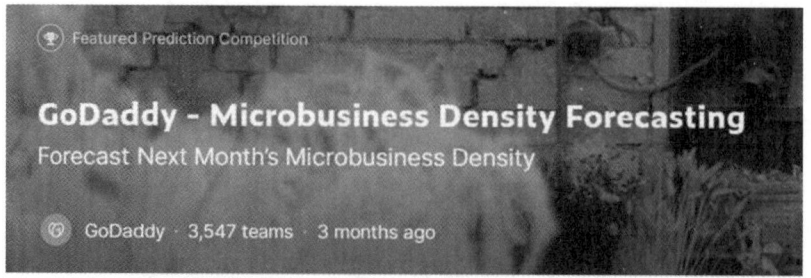

这场比赛的目标是预测给定地区的月度微型企业密度,需要根据美国县级数据开发一个准确的模型。本次竞赛旨在帮助决策者了解微型企业,这是一种非常小的实体不断增长的趋势。新的政策和计划能够提高这些最小企业的成功率和影响力。

(2) AMP Ⓒ-Parkinson's Disease Progression Prediction

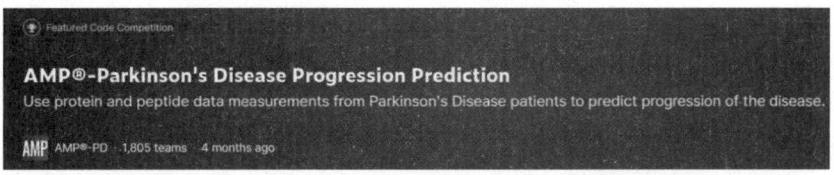

这场比赛的目标是预测 MDS-UPDRS 评分,该评分可以衡量帕金森病患者的病情进展情况。运动障碍协会赞助的统一帕金森氏症评定量表修订版(MDS-UPDRS)是对帕金森氏症相关的运动和非运动症状的综合评估。本次竞赛要求开发一个模型,该模型根据帕金森病受试者与年龄匹配的正常对照受试者的蛋白质和肽水平数据进行训练,旨在提供重要的突破性信息,了解哪些分子会随着帕金森病的进展而变化。

(3) March Machine Learning Mania 2023

这场比赛的目标是预测 2023 年 NCAA 疯狂三月篮球锦标赛(March Madness)中每场比赛的结果。结合丰富的历史数据和先进的机器学习技术,成功地开发出了一个能够准确预测比赛结果的模型。

模型建立

(1) GoDaddy-Microbusiness Density Forecasting

在这项比赛中,我们采用了多种策略:

— 对 county state 等进行编码(encode),处理一些脱离分布的异常值(anomaly data)。

— 计算 density 和 active 的 lag 特征,对每个月的数据都加一个之前 n 个月的

density，做 9 个月，如果是最早的数据就用数据本身代替。

— 加 county 的经纬度（Latitude and longitude）特征，加 last active。

— 引用外部数据如出生人数（birth）、性别（gender）、死亡人数（death count）、数据距离开始的月份。

— Stacking loss_function MAPE 的第一层 catboost 回归、lgbm 回归、xgb 回归，第二层 catboost 对参数进行一定的微调（adjust the parameter），设置 active 阈值为 150，训练集设置最新 active 大于阈值的训练时，将标签映射到一个区间中。

— 真实值－预测值得到残差，再用 lgbm 训练这个残差，最终将第一个预测结果加上残差得到最终结果，Last active 小于阈值的直接等于之前的 Trick。

— 再将该方法和仅仅使用上一个月 density 的 baseline 的线性函数进行加权，异常值直接给固定值引用 county 的人口数据，将之前的数据更新为 2021 年的。发现 active 都是整数，需要将 active 四舍五入。

(2) AMP Ⓒ-Parkinson's Disease Progression Prediction

对于这个时序预测问题，预测 MDS-UPDRS 评分。我们采取了以下策略：

— 对于 updrs1-3 进行线性回归，对于 updrs4 进行多项式回归。

— 对 updrs4 设置 clip，第 54 个月之前水平。

— 加入 protein 蛋白质数据扰动，计算蛋白质与 updrs 的相关系数，找到和 updrs1-3 相关系数高，和 updrs4 相关系数低的 protein 代号，使用该蛋白质数据计算扰动。

— 设置 mask range，分箱寻找扰动，mask 的部分加扰动，其余部分不加 trick。

(3) March Machine Learning Mania 2023

对于这项比赛，我们侧重于特征工程。我们建立了一些强相关的特征：获胜次数、损失数量、胜场平均比分差距、损失的平均分数差距、获胜率、平均分数差距、获胜队伍的 seed、失败队伍的 seed、获胜球队在赛季中的胜率、输球球队在赛季中的胜率、赛季中获胜球队的评分、赛季失败球队的评分等。这些特征都是基于丰富历史数据和先进机器学习技术构建出来的。我们通过这些特征成功地开发出了一个能够准确预测比赛结果的模型。

2023 年 4 月、5 月和 6 月，3 场比赛落下帷幕。三场比赛历时 3 个月，吸引了来自全球多个国家的数千支队伍报名参加。经过激烈的竞争，来自我校的队伍 Satoshi Shimomoto 在 3 项比赛中分别获得了 3 枚银牌（Top 2%、Top 4%、Top 5%）。

参赛感悟

👍 谭以宁

作为 Satoshi Shimomoto 团队的一员,我深感荣幸。在这次 Kaggle 数据科学竞赛中,我们团队充分发挥了各自的专业技能,共同完成了一项艰巨的任务。我个人在比赛中主要负责模型的设计和优化,这是一项既具有挑战性又需要深厚专业知识的任务。在比赛过程中,我不断学习新的知识和技术,对模型进行持续优化和改进。当得知我们团队在比赛中取得了优异的成绩时,我感到无比喜悦和自豪。这是对我们团队努力的认可,也是对我们未来持续奋斗的
巨大激励。kaggle 数据科学竞赛的经历也为我申请国外高校提供了很大助力。通过参加竞赛,我可以展示自己的创新能力和解决问题的能力,这些能力是高校在选拔研究生时非常看重的能力之一。

👍 秦浩然

作为 Satoshi Shimomoto 团队的一员,我在这次 Kaggle 数据科学竞赛中负责模型训练和调优,这是一项需要深厚机器学习知识和丰富实践经验的任务。在比赛过程中,我不断尝试新的模型结构和参数设置,以提升模型的性能。每当看到模型性能有所提升时,我都会感到无比喜悦。当得知我们团队在比赛中取得了优异成绩时,我感到非常激动和自豪。这不仅是对我
们团队努力的认可,也是对我们专业技能和团队合作精神的肯定。同时,竞赛中的优秀表现也可以为我申请国外高校赢得更多的认可和机会,提高被录取的概率。

👍 陈予贤

参加这次 Kaggle 数据科学竞赛是我人生中一次非常宝贵的经历。作为 Satoshi Shimomoto 团队的一员,我主要负责数据预处理和特征工程。这需要我具备扎实的数据处理技能和敏锐的业务理解能力。比赛过程中,我深入研究了各种数据处理技术,并尝试了多种特征工程方法。虽然过程充满了挑战,

但看到我们的模型性能不断提升,我深感满足。当得知我们团队在比赛中获得了银牌时,我感到无比激动和自豪。这是对我们团队努力和付出的最好回报。同时,Kaggle数据科学竞赛的经历为我积累了一定的科研经验,对于我在保研时的面试和科研能力展示有着很大的帮助。我已被西北工业大学计算机学院录取。

师说心语

👍 陈云亮(指导老师)

作为这次比赛的指导老师,我看到学生们在比赛中展现出的热情和才华,感到非常欣喜。这次比赛是一次极好的机会,让学生们深入了解了数据挖掘的原理和方法,锻炼了他们的实践能力,培养了他们的团队协作精神。最后,我要感谢所有参与比赛的学生,你们的努力和付出让我深感骄傲。相信你们在未来的学习和工作中,会继续发挥自己的潜力,取得更加出色的成绩。

👍 阎继宁(指导老师)

很高兴能够参加这次Kaggle数据科学竞赛的指导工作。看到学生们通过团队合作、创新思维和科学实践不断提升自己的数据挖掘技能,我感到非常欣慰。你们在遇到挑战时能够积极思考、寻求解决方案,不断尝试、不断改进,最终取得了优异的成绩。我相信,在未来的比赛中,你们一定会取得更加优异的成绩,为学校增光添彩。

(图文来源:谭以宁、秦浩然、陈予贤)

我们是闯进"黑科技"赛道的地大计科人

2023年第十八届"挑战杯"全国大学生课外学术科技作品竞赛"黑科技"专项赛落下帷幕,我院王勇、李程俊老师带领本科生吴奕志、朱瑞东、涂世杰、罗艳、张再筵、胡福兆、谢明睿完成的"基于机器学习的语义地理信息清洗与转化方法研究"项目,荣获"黑科技"专项赛卫星奖。下面就一起倾听他们的奋斗故事吧!

我们与"挑战杯"大赛的结缘,是在李程俊老师的课堂上。那是2023年2月,李老师通过PPT向我们展示了"地名地址多态"问题的产生与影响,提出了开发一套语义地理信息数据处理系统的想法。经李老师风趣地讲解,我们(吴奕志、朱瑞东、涂世杰、张再筵、罗艳)对地理信息系统产生了浓厚兴趣,于是,主动加入了李老师的研究团队。同时,为了培养低年级同学,李老师还邀请了大二同学谢明睿以及经济管理学院的胡福兆加入团队。

▲团队合照

随后我们与指导老师王勇和李程俊汇聚一堂,一个新兴的团队正式成立,开启了"黑科技"旅程。

项目初体验

2023年2月底,王勇老师向我们介绍了项目背景与具体研究内容。通过手绘板,王勇老师绘声绘色地描述了地理信息的多样性与复杂性。他以某高校设备存放地址分布为例,向我们展示了语义地理信息在人机交互时遇到的问题,并指出通过基于人工智能的解决方案替代传统人工方式是该领域面临的一个重要挑战。

听完王老师的介绍后,我们迅速开展了第一次讨论交流,旨在初步明确项目任务,确认团队的分工。

▲团队第一次讨论

我们根据王老师的项目说明整理思路。大家认为,该项目的主要任务是根据已有的设备台账信息(包括编号、名称、所属单位等10余项特征),估计其他信息不完整或不正确的设备存储地点。该问题的难点在于设备特征较多,各特征种类丰富且存在语义多态的情况。为了解决该问题,团队确定了两种主要方案:一种是基于统计的模型,它在少量数据上有更优的表现,同时消耗资源较少,在过去得到了广泛的应用;另一种是基于学习的模型,它需要大量资源来训练,且要求精细地调整参数,能处理海量的数据,并拥有更好的泛化性能,符合目前的技术发展趋势。

经过多方面考虑,我们最后选择了基于学习的模型,采用一些经典的机器学习模型进行探索与研究,并将结果汇报给王老师,与王老师共同讨论改进与优化,然后再逐步增加机器学习模型的复杂度。

成果初汇报

2023年3月,团队取得初步成果,朱瑞东同学作为代表向王老师汇报。受王老师邀请,姜鑫维老师在实验改进方面提出了很有帮助的建议。

▲朱瑞东汇报初次成果

具体方案如下:第一步,对所有数据进行人工清洗工作。对数据进行归一化,处理标签数据和异常数据,去除出现率不足0.1%的数据和占据99%以上的相同数据,再使用主成分分析(PCA)对强相关性数据降维。第二步,进行文本信息处理。为了解决地理信息的多态性问题,我们需要采用隐马尔可夫(HMM)模型对文本信息进行分词操作。第三步,将分词后的内容进行向量化。文字向量化存在一定的困难,可以将文字全部转换成枚举类型,这样操作简单但是准确率,无法参与数据分析;也可以根据文字之间的相似度进行向量化,但其属性量不够,会间接导致准确率降低。在这方面团队成员需与指导老师进一步沟通。最后,我们尝试采用了K-means、决策树、MLP、支持向量机等传统方法进行语义分类。

比较各类模型的准确度估计值,可以发现决策树的效果最佳。姜老师提出,可以尝试使用知识图谱来进行地名地址的关联与预测。王老师提出,该问题对应的领域是实体解析,可以尝试实体解析方法。

会后,我们根据老师们所提供的建议,对团队方向和核心方法进行了更深层次的讨论。

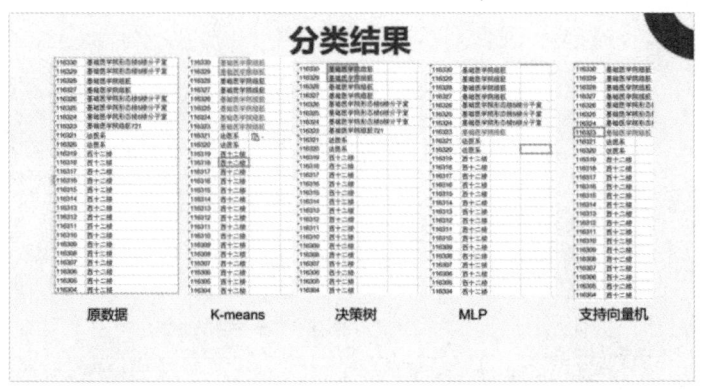

▲分类结果

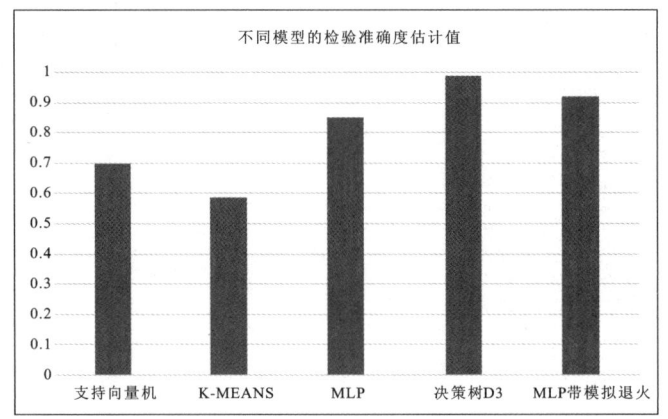

▲不同模型的检验准确度估计

方案再优化

2023年4月,在上一次讨论之后,我们发现原先的方向与方法存在一定的错误,决定围绕着实体解析寻找更合适的方法。

在关系型数据库中,实体解析是一项重要的任务,涉及从结构化数据中识别和提取实体的过程。在过去的几十年中,许多研究人员已经提出了各种各样的方法来解决这个问题。其中,基于规则的方法和基于机器学习的方法是最为常见的两种方法。

基于规则的方法是指通过手动编写规则来识别和提取实体。这种方法的优点是可以精确地控制实体解析的过程,但缺点是需要大量的人力和时间来编写规则,并且难以应对复杂的语言现象。基于机器学习的方法是通过训练模型来自动识别和提取实体。这种方法的优点是可以适应不同的语言现象,并且可以通过不断地训练来提高准确率。

因此,我们决定采取机器学习或深度学习的方式解决该问题。

▲团队讨论核心模型

团队的分工得到进一步明确:朱瑞东、吴奕志、张再筵负责算法模型探索与设计,涂世杰、谢明睿负责 UI 设计与实现、数据库设计与前后端信息交互,罗艳、胡福兆负责报告撰写工作。

模型终实现

2023 年 5 月,进一步明确团队目标和分工后,我们开始围绕着实体解析方向设计深度学习模型。

首先需要解决的是文字信息的向量化表示。我们采取 GloVe 词嵌入技术,得到单词的分布式表示。将文本经过 Tokenization 得到的一系列单词按顺序排列,即可以得到语句的分布式表示。接着,使用结合 LSTM 单元的循环神经网络(RNN)模型得到语句的隐层特征表示,这个方法具有天然的时序特性,能保留原始数据中丰富的语义信息,从而实现对单词元组信息的高效率、低损失的压缩。

基于上述结果,我们采用修正余弦相似度计算两段语义地理信息的向量化表示的相似度,从而估计其对应的地理实体间的相似度,根据已有实体样本训练分类器以实现自然语言处理中的实体解析。

最后,通过我们的方法清洗语义地理信息,很好地解决语义地理信息在人机交互中遇到的问题,在李老师指导下完成原型开发以及相关文档的撰写工作,实现 UI 界面。

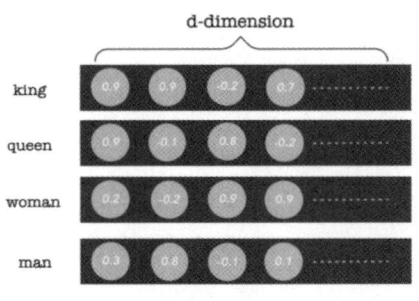
▲元组分布式表示

▲UI界面

荣誉如期至

2023年9月,挑战杯"黑科技"专项赛落下帷幕,湖北省共有30余个项目被评为国奖,"基于机器学习的语义地理信息清洗与转化方法研究"项目获"卫星奖",我们团队上下都沉浸在喜悦中。

湖北	华中科技大学	高压大功率双向充放电机——让充电更迅速更高效	卫星级
湖北	华中科技大学	格微追影——新一代高时空分辨X射线成像领军者	卫星级
湖北	华中科技大学	基于大肠杆菌的稀土元素富集回收系统	卫星级
湖北	华中科技大学	均匀激光3D打印复杂单晶涡轮叶片的装备设计与工艺研究	卫星级
湖北	华中师范大学	"攀上云手"——集成仿生机械手的吸附式电力维修机器人系统	卫星级
湖北	三峡大学	基于双层等离子体结构的双宽频超表面吸波器设计	卫星级
湖北	武汉大学	护塔红眸——输电塔全天时晃动监测系统	卫星级
湖北	武汉工程大学	基于非贵金属电催化剂的低能耗制氢系统	卫星级
湖北	武汉科技大学	光伏区运检维修一体化智能车	卫星级
湖北	中国地质大学(武汉)	基于机器学习的语义地理信息清洗与转化方法研究	卫星级
湖北	中南民族大学	百生新绘——基于Stable Diffusion的中华民族文化对外传播	卫星级
湖南	长沙环境保护职业技术学院	"蚊"想和你有个家	卫星级
湖南	湖南理工学院	烯能膜力——基于精密电子设备的高通量散热石墨烯膜制备技术的开发	卫星级
湖南	湖南农业大学	基于可控热力循环系统的多糖提取设备	卫星级
湖南	湘潭大学	无人艇水质监测数据分析与应用	卫星级

▲获奖信息

参赛感悟

👍 吴奕志

在本次"挑战杯"竞赛中,我很荣幸地担任队长一职。一个优秀的团队需要明确的分工和方向,我们团队成员各司其职,齐心协力。比赛初期,由于团队遇到目标模糊和方向不明确的问题,致使整个团队陷入过一段比较消极的时光。我们多次与老师进行沟通,不断讨论具体任务与方向,制定工作路线,逐渐明确我们的目标。随后,团队成员快马加鞭,分队同行,不断地完善项目与报告,最终交付了一份满意的答卷。当得知获奖后,我无比的兴奋,回想起比赛时付出的努力与时间,痛并快乐着。感谢指导老师与我们耐心地交流,感谢每一个团队成员能够各司其职、团结一心。

👍 朱瑞东

在本次"挑战杯"竞赛中,我主要负责问题分析解决和编程版块。这是我第一次真实地参与一个软件的构建过程,对我的帮助可以说是巨大的。纸上谈兵不如躬行实践。我们在课堂上写的代码有点类似纸上谈兵,只有将知识真正有效地运用于现实之中,才能实现所学知识的价值。真实的软件项目不像课程作业,我们像在黑夜中行走,遇到了无数的问题,我们与老师和同学积极交流,不断尝试各种模型,终于获得成功。感谢老师和团队给了我这次机会!

👍 涂世杰

在团队中,我负责后端数据存储以及逻辑交互部分,这需要具备丰富的数据库管理知识,并具备一定的编程能力。我投入了大量的课余时间,通过阅读书籍、在线学习等方式积极提升自我,以期更好地完成任务。在比赛中获奖,我和团队感到无比的喜悦和自豪,因为这不仅是对我们团队努力的认可,同时也为中国地质大学和计算机学院争得了荣誉。在高强度的竞赛环境中斩获佳绩,是对我们过去付出的最好肯定,也是对我们未来持续奋斗的巨大激励。

👍 罗艳

作为一名大三学生,在过去的一段时间里,我有幸参与了"基于机器学习的语义地理信息清洗与转化方法研究"项目。这是一次难忘而宝贵的经历,因为它不仅让我深入学习了机器学习的理论和应用知识,与团队成员的交流以及指导老师们的悉心指导也使我获得了巨大的成长和收获。我们每周定期召开会议,分享各自的学习心得和项目进展,大家不同的技能和知识背景使彼此能够从多个角度思考问题,这种合作氛围使我深受启发。与此同时,团队成员分工明确、

各司其职,始终以高度的热情积极推动着本项目的前进。感谢2位指导老师给予我们的指导和帮助,感谢团队成员一路以来的坚持和鼓励,感谢我们开过的每一次会、用过的每一张草稿。我会继续努力学习,不断探索和创新,为科学研究和社会发展作出自己的贡献。

👍 张再筵

在团队中,我负责的任务主要是算法模型的设计。为了能够完成这个任务,我利用了几乎所有的课余时间,补全地理信息系统相关知识,并自学机器学习、深度学习相关课程。在学习的过程中,我不断地被前人的智慧所折服,对众多精巧的模型结构赞叹不已。同时,也为项目的顺利推进,积攒了诸多思路。在比赛的过程中,除了技术的探索,志同道合的队友也起到了极其重要的作用。我们团队的7位同学来自不同的学院和专业,因为共同的目标而聚在一起。在这个富有创造力的年纪,我们共同奋斗,将项目从想法变成了现实,并在大赛中取得佳绩。感谢"挑战杯"给予我们这段难忘的经历,我们将珍惜这份荣誉,继续努力,为未来的科学与技术发展作出更大的贡献。

👍 胡福兆

我非常荣幸能够获得"挑战杯"的奖项,因为这是对我努力学习和实践的肯定。感谢我的指导老师和所有的团队成员,没有你们的辛勤付出和帮助,我不可能取得这样的成绩。同时,我也要感谢学校为我们提供的良好学习和实践环境。获奖不是终点,而是一个新的起点。我将继续努力学习,不断进步,为学校争光!

👍 谢明睿

回想起我们团队在"挑战杯"全国大学生课外学术科技作品竞赛"黑科技"专项赛中的历程,我依然感慨万分。从对机器学习与地理信息处理的初步了解,到深入研究语义地理信息清洗与转化方法,我们在探索中不断成长,收获了知识与友情。我们从一开始就注重团队协作和沟通,尽管每个人的专业背景和技能不同,但大家始终相互支持、相互鼓励。

在遇到困难时,我们会相互讨论、集思广益,共同解决问题。此次获奖,对我们来说是一种肯定,也是一种鞭策。我们会继续努力,不断提高学术素养和实践能力,争取在相关领域取得更多成绩。最后,我要感谢所有支持我们、陪伴我们走过这段路程的老师、同学和朋友。未来的路还很长,我们将带着这份荣誉和经验继续前行,勇攀科技高峰!

师说心语

👍 王勇(指导老师)

数学家华罗庚说过:最困难的是提出问题。语义地理信息清洗是业界棘手问题,一般通过人工方式来处理。在这次"挑战杯"全国大学生课外学术科技作品竞赛"黑科技"专项赛中,同学们将工程问题成功转化为科学问题,并给出优秀解决方案,祝贺参赛的同学们!

👍 李程俊(指导老师)

学生才是大学的主体,学生拥有无限可能。本人已经指导本科生科研创新活动若干年,始终相信学生的创造力和工作热情:给一个支点,他们能撬起整个地球。本人会继续指导本科生的科研创新活动,为学院的发展添砖加瓦!

(图文来源:吴奕志、朱瑞东、涂世杰、罗艳、张再筵、胡福兆、谢明睿)

"逐浪"中国机器人大赛的地大计科师生战队

2022中国机器人大赛暨ROBOCUP机器人世界杯中国赛(以下简称中国机器人大赛)落下帷幕,我院参加了两个项目——先进视觉赛(包括工业测量项目和3D识别项目)、FIRA小型组—仿真赛(包括5vs5子项和11vs11子项)。在激烈角逐下,刘袁缘、罗忠文两位老师带领研究生刘柯君、黄玙璇与本科生朱佳睿、朱轩宇、金子潇、刘腾飞获得机器人先进视觉赛—工业测量项目—等奖,机器人先进视觉赛—3D识别项目二等奖。杨林权、罗忠文两位老师带领本科生蔺宇飞、曾逸飞、刘志鑫、叶礼鸣获得FIRA小型组—仿真赛-5vs5子项—等奖,FIRA小型组—仿真赛-11vs11子项—等奖。两支团队回忆比赛历程,将奋斗故事与成长收获分享给大家。

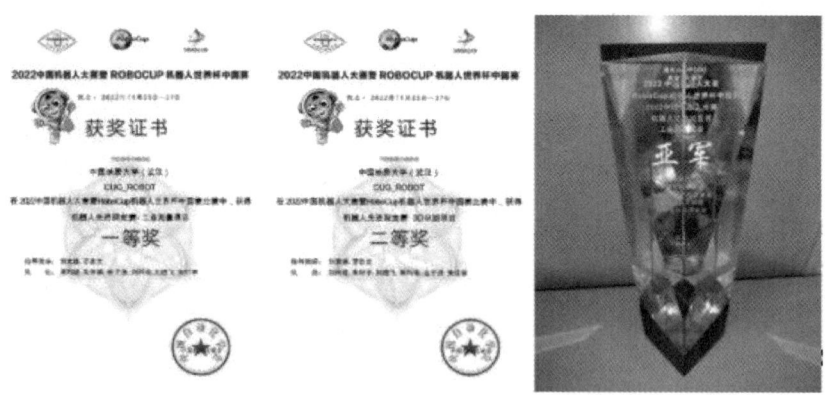

▲先进视觉赛获奖证书与亚军奖杯

先进视觉赛"逐浪"记

刘袁缘老师和罗忠文老师领导团队参与中国机器人大赛已经3年了。最开始由2020级研究生张浩宇、王超凡带队,并召集了第一批成员,在刘老师的指导下,团队

▲FIRA 小型组－仿真赛获奖证书与奖杯

第一次参赛就获得了 2020 年机器人先进视觉赛工业测量项目二等奖、3D 识别项目二等奖的好成绩。2021 年，2021 级研究生赵耀伍率领的团队获得机器人先进视觉赛－工业测量项目一等奖、3D 识别项目二等奖。2022 年，该团队集结了刘老师 2022 级研究生刘柯君、黄玛璇，与 4 名本科生朱佳睿、朱轩宇、金子潇、刘腾飞，组建了一支更加强大的团队，下面请听他们的奋斗故事。

▲3 年比赛的获奖证书

团队集结

2022 年的暑假，因为对机器人比赛充满浓厚兴趣，比赛报名之前，朱轩宇和刘腾飞同学已提前联系刘袁缘老师，表达希望参加机器人大赛的想法，并针对这项比赛申请了相关的大学生创新创业训练计划项目，对其进行了深入的学习和研究，同时为比赛做好了准备。

金子潇同学自入学以来，就对他的专业——智能科学与技术十分感兴趣，并一直想运用所学的专业知识来解决工程类和学术类问题，展示自身的才华和能力，而这次机器人大赛给予了他一次宝贵的机会。

朱佳睿同学是从学长学姐那了解到机器人比赛的消息。他觉得这个比赛不仅可以丰富自己本科阶段的竞赛经历，还可以拓展自身的知识领域，认识一些有趣且志同道合的队友。

刘柯君和黄玛璇同学作为刘老师的研究生，刚入学就听说师兄不断努力，在机器人大赛中获得好成绩，于是想将这份荣誉延续下去，并且希望通过比赛与前辈交流，学习最新的技术，在比赛中展现团队的能力和创造力。

2022年10月4日13:00,罗忠文老师和刘袁缘老师为所有参加机器人比赛的同学召开比赛启动大会,确定参加的项目和后续的报名事宜。在启动大会上罗老师详细地介绍了机器人大赛的参赛历程,激起了我们的斗志,坚定了我们的信心。

参赛全记录

2022年9—10月:前期准备

刘柯君同学从比赛官网上搜集了详细的比赛细则,通过线上会议向整个团队介绍比赛情况,熟悉比赛具体项目。接下来团队成员便针对比赛内容展开了一系列的前期准备工作,比如熟悉Jetson nano开发板的使用、了解YOLOv5模型、了解点云、熟悉代码等。

黄玥璇同学回忆道:"为了让我们可以更快地了解机器人比赛,刘老师邀请上一届带领比赛的赵耀伍师兄线上作讲座,为大家介绍赛及分享参赛经验。我们团队第一次在实验室集结时,刘老师邀请了去年参赛的赵耀伍和王超凡师兄辅导我们。这对我们的帮助非常大,在老师和师兄的指导下我们明确了接下来需要努力的方向。

▲Jetson nano开发板

2022年10—11月:代码编写、改进与调试

10月10日官方正式发布比赛通知,确定了具体日期和比赛地点等。知悉了这些信息后团队成员动力满满。

在此期间,他们阅读代码,结合最新的比赛规则思考哪些地方需要改进,并根据问题划分的模块进行代码编写。同时,对编写的代码进行调试,提高算法效率,提高准确度,进行优化等。还需要针对比赛中可能出现的困难场景进行测试,并在一次次测试中思考代码的优化问题。

除了代码之外,数据集也是很重要的一个部分。他们根据官方提供的物品类别在学校的各个超市采购。购买物品之后,继续补充数据集、标数据,然后再训练一个新模型。补充数据集和标数据是一个比较耗时的工作,因为一个物品需要拍摄多个角度的图片,这样才可以提高模型的检测精度。

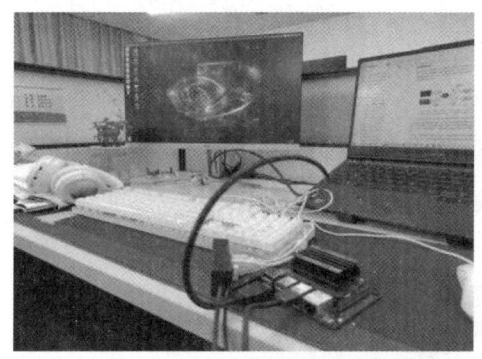
▲Jetson nano 开发板的可视化界面

▲数据集记录(部分)

▲补充数据集——一个物品多个角度拍摄

刘腾飞同学回忆道:"备赛过程中我们遇到了各种各样的困难,比如针对排除遮挡物的问题就尝试了多种方法,但是其中大多数都是无用的。学习相关方法,实现方法,去实验室摆放测试场景后,在Jetson nano 开发板上进行测试,这整个流程需要花费很长时间。而每一次设计的方法测试失败后,我们又需要重新想新方案,一次次的失败曾经很打击我的自信心,甚至开始怀疑自己,但我不断调整,逐步适应,后来看到自己的方法对识别结果有改善时,我的心情是无以言表的,因为这是我们一次次努力的结果。

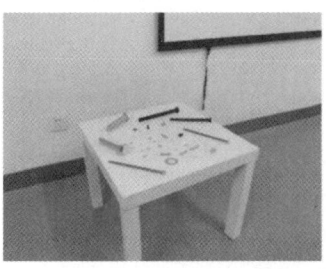 

▲调试过程——测量项目螺丝摆放图与检测图

▲调试过程——识别项目物品摆放图与检测图

2022年的比赛在线上举行,11月19日是寄出硬件的截止日期,全体成员通宵达旦,都在实验室中对模型进行最终测试,并且对比赛方在11月18日18:00发布的新数据集中进行补充、标注与训练。时间不多了,大家必须争分夺秒!经过几个夜晚的不断努力,我们最终确定了代码与模型,按照要求整理好代码与Jetson nano开发板。11月19日下午,硬件邮寄出去的那一刻,我们都释然了。

▲邮寄硬件

金子潇同学回忆道:"我还记得在最后一个晚上通宵进行最后调试,走出实验室,呼吸到早晨5点未来城的空气时,我忍不住对旁边的队友说:'终于结束了!'"

2022年12月31日—2023年1月1日:赛前测试与正式比赛

由于线上参赛无法亲自调试,因此比赛的不确定性大大增加,比赛那两天我们都非常紧张,生怕模型出现问题,直到最终的比赛结果出来,悬着的心终于放了下来。

比赛过程中,我们也关注着其他队伍的情况,从中学到了很多。朱佳睿同学特别关注到:获得了第一名的队伍,他们两个项目提取边界的模块是相通的,而我们还没有将这两个模块打通,这是非常值得改进的。

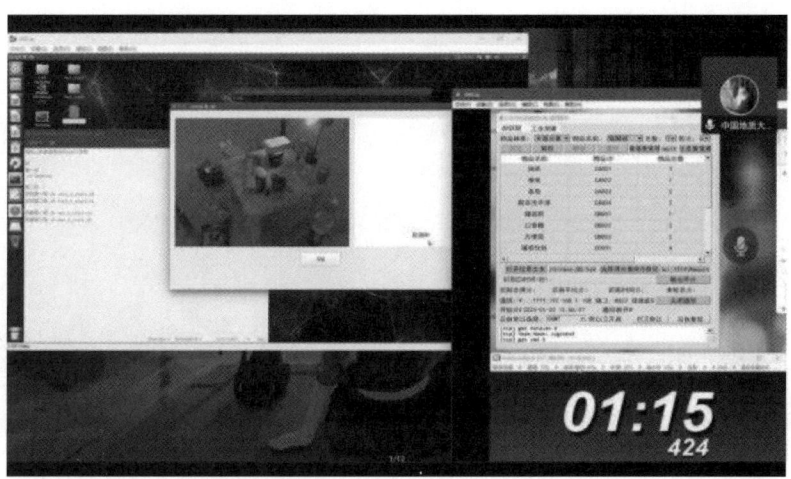

▲3D 识别项目线上比赛过程

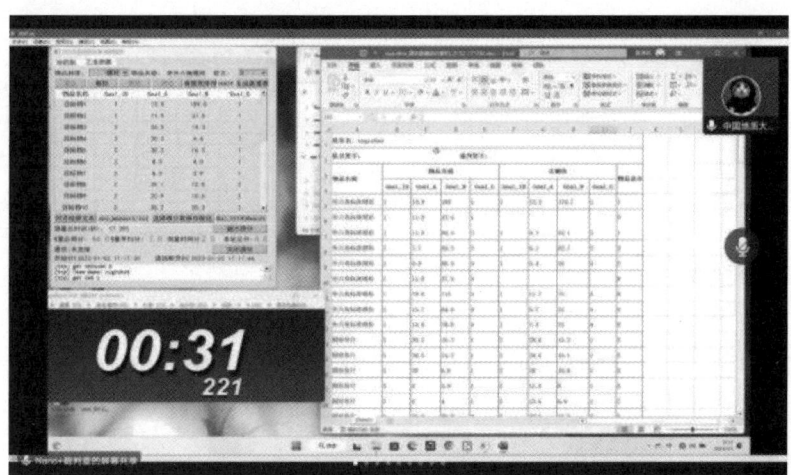

▲工业测量项目线上比赛过程

2023 年 1—2 月:赛后总结

比赛结束后,刘老师带领团队召开了一次总结大会,两个参赛组都根据比赛情况做了口头总结,会后我们将这些经验与反思整理成文档,这不仅是对本次比赛的一次经验总结,更是一个包含思想与算法的技术文档。相信之后参赛的同学们一定会从中收获满满,在比赛中勇攀高峰,获得突破。

参赛感悟

👍 刘柯君

我们团队在机器人比赛中脱颖而出,并获得了奖项,付出的努力得到了回报。通过参加比赛,我学到了许多宝贵的经验和技能,与其他参赛团队的交流也让我认识到了机器人技术领域的广阔和多样性。对于那些有志参加机器人比赛的学弟学妹们,建议树立明确的目标。参加中国机器人大赛需要投入大量时间和精力,所以你要确保有明确的目标和动力来驱使自己努力。同时,多思考、多实践。机器人技术是一个不断进步和创新的领域。在参赛过程中,要保持好奇心,积极思考并尝试新的方法和技术。

👍 黄玛璇

我很荣幸可以参加此次比赛,结识这么多优秀的同学。我深刻感受到了团队合作的重要性。我们需要相互配合、协调工作,共同迎接遇到的挑战。通过与团队成员的紧密合作,我学会了在压力下保持冷静,并感受到了团队合作的力量。令我记忆犹新的还是我们一起熬过的那几个通宵。虽是通宵工作但一点也没有感到疲惫,因为我们心中都有一腔热血。正是因为我们的这种干劲,才能获得优秀的成绩。在这里还要特别感谢刘老师,因为是她凝聚了我们这个团队,为我们提供了方向和指导、资源和平台。刘老师是我们彷徨时让我们一直坚持下去的力量。

👍 刘腾飞

开始的时候,我其实是有点忐忑的,因为之前没有参加大型机器人比赛的经验,担心会做不好。后来,我和我的队友们从数据集着手,一步一步开始准备比赛,发现只要愿意学,其实是可以做好的,当然途中肯定也遇到了各种各样的困难。感谢备赛过程中指导老师的悉心教导;团队成员与我一起讨论,共同进步。这次比赛让我深刻体会到团队合作的重要性。

👍 朱轩宇

竞赛并不只是正式比赛的那几天,而是提前三四个月就开始准备的日日夜夜。整个过程并不是一帆风顺,我们也遭遇了很多的挫折。曾记得为了配置Jetson nano,我的电脑连续工作好几个晚上没有关机,还记得比赛最后一个晚上大家通宵的身影,但更重要的是寄出单片机之后的如释重负,以及获奖之后的喜悦。当然,最重要的是结识了几位志同道合的朋友。我有幸与一群出色的队友合作,我们相互支持、互相激励,共同追求卓越的目标。我们分工合作,挖掘各自的优势,最大限度地挖掘团队的潜力。这一次的成绩并不意味着我们已经到达了顶峰,而是一个新的起点。我们的算法还有很大的进步空间,希望未来学弟学妹们能够取得更好的成绩。

👍 金子潇

通过这次比赛,我体会到了许多艰辛与乐趣。我十分荣幸能与负责任的指导老师、热心的学长学姐和积极乐观的队友一起斩获这次比赛的一等奖。我们的团队由不同专业的学生组成,根据各自所学的知识进行交叉应用,相互补充。在遇到算法效果很差的时候,我们也曾经感到沮丧,甚至一次又一次地重新开始。在冷静思考之后,我们不断反思并寻找相关解决方案,最终成功解决了问题。"山重水复疑无路,柳暗花明又一村"的感觉真是"太棒了"!当然,这只是这次比赛的结束,而我们的科研竞赛之路还将继续。在这次比赛结束后,将会有新一届的学弟学妹们继续"乘风破浪",我们团队的每位成员也会为他们提供最大的帮助,助力他们成为更加优秀的地大计科学子!

👍 朱佳睿

这个比赛我负责的是测量组的项目,就我们的项目来说,还是比较满意的:获得了全国一等奖,比赛过程中也针对一些场景尽可能优化。但实际上可以改进的地方还是很多的。在观看比赛时,我们注意到最终获得冠军的队伍将这两个项目融合在一起了,他们提取边界的模块是打通的,而我们却不是,这是我们需要学习的地方。同时我们在测量的精度上也需要进一步提高。

FIRA 小型组－仿真赛"逐浪"记

团队集结

蔺宇飞同学对科研充满热情,热衷于探索,并渴望为解决我国人口红利问题作出贡献。从踏入大学的大门,他就对人工智能、无人系统等领域充满浓厚兴趣。自大一开始,他就参与了学校的李四光计划,并跟随杨林权老师学习,早早地了解了机器人足球比赛。这个平台为他提供了许多协同优化、团队智能等方面的算法实验机会,对于他未来在人工智能领域的深入探索具有重要意义。因此,他希望能够在杨老师的指导下参与其中,并通过这个机会提升自己的实践能力。

曾逸飞同学通过学长的介绍得知了机器人足球比赛的消息。在了解了本校和其他学校同学的参赛经历后,他认识到对于他这个足球爱好者来说,参赛不仅仅是扩展爱好范围的机会,更是对专业能力、学科素养以及团队合作能力的一种考验。他相信参加比赛,能够锤炼自身各个方面的能力。

刘志鑫同学在大二时就了解到我校在机器人大赛中的优势。因此,他渴望能参与其中,为学校机器人团队贡献自己的一份力量。与此同时,进一步提升自己的创新能力、动手能力和工程能力,期待在比赛中取得一个好成绩。经蔺宇飞同学推荐,他找到了杨老师,并在老师的指导下参与了仿真组的比赛。

叶礼鸣同学对计算机专业中人工智能领域有着浓厚的兴趣,并渴望将所学知识应用于实践。机器人足球比赛为他提供了一个展示各种算法的平台,涵盖了运动控制、路径规划、位姿调整等多种算法类型。因此,他找到杨林权老师,希望能够参加这次比赛,并希望在老师的指导下,全方位提升自己的思维和实践能力。

参赛全记录

2022 年 8 月:赛前准备、熟悉平台

首先,对于一项比赛来讲,熟悉规则是非常重要的,8 月时,蔺宇飞同学开始着手学习 FIRA 机器人足球赛中的相关规则,在此过程中,他熟练掌握了比赛场景中的坐标系、机器人二轮模型等,以及禁止推球、点球判罚等规则。这些规则的学习是在该平台下进行试验的基础。

平台熟悉完毕后,团队成员开始参考往年学长、学姐编写的代码,学习他们在机

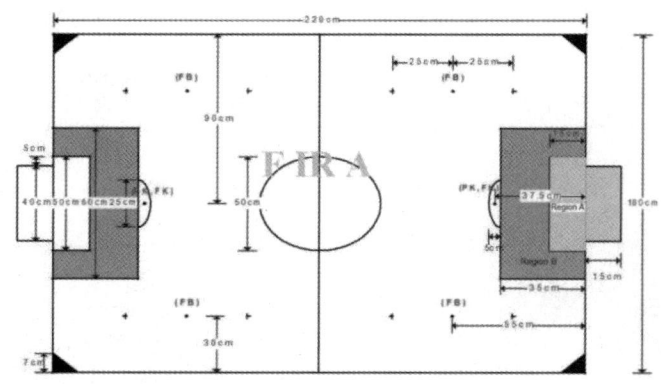

▲仿真平台中的球场坐标系

器人控制、动作编写、团队协同等方面的具体算法。

蔄宇飞同学回忆道:"在这个过程中,我们学习了如何让机器人从静止移动到指定位置并再次保持静止,如何让机器人以一个正确的姿态进行击球,这些都为后续算法的改进提供了坚实的基础。"

刘志鑫同学回忆道:"仿真组的比赛有一套已有的代码框架和编写要求,通过编写指定的接口来实现特定的策略,各个算法相互协作促进各个仿真机器人相互配合,完成比赛。为了快速入手这个框架,尽早地开展算法编写,杨老师在正式比赛开始前就邀请我们小组的成员召开了一次视频会议,讲解了基本的比赛规则和代码的基础框架,同时解答了我们的疑惑,并根据每个人的兴趣安排了初期的工作,让我们根据自己的想法进行代码的开发、测试与实验。之后我们就根据指导书和杨老师的讲解,很快地配置好代码框架,开始进行算法的编写。"

在这个阶段,叶礼鸣和曾逸飞同学还积极在网络上搜索大量的比赛信息,并从 GitHub 上收集相关的代码,方便团队成员更好地了解以往队伍所采用的策略以及他们的经验教训。

2022 年 9—10 月:算法开发、开展实验

参赛队伍确定后,9—10 月是比赛的攻坚阶段。同学们开始在算法平台上进行试验,在试验过程中产生 idea,然后编写代码并在实验中进行验证。在这个过程中,算法的性能不断提高。

刘志鑫同学回忆道:"仿真组的比赛主要侧重于代码层面的开发。在杨老师的指导下,我们小组根据个人的兴趣方向编写代码进行测试,并将其提交给老师进行审阅。这个过程每周循环一次。通过这种方式,每个人都编写了自己负责模块的代码,并在老师的指导下不断进行改进和优化。经过大约 4 周的循环,我们的算法取得了令人满意的效果。"

▲同学们在机房中开展对比实验（观察策略效果）（左：蔄宇飞 右：刘志鑫）

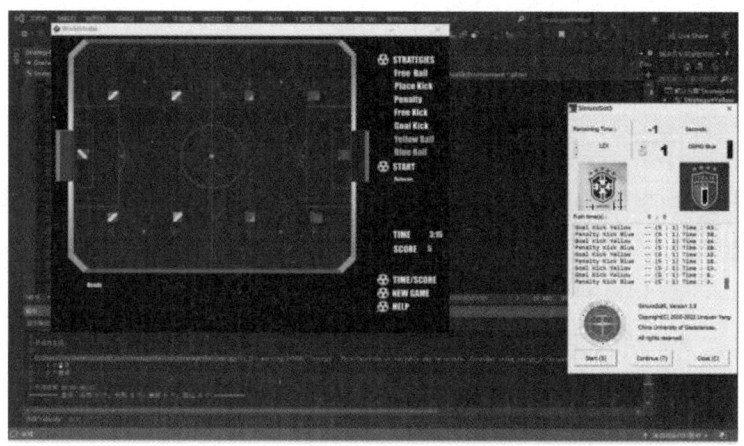

▲我们的策略在一次对比实验中展现出了明显的效果

蔄宇飞同学回忆道："在试验过程中，冲撞守门员的情况是非常容易发生的，当足球进入禁区之后，如果不采用特殊的策略去控制球员，就很容易发生多个球员进入球门禁区，进而造成违规的情况。这种情况有2种弊端：自己的优势球被裁判叫停，同时，对方获得了1次罚球的机会，可能导致局势瞬间从优势变成了劣势，影响十分恶劣。我们当时经过多种试验后，采用了在球门前对机器人进行分区的策略，即只有一个机器人带球进攻，其他机器人则在不同的位置进行助攻，这种策略取得了较好的效果。在这一阶段，同学们攻坚克难，每个人都发挥着自己的聪明才智，从罚球到守门员控制，从动作控制再到整个团队的协同优化，每个同学都贡献了自己的一份力量。"

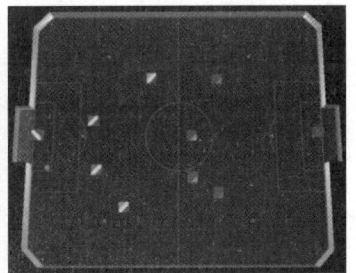

▲机器人推球造成的犯规行为

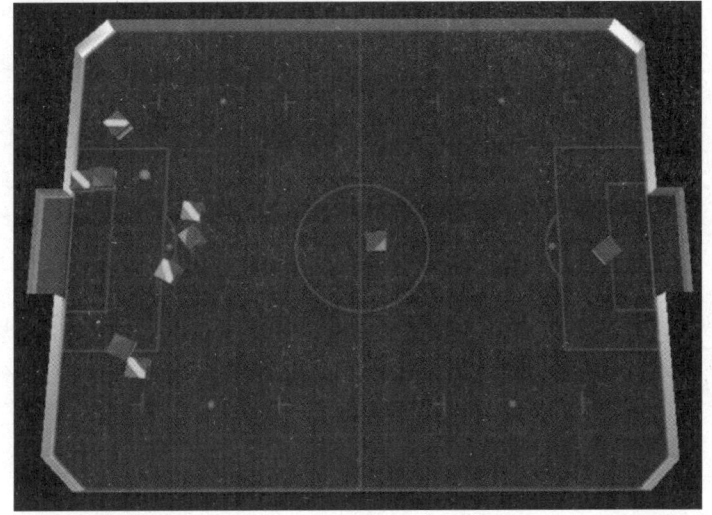

▲机器人冲撞守门员

2022年11月：交流沟通、整合算法

在完成每一周的开发任务后，团队成员都会在老师的指导下开展交流，总结这一周的收获并对编写的代码进行测试，发现代码存在的不足后，会不断改进并对其中较好的部分加以提升。在大赛开始前，我们根据试验结果将不同队员的代码进行整合，其中要进行大量的回归测试、消融试验。

叶礼鸣同学回忆道："11月时，团队成员每周都会进行复盘，大家相互分享自己的工作进展和遇到的问题。我们共同思考并讨论解决方案。这些活动不仅丰富了我们的知识，还激发了新的思路和创意。"

蔄宇飞同学回忆道："当时的一个改进点可以让我们以大比分遥遥领先作为对比的队伍，还没来得及高兴，当换到了另外一位同学的代码作为对比队伍时，却出现0：0的僵持局面。再比如，我的改进策略在对比队伍上表现很棒，同学的改进策略在对比队伍上也表现得很棒，但是当两种策略结合到一起后，出现了策略退化的情况……

备赛期间,类似于这样的经历还有很多,但同学们相互鼓励、相互帮助,最终克服了重重困难,成功地完成了比赛。"

而在这一过程中,同学们的科学研究能力、对比分析能力、实验设计能力都得到了很大的提升,这些必定会成为参赛队员未来深造的宝贵财富。

▲罗老师与同学们一起在机房讨论策略

[前排从左至右依次为叶礼鸣、刘志鑫、罗忠文,后排从左至右依次为曾逸飞、黄鹏(志愿者)]

2022 年 12 月:赛后反思、总结经验

为了备战这次比赛,全体参赛队员白天努力学习专业课程并进行实践,晚上则加班加点、熬夜备战。虽然此次 CUG 机器人代表队取得了出色的成绩,但指导老师和同学们并没有骄傲。在比赛结束后,杨老师对整个比赛进行了总结,并与团队成员一起分析了他们算法的优势、不足,以及未来的改进方向。他们一起期待着在下一届中国机器人比赛中再次取得辉煌的成绩。

参赛队员们也表示,尽管比赛过程十分辛苦,但整个比赛过程使他们的编程能力、算法能力以及实验动手能力得到显著的提高。同时,他们也对比赛中发现的一些策略上的问题加以记录,希望在大赛结束后可以进一步改进,对下一届的学弟学妹们有所帮助。

参赛感悟

👍 **蔺宇飞**

中国机器人大赛是我国规模最大、影响力最强、学术水平最高的机器人技术盛会之一。通过参加这项赛事,我们走出了校门,不仅夺得了一项冠军和一项亚军,同时也意识到了自身实力的不足以及外校同学的许多优点。作为一名软件工程专业的学生,我深知将现有算法工程化的重要性。在 FIRA 仿真平台上,我们可以将平时学习的数理方法和机器学习算法应用于实践,将所学知识化为实用技能。这次比赛进一步巩固了我所学的知识,并加强了我的动手能力。同时,我也明白了一个道理,即 idea 源于实践。只有通过大量实验,发现问题并进行反思,才能提出相应的解决方法,提高算法的性能。这次比赛为我今后的学习和科研提供了更多的指导。总的来说,这次比赛将理论与实践相结合,巩固了我们的理论基础,增强了我们的实践能力。我希望能有更多机会参与这类比赛,继续将所学应用于实践,并不断提升自己的技能。

👍 **刘志鑫**

通过这次机器人大赛,我学到了很多宝贵的经验。首先,从代码的角度来看,本次机器人仿真组比赛是在现有的代码框架下进行的。因此,我们首先需要在指导书的帮助下仔细阅读代码,做好充分的准备工作。在杨老师的指导下,我们很快地了解了代码的框架和基本接口的用法,为后续的工作做好了准备。其次,在指导老师的安排下,我们每周根据自己的想法编写指定模块的代码,并将其提交给老师进行审核和指导。在编写算法的过程中,我们尝试了不同的策略安排,并参考了已有的经验模板。通过大量的实验测试,我们探索出了适合我们团队的一套算法方案。同时,在实现的过程中,由于无法直接进行调试,我们只有每次完成编写后运行代码,才能观察到实际的效果。因此,这个过程对我们的耐心和毅力提出了更高的要求。我们需要不断进行实验测试,才能获得更好的效果。最后,我要特别感谢杨老师的指导和其他队友的支持。大家齐心协力,最终取得了一个理想的成绩。

👍 叶礼鸣

参加 FIRA 机器人大赛是我人生道路中难以忘怀的一段经历。在备赛过程中，我们的团队面对了各种挑战和困难。然而，这些困难也为我们提供了成长和学习的机会。它们深化了我们对理论知识的理解，例如 PID 控制、微积分和三角函数等。我坚信，这次比赛所积累的经验和知识将在我未来的学习和职业发展中发挥重要作用，激励着我不断向前。

👍 曾逸飞

我非常荣幸能够参加这次比赛并结识了这么多优秀的同学。比赛过程中，我深刻地体会到了团队合作的重要性。刚进校时，我一直对能参加各种比赛的同学心生羡慕，认为他们都是与众不同的天才。然而，当我真正加入这个团队后，我发现这些同学之所以出类拔萃，不仅仅是因为他们拥有天赋，更因为他们的勤奋努力以及在面临问题时坚持不放弃的精神。当我真正与优秀的人接触时，会发现与他们一起，我自己也会被那种渴望进步的精神所感染。在算法开发期间，我们团队召开了许多会议，进行了多次实验和试错。虽然每位同学都为之付出了辛勤的汗水，但经历了这一切后，我们的收获是巨大的。我要感谢杨老师和罗老师的指导，感谢队友们的帮助和鼓励，你们是我遇到困难时坚持下去的不竭动力。

师说心语

👍 杨林权（指导老师）

团队比赛最重要的就是团队凝聚力与合作能力，在备赛过程中，同学们密切合作，每个人的技能和才能得以发挥，通过与队友们一起解决问题和克服困难，大家学会了相互依赖和信任。同时，参与比赛还培养了同学们解决问题的能力和创造性的思维方式，比赛中常常会遇到突发问题和挑战，同学们需要冷静分析和不断尝试。这些和学校学习是完全不同的体验，激发了他们无穷的潜力。

👍 刘袁缘（指导老师）

作为团队指导教师，我是第三年指导中国机器人大赛先进视觉赛项目了，看着同学们一年一年成长，团队一年一年变强大，感悟颇深。我很荣幸加入中国地质大学机器人团队，我的研究方向是计算机视觉与模式识别，这正是中国机器人大赛先进视觉赛项的比赛内容。我很开心将我的知识与经验传授给同学们，让他们少走弯路。比赛不可能是一帆风顺的，我们团队也经历了很多，3年间我们从无到有，是同学们不懈努力的结果。每一年在准备比赛的时候，他们真的很辛苦，通宵达旦调试和测试程序，找合适的实验场地，这些都是常态。

👍 罗忠文（指导老师）

比赛过程中，同学们感受到了竞争的激烈和压力。在同其他名校队伍同台竞技的过程中，大家也在不断学习、成长和进步，不断地思考下一步的方向。这种竞争环境让学生们学会了在压力下工作，增强了应对挑战的能力，更培养了学生坚持不懈的品质。

总的来说，在指导中国机器人大赛的过程中，最开心的是看着同学们不断成长。虽然过程很艰辛，但是一分耕耘一分收获，他们的成绩没有辜负他们的努力。希望我们的机器人团队越走越远、越来越强！

（图文来源：蔺宇飞、刘志鑫、叶礼鸣、曾逸飞）

记荣获 2023 中国机器人大赛一等奖的地大计科师生战队

2023 中国机器人大赛暨 ROBOCup 机器人世界杯中国赛（以下简称中国机器人大赛）落下帷幕，我院 CUGROBOT 代表队参赛。经过激烈角逐，杨林权、罗忠文两位老师带领研究生张翡、夏倩倩和本科生朱子恒、王哲、曾馨、李婉雪、王晶鑫获得 FIRA 仿真组 5vs5 项目季军、一等奖，FIRA 仿真组 11vs11 项目季军、一等奖。比赛过程历历在目，记忆犹新。

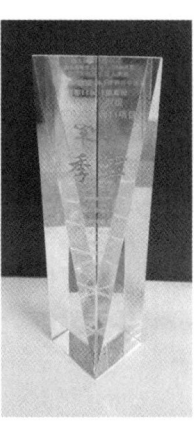

▲大赛获奖证书和奖杯

2023 年 8 月：赛前准备、熟悉平台

我们的机器人足球比赛之旅始于 2023 年 8 月。之前听闻学长们参加机器人比赛斩获大奖，我们对这项竞赛充满了热情和好奇。杨老师在我们入队的第一天就向我们详细介绍了比赛的平台、开发环境和规则等，包括 FIRA 仿真平台的使用、比赛场景坐标系、点球判罚等。在老师的指导下，我们逐渐熟悉了比赛平台，并且通过学习已有的代码框架，掌握了控制机器人的运动，以及与平台进行通信获取比赛的环境数据。

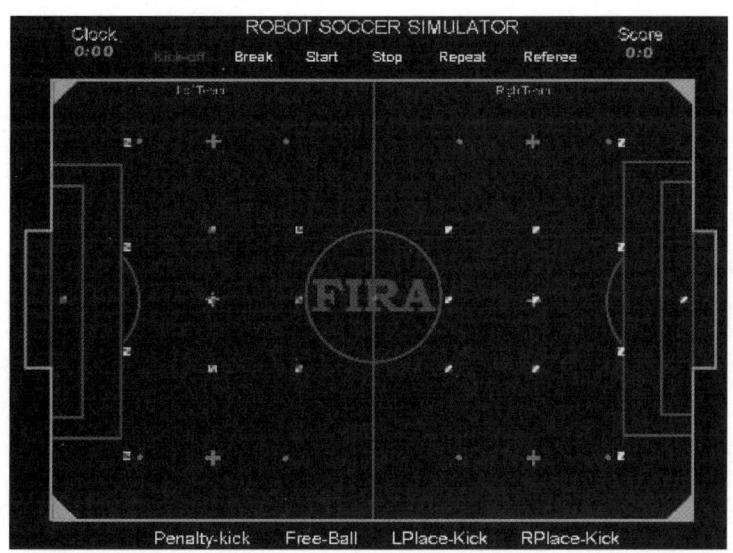

▲FIRA 仿真 11vs11 比赛平台

李婉雪同学回忆道:"仿真组的比赛有一套已有的代码框架和工作规范,通过编写指定的接口来实现特定的策略。在比赛队伍组建完成后,为了尽早地开展算法编写,杨老师召集我们集中讲解了基本的比赛规则和代码的基础框架,同时针对我们存在的疑惑进行解答,并安排了初期的工作,让我们开始在平台上编写代码进行测试。完成代码框架的配置后,我们开始在平台进行算法的编写。"

张翡同学回忆道:"在一开始的学习过程中,在老师的指导下,我们快速弄懂了让机器人动起来和让机器人以正确姿态击球等方法,这些为后续代码的编写奠定了基础。同时,就点球运动来说,给球一个什么样速度和角度能让它进门等问题的提出为我们下一步代码编写提供了思路。"

夏倩倩同学回忆道:"作为杨老师的研究生,刚入学时就关注到师兄参加机器人比赛,能力得到了极大的提升。在和老师交流以及进一步了解了中国机器人大赛的情况之后,我觉得可以从中学习到机器人技术和提升编程实践技能,同时也可以锻炼自己的创新能力和培养团队合作精神。这些能力对于自己未来的职业发展和社会生活都有着非常重要的意义。于是,我主动提出承担其中的一些基础性研究任务。"

在这个阶段,团队成员分析了大量以往的比赛数据,并在平台不断验证我们的新想法是否能提升策略系统的整体效果,借此更好地了解以往队伍所采用的策略以及他们的经验教训,并在我们的工作中针对当前策略的局限性和不足加以改进。

2023 年 9 月:算法开发、开展实验

9 月和 10 月是比赛的攻坚阶段。在这两个月,我们根据各自的 idea 在平台上编写代码进行测试,每周进行讨论,汇报各自的进展和问题,不断改进优化策略。

张翡同学回忆道："在算法开发阶段,我分配到的任务是做一个点球策略,也就是在点球过程中将足球高效地踢进对方球门。在杨老师的指导下,我从一开始就确定了一个整体框架,选择一个合适的速度和角度来进行策略性地射门运动。然后,就是代码的编写以及和成员的讨论。这个过程相当费时间,需要不断地测试、调整和优化。我也感谢杨老师不厌其烦地指导,帮助我们最终取得了一个较为理想的成绩。"

夏倩倩同学回忆道："在前期学习了大量移动机器人运动模型相关知识的基础上,我们首先对比赛任务进行了规划总结。在杨老师的指导下,我们小组根据个人的兴趣方向编写代码并进行测试,同时将进展及时向老师汇报和讨论改进方向。通过这种方式,每个人都编写了自己负责模块的代码,并在老师的指导下不断进行改进和优化。最终,我们的算法取得了令人满意的效果。"

朱子恒同学回忆道："仿真组比赛主要侧重于代码层面的开发。在杨老师的指导下,针对两个任务分配组员,并确定了任务目标,一是针对包围球很强的队伍如何打破僵局,制定我方球员进攻的策略;二是通过获取比赛时对方球员的数据,分析出对方队伍的大致策略,从而有针对性地调整我方策略,两个任务同时进行,并定期针对两个任务完成过程中的问题开会讨论,在老师的指导下不断改进和优化。"

曾馨同学回忆道："根据球的历史轨迹数据预测球未来的轨迹走向对比赛中调整球员到指定位置是很关键的。由于无法得知平台内部所使用的球运动模型,我们根据现有比赛数据获取到球的运动轨迹,使用多元线性回归模型拟合球的运动轨迹,计算得出回归参数,通过输入球历史几个周期的坐标数据,预测球未来100个周期的轨迹,从而控制我方球员的移动,实现更准确的布局策略。"

王晶鑫同学回忆道："我备赛的核心工作是对包围球检测算法的开发和实现。在当前比赛环境中,大多数队伍都在采取简单高效的包围球策略,如何去击破该策略成了制胜的关键。赛前,杨老师为我们提供了很多想法,并提供了很多有用的参考意见和帮助。在实验过程中,我最大的感触是,很多时候预期实现的效果和实际实现的效果会有很大的出入。只有不断地实践,反复大量地测试,才能真正检验出最好的、最适合我们的策略和方案。"

在这一阶段,同学们攻坚克难,每个人都贡献出自己的聪明才智。

2023年9—10月:交流沟通、整合算法

在完成每周的开发任务后,我们小组都会在老师的指导下开展交流,总结这一周的收获并对编写的代码进行测试,发现代码存在的不足,对其中较好的部分加以提升。在大赛开始前,我们根据试验结果将不同队员负责的部分进行整合,需要进行大量的回归测试、消融试验。

王哲同学回忆道:"9月末10月初的时候,我们每周都会进行复盘,团队成员相互分享自己的工作进展和遇到的问题。针对进一步的改进和针对性策略,我们共同思考并讨论解决方案,进行团队内部的分工和合作,包括防守方的策略和针对性的进攻策略。对于包围球比较强的队伍,我们针对性地提出了检测包围球,并针对包围球僵持局面进行进一步部署。这些活动不仅丰富了我们的知识,还激发了新的思路和创意。"

张翡同学回忆道:"10月是团队的冲刺阶段,我们基于已有的结果相互提出问题和优化策略,然后共同探讨并不断提出解决方案,力求优化程序并获得更好的效果。这些工作不仅开阔了我们的思维,还提高了我们的团队协作能力。最终在同学们的相互鼓励和帮助下,我们克服了重重困难并成功完成了比赛。

夏倩倩同学回忆道:"在比赛过程中,我们团队成员会经常互相交流进度和目前遇到的困难。对于遇到的阻碍,我们共同思考并讨论解决方案。这些活动不仅丰富了我们的知识,还激发了新的思路和创意,更能体现出我们的团队精神。这种团队精神是我们永远都无法忽视的力量,它将使我们在未来的道路上更加坚定地前行。"

朱子恒同学回忆道:"当时的一个改进点可以更加有效地减少我方犯规。经过仔细审查代码,逻辑没有问题,然后顺利跑通代码,效果很不错。但我们还没来得及高兴,换另一个代码作为对手进行测试,结果就展现出了很呆的局面,并没有预期的效果。再比如,自己的改进策略在对比队伍上表现很棒,同学的改进策略在对比队伍上表现也很棒,但是两种策略结合到一起后,出现了策略退化的情况……备赛期间,类似于这样的经历还有很多,但同学们相互鼓励、相互帮助,最终克服了重重困难,成功地完成了比赛。"

2023年10月12—15日:比赛进行,分析局面

中国机器人大赛进行得如火如荼。各参赛队伍凭借着多年的研究和努力,展示了他们的计算机编程技术和创新成果,为观众们带来了一场精彩的比赛。

2023年10月12日下午,在杨老师的带领下,我们参赛团队来到福建晋江,傍晚时分进行了参赛队的抽签分组。当天晚上老师和队员们一起讨论最后的方案整合和策略选择。2023年10月13日上午,中国机器人大赛开幕式如期隆重举行。10月13日上午,参赛队伍在调试准备区域做最后的代码调整和测试。10:00,FIRA小型组-仿真5vs5项目比赛正式开始。各大高校的队伍所设计和开发的虚拟机器人队伍展开了激烈角逐,从小组赛、淘汰赛到决赛,我们CUG团队在5vs5项目中展现出了非常强劲的实力。各大高校的团队运用策略规划、协作控制等技术手段,使机器人在虚拟环境中展现出高度智能和灵活性。比赛过程中,机器人之间

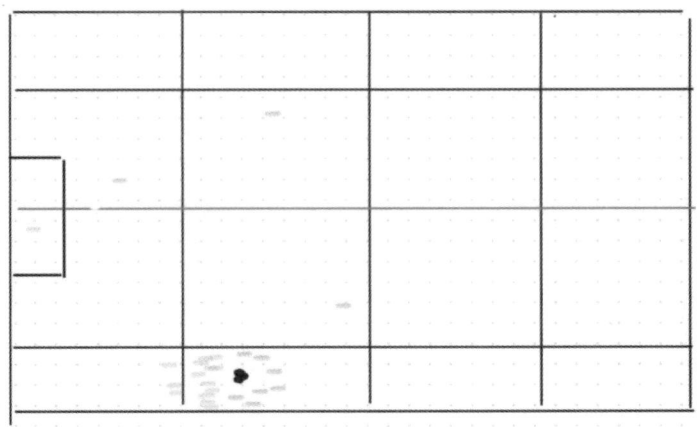

▲团队进行策略商讨

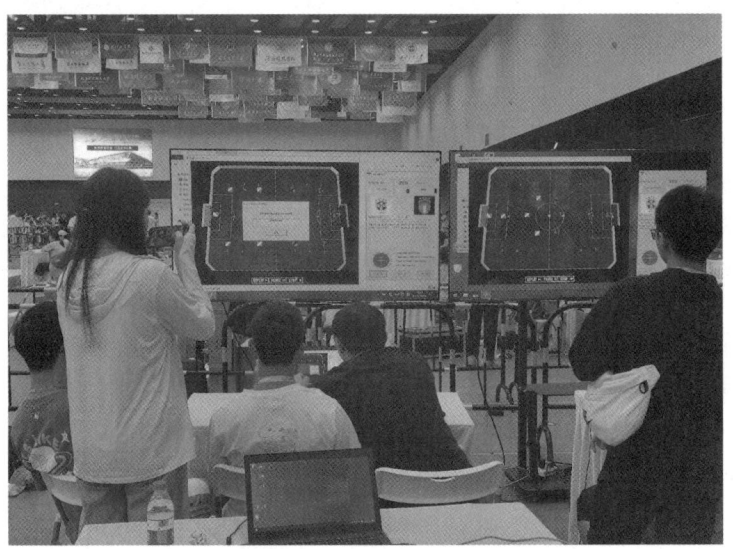

▲FIRA仿真5vs5项目比赛

的协作和攻防的决策无疑是最关键的。

10月14日上午,FIRA仿真组11vs11项目比赛也正式开始。经过相对轻松的小组赛后,进入淘汰赛,我们CUG团队在11vs11项目中也展现出了非凡的实力。为了更好地分析己方优势和对方的弱点,我们进行了赛程录像,以便后续进行分析和策略完善。10月14日下午,我们团队在FIRA仿真组11vs11项目决赛过程中不断调整策略,优化算法,克服了各种挑战和困难。裁判们严格公正地执行规则,确保比赛的公平性和公正性。10月15日上午,FIRA仿真组5vs5项目决赛时,每个人都保持高昂的斗志,沉浸于紧张的比赛局势中。最终,我们获得FIRA仿真组5vs5项目季军、一等奖,FIRA仿真组11vs11项目季军、一等奖。

▲FIRA 仿真组 11V11 项目比赛现场

▲师生代表合影

（从左至右：杨林权、王哲、曾馨、李婉雪、朱子恒、罗忠文）

2023 年 10 月末：赛后反思、总结经验

为了备战这次比赛，全体参赛队员白天努力学习专业课程并进行实践，晚上和周末则加班加点、熬夜备战。虽然此次 CUG 机器人代表队取得了出色的成绩，但指导老师和同学们并没有骄傲自满。比赛一结束，在返回武汉的火车上，杨老师就对这次比赛进行了总结，并与团队成员一起分析了团队在算法上的优势和不足，以及未来可以继续改进的方向。他们一起期待着在下一届中国机器人比赛中再次取得辉煌的成绩。

参赛队员们也表示，尽管比赛过程十分辛苦，但参加比赛使他们的编程能力、算法能力以及实验动手能力都得到显著的提高。同时，他们也对比赛中发现的一些策略上的问题加以记录和分析，希望为下一届大赛的进一步改进提供参考，对下一届的学弟学妹们有所帮助。

参赛感悟

👍 王哲

本次比赛中,我负责程序运行,与另一方队伍进行切磋较量。最令我印象深刻的是最后的决赛阶段,惜败西北工业大学与武汉科技大学的2场比赛。面对2支各具特色的强队,我与队友紧张地观看比赛,看着对方的得分,心中深感郁闷和惋惜。同时,也和旁边的队友一起讨论分析对方的战术特点,以及我方在对抗中暴露出的缺陷,并思考、交流如何改进我方策略。实践出真知,本次比赛的最大收获,就是见识了他人之所长,发现了我方之所短,相信通过我们的反思和改进,我们CUG机器人代表队会在下一届比赛中取得更出色的成绩。

👍 朱子恒

参加中国机器人大赛的FIRA仿真足球机器人比赛,让我进入了虚拟世界足球机器人比赛的舞台。赛前,我们团队与老师进行了密切的交流,分析了比赛中应采用的攻防策略,以及罚点球、开门球等战术的运用,争取在比赛中取得胜利。确定了策略后,团队就开始合作编写代码。经过多次编写和调试代码,通过仿真平台测试代码的效果,我们发现了存在缺陷的地方,并进行了修改以达到理想的效果,最终才写成了参赛所需的程序。虽然我们这次荣获了一等奖,但是在与其他学校进行比赛时,我们也意识到自己在防守方面还有很大的改进空间。总的来说,这次比赛是一次独特而充实的经历,不仅让我把理论知识转化为实际技能,还增强了我的编程和算法设计能力,同时也激发了我对机器人和人工智能领域的兴趣。

👍 曾馨

参加中国机器人大赛的经历是一次充满挑战和收获的旅程。我们在比赛前花费了大量的时间研究和准备,仔细阅读现有的代码和文档,并得到老师的指导,以深入了解竞赛框架和工具。随着对接口和使用方法的逐渐熟悉,我们开始观察以往比赛的数据,并讨论现有策略的不足之处。在这个过程中,我们制定了改进策略,为算法设计奠定了基础。接下来,我们着手编写算法,并

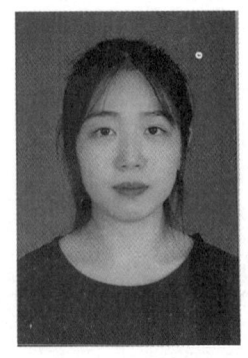

进行了大量的实验。通过不断地调整、优化和改进，我们逐渐探索出最优的算法设计。通过这次比赛，我们不仅增强了实践能力，还培养了团队协作的能力。最后感谢老师的指导，以及队友的共同努力，让我们最终取得了不错的成绩。

👍 李婉雪

我非常荣幸能参加中国机器人大赛，这是一段非常有趣和富有挑战性的经历。比赛过程中，我深刻地体会到了团队合作的重要性。在11vs11仿真赛中检测敌方是否为包围球策略的改进方法，八扇区划分的算法非常有效，最终也通过了测试。检测球是否即将进入 freeball 状态，如果即将进入 freeball 状态就触发对方犯规作为我们策略优化中的一大改进，也给了我很大的启发，明白了要学会根据过去几个周期的状态和预测状态来进行适时的策略调整。不仅如此，防守策略也随着我们针对包围球的新策略进行了适时的调整，在此过程中我更好地对基础的中点算法和角平分线算法进行融合应用，避障算法也给了我很多启示。总之，赛前的编码和赛中的局势分析，让我学会分析自己的优势和劣势，将简单的算法融入应用中。非常感谢杨老师的指导以及队友们的帮助和鼓励，你们是我遇到困难时坚持下去的不竭动力。

👍 王晶鑫

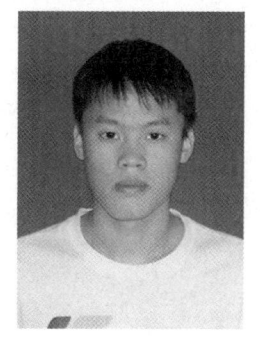

中国机器人大赛是我国规模最大、影响力最强、学术水平最高的机器人盛会之一。对于我来说，这是一次非常宝贵的经历，我从中学到了很多有用的知识。我是从大二上学期院级科研立项开始正式接触 FIRA 机器人足球比赛的，并参与了机器人足球比赛平台裁判系统的开发。从刚开始接触到最终参加比赛，这是一个漫长的过程，锻炼了我的耐心和毅力。在杨老师的悉心指导下，我逐渐掌握了代码框架和基本接口的使用方法，为后续工作奠定了坚实的基础。在团队协作中，我们紧密合作，相互帮助，相互学习，共同进步。在备赛期间，我们编写指定功能模块的代码、实验测试不同的策略、不断优化算法方案，脚踏实地，不断进步。为了击破对方常用的包围球策略，我们集思广益，提出了划扇区检测包围球的算法，并实施具体方案，取得了成效。最后，我要特别感谢杨老师的指导和帮助，感谢队友们的支持和理解，大家齐心协力，最终取得了一个理想的成绩。

👍 张翡

通过这次比赛,我积累了很多宝贵经验,不仅提升了个人的能力,而且让我认识到自己的不足。首先,理论转化为实践是一个过程,一个想法的产生到代码实现可能要经过很多次的调试,这就需要我们静下心来做好每一步。其次,团队合作与交流很重要,从我自己负责的点球板块到整个队伍整体的操作,一环扣一环,只有每个人相互合作才能获得良好的效果。同时,和老师与同学们的不断交流使我的工作效率得到提高。这次比赛进一步巩固了我所学的知识,并增强了我的动手能力,为我今后的学习和科研提供了更多的帮助。最后,特别感谢杨老师的指导和同学们的配合,我将把这次比赛积累的宝贵经验运用于日常学习中,继续将所学应用于实践,不断提升自己的专业技能。

👍 夏倩倩

通过这次比赛,我体会到了许多前所未有的艰辛与乐趣。我十分荣幸能与负责任的指导老师和积极乐观的队友一起斩获比赛的一等奖。我认为这次比赛是一个极具挑战性的平台,它让我们有机会面对各种未曾遇到过的问题和困难。这些挑战如同生活中的挫折,让我们逐渐成长。通过比赛,我学会了在压力之下保持冷静,利用有限的资源创造最大的价值。这些经验不仅在比赛中有用,更是日常工作和生活中必不可少的技能。此外,通过这次比赛还让我体会到团队协作的重要性,一个优秀的团队需要成员互相支持、互相鼓励,才能克服困难,取得成功。

师说心语

👍 杨林权(指导老师)

理论和实践应用的距离既可以是十万八千里,也可以是咫尺之间。机器人竞赛是一个非常好的平台,可以很好地锻炼同学们理论联系实践的能力,缩短理论和实际应用的距离,通过实践来检验理论,通过实践来创新理论和应用。此外,面对复杂问题,我们都会承受很大的压力,团队合作和协同学习是一个非常好的解决复杂问题的途径,不断进步从而激发自信,自然可以把压力转化为动力。带领同学们参与机器人竞赛就是给他们提供这样一个锤炼品格和提升能力的平台。

👍 **罗忠文（指导老师）**

中国机器人大赛是非常激烈的，有众多名校和长期专注该比赛的队伍，在这里同学们可以看到不同的设计，了解不同的思维方式，也能感受到很大的压力。这种竞争环境让学生们开阔视野，提升专业技能，学会在压力下工作，增强应对挑战的能力，更培养了学生坚持不懈的品质。比赛见证了学生的成长，积累了更多的创新思路，希望通过这样的比赛能让我更好地为国育才、为党育人！

（图文来源：李婉雪、曾馨、朱子恒、王哲、王晶鑫、张翡、夏倩倩）

看"都可以"团队如何在"泰迪杯"全国数据挖掘挑战赛斩获特等奖

我院数据挖掘与机器学习团队在第十一届"泰迪杯"全国数据挖掘挑战赛中创造了历史,首次摘得赛事特等奖。这支由计算机科学与技术专业本科生张文然、靳博原、何向洋组成的"都可以"团队,在万林老师的指导下,展现了出色的数据分析和建模能力,从上千支参赛队伍中脱颖而出。他们在这场持续两个月的数据挖掘之战中经历了怎样的艰辛与收获?他们有哪些心得和感想?让我们一起听听他们的比赛故事吧。

从选题到提交:两个月的奋战

"泰迪杯"全国数据挖掘挑战赛是一项面向全国高校学生的科技竞赛,由广东泰迪智能科技有限公司和人民邮电出版社主办,广东省工业与应用数学学会等协办。本届竞赛共有A、B、C 3个组别,涉及多个领域的数据分析和建模问题。我们团队与万林老师经过仔细研读赛题和反复讨论后,敲定了C组题目,即构建泰迪内推平台招聘与求职双向推荐系统。

选择这个题目是因为我们对招聘推荐领域有浓厚的兴趣和探索欲,也看到了这个领域的社会价值和应用前景。我们小组喜欢在新领域挑战,想通过本次比赛学习更多未曾接触过的知识,但同时也面临着很多困难,比如对爬虫算法、自然语

▲万林老师指导学生

言处理等技术不够熟练,而这些技术对解决本题是非常关键的。

为了克服这些困难,我们在万林老师的指导下,阅读了大量招聘推荐领域的文献资料,了解了相关的理论和方法,初步确定了解题的方向和策略。反复讨论敲定数据获取和处理的方案,严谨地进行数据清洗、预处理、特征工程等,保证数据的质量和有效性。随后对每个问题进行深入分析,构建了高精度的模型,最后认真撰写论文,阐明了我们的创新点和优势。在这个过程中,我们不仅学习了很多专业知识和技能,还培养了很多软素质和能力,比如团队协作、时间管理、沟通表达等。队名"都可以"也正是源于团队成员之间融洽和睦与互相迁就的关系。在分配任务时,"都可以"团队接受并适应对方的意见和要求,体现了团结协作的精神。

为了保证比赛的顺利进行,我们制订了详细的计划并以此为根据分工合作,每天都会通过视频会议或线下交流,汇报和讨论彼此的进展和遇到的问题,互相帮助和支持。我们也会定期向万老师请教,听取他的意见和建议,及时调整我们的方向和策略。

由于大三期间学业较为繁重,我们在4月22日暂时完成大部分课程作业后,才开始全力准备比赛。比赛期间,大家不畏艰辛,经常前往图书馆研修室、101学生活动室讨论赛题;每晚11:00多回到宿舍后,还会继续总结回顾当天的思路。由于场地预约的问题,我们交流比赛的场所总是不固定,有时甚至被迫在食堂探讨问题,这给我们准备比赛带来了不小的影响。万林老师得知情况后,慷慨地将自己的办公室给我们用作比赛场地,并且贴心地提供了休息的折叠床。

▲紧张备赛

在最后通宵完成论文的晚上,我们团队成员自觉地轮流休息,互相分担工作;为了鼓舞士气、振奋精神,我们还会在撰写论文的间隙开些玩笑活跃气氛,互相加油打气,提神醒脑。最终按时完成了论文的提交。

从网络评阅到视频答辩:一路过关斩将

在提交论文后,我们都松了一口气,感觉"终于完成了"。当收到视频答辩的通知时,我们惊喜之余又感到些许焦虑。因为答辩时间与提交课程报告的截止日期冲突,我们不得不在百忙中抽出时间整理比赛内容、准备答辩材料。我们听取了万老师的意见,多次修改、完善答辩的PPT和发言稿,还在答辩前互相模拟提问。经过紧张且充分的准备,我们在视频答辩中表现自信、回答流畅,赢得了很多专家的肯定和鼓励。最终,我们的作品荣获特等奖。

▲答辩材料

从收获到感悟:不忘初心,砥砺前行

这场持续两个月的数据挖掘之战,是我们人生中难忘的一段经历。我们不仅收获了荣誉和成果,更收获了成长和进步。通过本次比赛,我们对本专业的知识有了更深入的理解和认识,也与一同拼搏的老师、同学建立了深厚的友谊。参加这次比赛体现了团队合作的重要性和必要性。我们的团队成员各有所长,互相学习,互相补充,共同进步。万老师给予了我们很多宝贵的建议,让我们规避了很多错误和困难,提高了效率。在此,我们特别感谢万林老师的关心和指导。

指导老师万林

衷心祝贺同学们在比赛中获得好成绩。习近平总书记一直强调:培养什么样的人、如何培养人以及为谁培养人是至关重要的。作为指导老师,我始终不忘初心,把

▲团队合影（从左至右依次为靳博原、何向洋、张文然同学和万林老师）

立德树人放在工作首位，坚持"价值塑造、能力培养、知识传授"的育人理念，注重培养"厚基础、宽口径、高素质、创新型"的计算机专业人才。希望同学们不忘初心，以此为新的起点，在自己的学业和岗位上立足，为国家做出应有的贡献。让我们共同努力，为成为更好的计科人而不懈奋斗！

学长寄语

参加比赛是一次非常宝贵的学习和锻炼机会。它能让你们接触到前沿的技术问题，积累专业知识和提升实践能力，同时加强团队协作、时间管理和沟通表达等能力。在比赛的过程中，可能会遭遇各种困难和挑战，希望你们能勇敢面对，不轻言放弃。比赛的结果并非最重要，更重要的是比赛过程中的成长和收获。

我们小组真诚地希望各位学弟学妹能够努力学习，敢于尝试，坚持不懈。希望你们能够在"泰迪杯"赛事或其他创新创业竞赛中收获满满，迸发出无限的潜能和创造力！加油！

（图文来源：张文然、靳博原、何向洋）

一篇顶刊论文发表下的青年学子成长史
——曾林芸

▲曾林芸

2022年8月,随着论文在期刊 ISPRS *journal of photography and remote sensing* 上的发表,曾林芸同学一年多的研究终于画上了圆满的句号。

曾林芸同学是我院2020级计算机技术专业硕士研究生,中共党员,研究方向为城市视觉智能,师从方芳老师。这几年,她始终在快乐地行走:2022年8月取得国家授权发明专利1项;2022年2月参与制作的中国典型城市建筑物实例数据集,获评"第二届ScienceDB科学数据集十佳数据集";2020年10月至2021年10月任院学术科研部部员,2020年9月至2022年9月任2020级硕士研究生第八党支部宣传委员,2021年5月荣获2020年度五四评优优秀团员称号。她平时爱好运动,从打羽毛球、骑行,到射箭、滑雪,喜欢探索不同的可能性。

运拙时艰,披荆斩棘

回顾过去,她说:"不后悔曾经放弃入职互联网公司,选择在地大完成研究生学业。"本科毕业于吉林大学计算机学院物联网工程专业的她,成绩名列前茅。毕业那年保研名额突然缩减,于是她毅然选择了考研,但在2019年末的考研中失利,加冕目标大学硕士帽的希望破灭。2020年是特殊的一年,人们在众志成城中共渡难关。这一年的复试和调剂无限延期,她和所有应试者都在不知道何时是尽头的日子里等待着最后的结果。在未来不确定的时候,焦虑和迷茫倍增。

焦虑和迷茫的本质是对未来的恐惧,可是关于未来,本就是在巨大的不确定中寻找确定性。人的一生本就在动荡与不安中度过,与其庸人自扰,不如竭尽全力,守好自己的边界,在不确定中去寻找那些确定的、值得做的事物。于是,在等待录取的日子里,她收拾好情绪、整理好行囊,投身到了春招大潮中。在辗转经历多轮笔试和面试后,她成功斩获了热门互联网公司的录用通知书,与此同时也获得了继续深造的机会。

兜兜转转,她又一次回到了这个决定未来的交叉路口,不同的是这次两条路都对她亮起了绿灯。在未来充满巨大的不确定性时,她无法确定到底哪一条路会是更好的选择。在无法预知未来的时候,人生往左或往右,倒退或向前,其实往往取决于自身的态度。于是在就业和深造中,她毅然选择了后者。她深知积极地对自己的人生负责,未来就会掌握在自己的手里。

当风借力,厚积薄发

在学长的推荐下,曾林芸同学加入了方芳老师所在的地大智能时空计算与软件服务研究团队,开启城市视觉智能相关的学习和研究工作。

▲师生合影

她还记得当年读的第一篇英文文献是 *Fine-Grained Land Use Classification at the City Using Ground-Level Lmages*。对于这篇论文中反复出现的"map"一词,她一遍又一遍地搜索和翻译,试图寻找这个入门词汇其他未知的隐藏含义,但都以失败告终。在那时,她的感受是,"论文就是把你从前认识的单词拼到一起,然后组成一个你无法理解的新概念"。初次接触专业领域的她觉得概念名词都是全新的世界,越想要快速入门,越渴求寻求未知的答案,反而造成了对概念的钻研和对名词的吹毛求疵。对个别字眼的过分纠结,致使她读得磕磕绊绊,不知所云。

在导师的指导和帮助下,她对这个全新的方向逐步有了自己的理解。为了进一步探索,她前前后后阅读了与论文相关的文献几十篇。在这个过程中,她开始学会提炼论文的重点,开始使用文献管理工具,开始与导师及学长学姐进行深入交流与探讨,开始注意到与之相关的研究团队,关注领域的前沿发展。在大量文献阅读和实验积累的基础上,她逐步深入理解研究领域和课题方向,慢慢步入科研的正轨。

2022年2月14日,曾林芸收到两个多月前投稿论文的评审意见:大修。评审专家们专业素养过硬,言辞犀利,一针见血地指出论文立意与创新点的漏洞。在方芳老师、李圣文老师和研究团队老师们的指导和多次反复讨论修改后,她不仅回复了评审老师的疑问,也进一步完善了论文的理论研究和梳理了逻辑关系。随后论文又返修两次,终于成功发表,老师们严谨治学和对于学术问题一丝不苟的态度让她受益匪浅。

科研道路一波三折,大大小小的问题不计其数,一个完整的科研课题的完成,带给她的不仅仅是一篇论文的成功发表,更为重要的是,在这个过程中,她学会了更多。

首先是从本科学习思维到研究生学习思维的转变。曾林芸不再采用以上课为中心的学习模式,而是从一个课题着手,通过文献阅读与交流,理解研究领域的背景意义,了解领域的前沿发展,找到现有研究中存在的问题与挑战,探索新的解决方案。在这个过程中,以问题解决为中心,培养自主学习能力、研究能力、文字表达能力等。不像考试那样有清晰的界定及稳定的预期,而是在无形中提升的,在不断的磨炼、激励、思索中慢慢提升的。

其次是合理安排时间的能力。在科研之余,她担任班级党支部的宣传委员。为班级同学们服务的同时,她还加入了学院的学术科研部。当被问到怎么协调学生工作和繁忙学术

▲曾林芸

研究的问题时,她说:"合理地安排时间能有效提高效率。总是给自己预留充足的时间,会习惯性地一拖再拖,反而导致时间不够用。学会挤时间,会让效率得到有效提升。"

回顾过去的学习时光,她说道:"《斯坦福大学人生设计课》将人生中遇到的所有

问题分为2类,一类是重力问题,一类是锚定问题。重力问题像地心引力一样,是一个无法解决的问题。过去、现在和将来,我们所有人都不可能逆转已经存在的事实,接受才是人生开始的起点。解决锚定问题,需要我们跳脱出原有的思维模式,重新评估现状,调整思路,探索其他可能性。"

古罗马哲学家西尼加曾说:"差不多任何一种处境,无论是好是坏,都受到我们对待处境的态度的影响。如果说人生是一艘船,能力是发动机,态度则是方向盘,掌握着梦想的方向。"

不负韶华,整装再出发

在地大求学3年,她说:"未来城校区是一个适合潜心做科研的地方。"学院积极组织学术交流活动,为学生提供与优秀学者交流和探讨的机会与平台。此外还组织求职沙龙,学长、学姐们积极参与分享,促进信息共享,帮助学生了解就业热点及动态,提升学生的就业竞争力。实验室的团队成员互相学习交流,共同探讨,学术氛围浓厚。老师们的包容、鼓励与帮助,以及同学们的友好互助,让广大学生得到了充分的发展。

▲活动留影

又是一年秋招,稳扎稳打的专业素养、良好的科研经历和坚持拼搏的态度让她过关斩将,从一众求职者中脱颖而出,同时斩获了互联网公司和国企的工作。深思熟虑后,她选择在国企就业。3年前拿到那份互联网公司的录用通知书时,她内心充满犹豫及对未来的迷茫与不确定,但现在的她内心平和,这份平和只有在追逐过目标,努力过也拼搏过之后才会拥有。

导师（方芳）点评：

曾林芸同学是一位好学上进、勤奋刻苦、待人诚挚的优秀学生。她善于思考，注重创新意识的培养，具有扎实的理论基础、良好的动手实践能力和科研能力。在学习和科研实践中，该同学具有非常宝贵的品质——"有韧性"，无论过程中遇到什么困难，她都能保持韧性绝不放弃，最终很好地完成科研任务并发表高水平学术论文。愿曾林芸同学以梦为马，不负韶华，前程似锦，未来可期。

（图文来源：曾林芸）

记中国地质大学（武汉）2021年度"十大标兵学生"
——方知雨

计算机学院学生会主席团成员、191193班学生方知雨获评2021年度"十大标兵学生"。作为新时代计科青年，他一直对自己高标准、严要求，致力于成为有本领的开拓者、有担当的奉献者、做表率的奋进者。

▲方知雨

有本领的开拓者——学习、科研

方知雨同学始终坚信，万丈高楼始于垒土，再崇高的理想也得有点滴积累做支撑。他肯吃苦，肯钻研，肯实践，认真对待每一门课程，历年综合测评名列班级第一，在所有实践类课程中均取得90分以上的分数，其实践报告和程序被多位老师选为样板在学生中展示。凭借优异的学习成绩和全面发展的综合素养，他在所有学年的综合测评中均排名第一。大二时方知雨加入陈晓宇老师的"复杂约束下的多卫星任务协同规划优化方法"科研课题组,课题成功获批省级大学生创新创业训练计划项目,并在2021年计算机学院和校科技论文报告会中接连获得一等奖。

各类专业竞赛都有方知雨同学挥洒汗水的身影。凭借一丝不苟的练习和准备,他带领团队在2021年一举夺得全国大学生数学建模竞赛一等奖,并将团队建模比赛的历程和经验浓缩成稿向学院官方新媒体平台投稿,希望通过自身经历带动身边同学积极投身竞赛和实践中去。参加"互联网+"大学生创新创业大赛,夺得省级银奖1项,省级铜奖1项。结合科研所学专业知识,把"上天"的经验应用到"入地",开发"AR伴你游"地质文旅软件,助力国家文旅产业发展。

在基础课程、专业学习、科研实践和学科竞赛之外,在全国大学英语四级、六级考试中分别获得611分和574分的成绩,还成功申请加州大学伯克利分校领导力项目,参与麻省理工学院机器学习冬季课程,全英文环境下与国外同学互学互鉴,扩展了他的国际视野。从课上到课下,从"上天"到"入地"。他认为,只有学好专业知识,躬身实践,才能在广阔天地中有所作为。

▲方知雨参加活动

有担当的奉献者——播音、设计

方知雨同学始终心怀集体,充分发挥个人所长,以绘"声"绘"色"服务校园文化建设。大一上学期,19C19D班邀请学长、学姐为全体大一学生做经验分享,他负责制作海报。从那时开始,他做任何设计就大多不用模板,他享受一笔笔刻画的感觉。他共为校、院、班等各级活动设计海报100余张,编辑公众号推文170余篇,推文阅读量超15万次。2020年,他获得中国地质大学(武汉)英才奖学金服务之星奖学金。参加的活动越多,经验就越丰富。由于在各个赛场上答辩的精彩表现,他先后为学校大学生创业中心、环境学院等单位开展PPT制作培训讲座。还为本科生院等单位参加各类比赛的提供视觉指导,为校团委"东航爱心机票"等活动设计海报50余张。

方知雨同学对朗诵和演讲也很感兴趣,刚进校不久就参加了"心声向党·永远的丰碑"朗诵比赛,并在新生工作组中拔得头筹。进入校赛后,他以一首独诵征服评委,以个人身份获得校级二等奖并受校学工处邀请在中秋诗会上表演。这次经历让他对自己的声音更有信心,之后在"2020 爱你爱你·告白武汉"朗诵比赛中夺得全校第一,在"诵写讲"大赛中夺得省级二等奖。他还分别为 2020 年"125"志愿服务故事分享会和中国地质大学(武汉)校庆 68 周年宣传视频配音;两次登上弘毅堂舞台,分别为元旦晚会和毕业晚会中的压轴节目担纲主要配音。2021 年获得湖北省高校主持人邀请赛"金话筒"奖,在武汉地区高校"融融校间情"文艺晚会中,他以主演身份代表中国地质大学(武汉)前往武汉纺织大学,与武汉大学、华中科技大学等高校的学子同台演出,他在其中演绎屈原矢志报国的故事。

▲方知雨参加演出

做表率的奋进者——学生工作

在学生工作中,方知雨同学勇担重任,不负青春使命。他担任过学习委员、班长,加入学生会、广播台,还当了 3 年的寝室长。学习委员是他承担的第一份学生工作,他坚持每节课提前半小时以上到达教室放置签到表,坚持每周 3 次早起到教三楼预约晚自习教室,真正做到风雨无阻,丝毫没有懈怠。一学期累计制作签到表 70 余张。

"我可以很自豪地说,整个学期,大约300节课,我们班没有同学无故缺勤过任何一节课。"这件小事是他多年学生工作的一个缩影。他说,每一段经历他都会全力以赴,付出真心。担任班长期间,他引领班级学风不断向好,组建班级学习小组,组织专题分享会10余次,制定班级课堂考勤制度。班级全国大学英语四级考试一次性通过率100%,获国家级奖项21项,先后获评校级"五四红旗团支部"和校级"先进班集体标兵",并被选为全校唯"二"、未来城校区唯"一"的班级,为学校年度颁奖晚会制作宣传视频。方知雨两次年度团员评议优秀率均为班级第一,学生会任职期间所有答辩均名列第一,带领计算机学院学生会获评"标兵学生会";他负责的学院公众号"CSer在地大"获评"团属十佳新媒体平台";带领寝室10余次获评优秀寝室。

历任学习委员、班长、广播节目中心副总监,新媒体部部长和学生会主席团成员的方知雨,在其每一段经历中都倾其全部,为所在组织注入力量。念念不忘,必有回响。这样的工作热情和真诚得到了老师和同学的认可。方知雨同学在广播台全台大会上发言,200多人有笑有泪,校党委宣传部高雅老师对他说:"知雨,你打动了我,也打动了大家。"

▲方知雨述职

好雨知时节,当春乃发生

士不可以不弘毅,任重而道远。方知雨同学在这两年多的时间里做了很多事情,也取得了一些成果。但他认为,这些奖项、成绩、竞赛,甚至是将来的升学,都是他生活中的点缀,真正让其价值得以体现的,是那些心与心相接的时刻。他说:"我没有别的诀窍,做任何事情,我付出真心。"在科研实践中,他躬亲实践,以一以贯之的热爱成就专业素养;在学生工作中,他敢做先锋,以赤诚奉献之心铸就满分口碑;在活动实践中,他心怀集体,以对话世界的担当造就有"声"有"色"。好雨知时节,当春乃发生。他相信,真诚待人,真诚做事,生命不会亏待每一个以赤诚之心对待生活的人。

(图文来源:方知雨)

第三篇
计科校友先锋

追求有灵魂的卓越
——记1985级校友、广西壮族自治区名师董荣胜教授

董荣胜是桂林电子科技大学计算机与信息安全学院特聘教授、教育部大学计算机课程教学指导委员会委员、教育部课程思政教学名师、广西壮族自治区高等学校教学名师。他为我校计算机学院1985级计算机及应用专业校友,计算机学院(原计算机系)首任团总支副书记。他牢记母校的教导,长期坚守在计算机专业课程教学一线,在平凡的工作岗位中作出了显著的成绩。

▲董荣胜校友

董荣胜教授

1989年从学校毕业后,董荣胜校友曾在地质测绘大队担任助理工程师,在高新技术企业担任技术总监,以副组长身份参与并完成国家"八五"重点攻关项目。

1993年,他调入桂林电子科技大学(原桂林电子工业学院)工作,分别任工程师、讲师、副教授、教授。在此期间,他主持并完成过2项国家自然科学基金项目,参与和主持过国家"863"计划,以及广西自然科学基金重点项目等20多个科研项目的工作,在《计算机学报》、IEEE Transactions等国内外学术刊物上发表学术论文近百篇,论文他引超2000次。

潜心计算机基础课程教学研究和教学改革

1995年以来,董荣胜校友一直致力于计算机专业基础课程的教学工作,特别是长期坚持"计算机专业导论"课程的教学工作,积极探索新的教学思想和教学思路。他是"计算思维与计算学科方法论"的积极倡导者,并组建了稳定的教学团队。他在2003年和2008年分别组织召开"计算机科学与技术方法论"和"计算思维与计算机导论"全国性教学会议,出版2部会议专辑,希望将"计算思维与计算学科方法论"贯穿于整个计算机学科教学的始终。

2011年春,他在教育部高等学校大学计算机课程教学指导委员会主任委员陈国良院士的推荐下,任南方科技大学首届实验班"计

▲董荣胜主编教材《计算机科学导论——思想与方法(第3版)》

算思维导论"课程主讲教授,在国内首开"计算思维"课程。2012年,他作为核心成员,参与了陈国良院士主持的"以计算思维为导向的大学计算机课程教学改革"项目。该项目动员了国内数百所高校的教师参与,使国内上千万大学生从中受益。

董荣胜校友在教学上的相关成果被《美国计算学科教程(CC2001)》《中国计算机科学与技术学科教程2002》和教育部大学计算机课程教学指导委员会制定的《大学计算机基础课程教学基本要求》(2015版)采用。他主编的教材《计算机科学导论——思想与方法》入选"十二五"普通高等教育本科国家级规划教材,被国内数十所高校采用,主持或参与的教学改革项目分别获省级优秀教学成果特等奖1次、一等奖4次,撰写的教材分别获省级优秀教材一等奖2次、省级社会科学优秀成果三等奖1次。

探索计算思维教学的新模式

在已有教学经验的基础上,董荣胜校友意识到计算思维教学在计算机学科教学

中的重要作用，他认为计算思维十分有利于学生对计算机学科的整体认知和对计算规律的掌握。为此，他和团队老师专门开设了"计算思维的结构"课程，并编写了相应的教材。就哲学方法论而言，学科方法论是认知一个学科的有效工具。该课程根据计算机方法论的结构框架组织教学，旨在通过计算机方法论的教学帮助学生认知计算学科，同时借助大量的案例，加深学生对计算机科学基础概念的理解，提高学生在问题求解、系统设计和人类行为理解方面的计算思维能力，促进各学科的交叉融合。"计算思维的结构"课程获批 2014 年教育部高等教育司—微软公司校企合作专业综合改革一类项目并得到微软公司的资助。课程给出的案例均采用了可视化的计算机模拟仿真实现。同时，为了更好地开展教学，他在中国大学 MOOC 平台上开发了该课程的慕课课程，提供更多的教学模式。2018 年"计算思维的结构"课程获评国家精品在线开放课程。

参加该慕课课程学习的李同学说："有幸学习本课程后，才发现自己一直缺少计算思维和对计算机学科完整清晰的认识，这使我在学习后续课程知识时常一叶障目或不知所云，学习本课程后我才明白，计算机语言等仅仅是可临时习得的工具，计算思维的培养才是在本领域长久立足和发展的基石。在后续学习'离散数学''数据结构与算法'等课程时，因有本课程打下的良好基础，接受和理解新知识都更为高效。"

董荣胜校友也十分关注计算思维的教学向中小学的延伸，向有关部门提交了相关的建议，并指导联系学校教师开展教学工作。

▲"计算思维的结构"课程课件

开拓计算机课程思政新途径

课程思政是把"立德树人"作为教育的根本任务的一种综合教育理念。董荣胜校友建议，计算学科课程思政要从学科的科学问题出发，追求有灵魂的卓越，要让思想的光芒照亮同学们前行的脚步，实现知识传授、价值塑造和能力培养的多元统一目标。他根据教育部发布的《高等学校课程思政建设指导纲要》,将科学思维列为计算学科专业课程思政第一位的思政元素。实际操作中,他将计算学科专业课程思政中的科学思维拆分为可衡量、可检验的抽象、理论和设计3个过程,在3个过程中融入中国元素(中国学者的理论成果、中国企业的产品、中国计算机的发展历史),将科学伦理、工程伦理、大国工匠精神,以及CC2020中的11个品行元素置于计算学科的社会与职业分支领域的教学中,构建计算学科课程思政的总体结构框架。

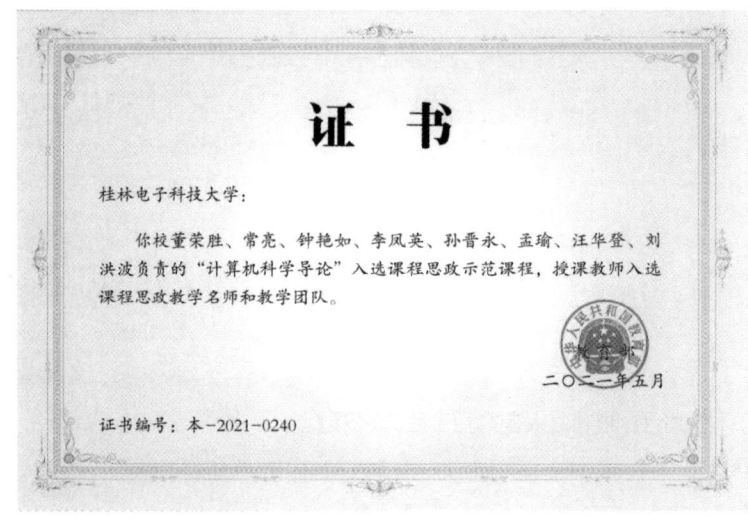

▲获奖证书

董荣胜校友牵头的"计算机科学导论"课程入选教育部首批课程思政示范课程建设试点名单。同时,他也入选了教育部计算机课程思政虚拟教研室负责人、教育部课程思政教学名师。该课程思政虚拟教研室已汇聚了全国近百所高校的200余位教师。

后记

董荣胜校友始终牢记作为一名人民教师的初心和使命,不断在计算机教学中奋力探索,扎实做好各项工作。现在他为教育部首批计算机课程思政虚拟教研室示范建设点负责人,教育部首批课程思政教学团队负责人,中国计算机学会教育专业委员会执行委员,国家级精品课程、国家级一流本科课程"计算机科学导论"和国家级精品在线开放课程、国家级一流本科课程"计算思维的结构"负责人,同时是广西壮族自治区党委教育工委优秀共产党员称号的获得者。

［图文来源:中国地质大学(武汉)计算机学院　刘刚］

扎根祖国大地办教育的邢廷炎

从樱花树下到"摇篮"石旁，粗粗一算，邢廷炎教授在大学从教已有26年。26年的时光将他打磨成了高校教师队伍中的"六边形战士"：既能悉心教育学生，成为备受学子尊敬的导师；又能严格管理学院，成为同事心中坚实的后盾，近两年还开拓了"援疆"新业务。扎根祖国大地办教育，不仅是他的人生信条，更是他的人生写照。他的学生用"厚实"二字形容他，让人觉得再合适不过。

30年前的援疆梦想终于实现

在距离中国地质大学（北京）约3000km的地方，有一座以石油命名的城市——克拉玛依，这里坐落着兰州以西唯一一所教育部直属全国重点大学——中国石油大学（北京）克拉玛依校区。联系到邢廷炎教授时，他正在这里热火朝天地开展援疆工作，十分忙碌。

"响应中华人民共和国教育部的'对口支援西部地区高等学校计划'，去往离京3000km之外的新疆不是负担，反而实现了我憧憬多年的愿望，支援边疆是我30年前的梦想，却一直迫于各种原因没有实现。2020年中国地质大学（北京）在网上发布援疆信息后，我没有一刻犹豫就报名了。"

2021年，邢廷炎作为中国地质大学（北京）选派的援疆干部正式参与了对口支援中国石油大学（北京）克拉玛依校区的建设工作。来到新学校以后，邢廷炎任职工学院副院长，主要负责本科生和研究生的教学与实验室建设、新专业建设等工作。面对新校区"高层次、应用型、国际化、合作共建"的人才培养目标，他说："由于学校所处地域和培养目标的不同，之前中国地质大学采用的一些管理方法不能照搬，需要针对这里的特点建立一套具有校区特色的管理模式。"邢廷炎与援疆同事们在实践过程中逐步探索学院的发展路径和方向，在人才培养、师资队伍建设、学科专业建设、教学管理、科学研究等方面取得长足发展,学院的品牌课程和自治区一流本科专业建设已取得阶段进展。2022年,工学院新招收全日制硕士研究生83人,占校区整体接收全日制研究生人数的55.3%。

▲工作中的邢廷炎老师

学生和同事心中坚实的后盾

援疆工作是邢廷炎"扎根祖国大地办教育"梦想的延续。在中国地质大学(北京)信息工程学院任职副院长期间,邢廷炎主要负责研究生、科研和实验室工作,中国地质大学(北京)先后获批了测绘科学与技术一级学科博士点和博士后流动站、控制科学与工程一级学科博士点、"地理信息系统"国家级特色专业,建立了一套较完善的学院管理制度,学生就业率一直保持在96%以上,科研成果、科研经费、项目质量均稳步上升,这些都离不开邢廷炎的辛苦付出。

"邢老师有一套高效的管理方法,无论是工作和生活中遇到多么棘手的问题,只要他出马,都能得到满意的答案。"在学生刘小驰的眼中,邢廷炎老师不仅在学院管理上成绩显著,更是一位优秀的人生导师。"邢老师很博爱,他常说全院的学生都是他的学生,任何一位老师、同学如果内心苦闷、迷茫,只要去他办公室聊聊天,问题就解决了。""邢老师做人做事都很大气,为了解决师生的一个困难,他可以用几个小时甚至几天来想办法。""邢老师很有战略眼光,一直教导我们要有战略思想,不要只看重眼前利益,要思考5年、10年甚至20年的发展和规划,依据这些战略规划来决定当前要做的事情。"在学生和同事心中,邢廷炎已经成为了他们坚实的后盾,"有困难找邢老师"。

▲邢廷炎与师生交流

木铎金声，滋兰树蕙

能够在方方面面为学生树立良好的榜样，是作为老师最欣慰的一件事。邢廷炎毕业于中国地质大学（武汉），是吴信才教授门下的博士。谈到吴教授时，邢廷炎回忆道："1999年在吴老师的办公室里，我第一次见到了他。他与我谈工作、谈生活、谈发展的场景，至今都历历在目。吴老师的睿智让我非常震撼，这次见面后，我就下定决心要考上他的博士研究生，次年我就真的成为了他团队里的一员。"博士毕业后，吴信才教授依然十分关心邢廷炎，这让他非常感念师恩。作为吴教授的得意门生，邢廷炎继承了他的志向，投身杏坛，为GIS行业的人才培养作贡献，悉心教导每一个学生。

作为研究生导师，邢廷炎没有把眼光局限于学生的成绩上，而是一直教导学生培养"开拓创新、团结合作、诚信做人、踏实做事"的理念。每年开学之初邢老师提出的18个"学会"是令他的学生记忆深刻的一堂课：学会沟通、学会思考、学会博览群书、学会保持良好心态、学会辩证处事、学会关爱、学会聆听、学会排忧、学会感恩、学会预判、学会注重细节、学会赞美、学会合作、学会冷静、学会文明守则、学会自信、学会闭嘴、学会善良。邢廷炎希望这堂课能为学生带来一些人生启发："我希望学生从入学开始，就能够明确自己的人生规划、养成优秀的学习习惯、建立温馨的人际关系、遵守严肃的规章制度，充分发挥自我教育、自我管理、自我调节、自我实践、自我服务的主动性和创造性。当学生毕业时，能够具有理想的知识结构、雄厚的技术基础、良好的发展潜能、较高的综合素质，真正成为民族复兴的建设者。"

正是因为如此，邢廷炎的学生都很优秀——他鼓励研究生尝试一段美好的恋情，鼓励学生在校期间参加各类团体和交际活动,教导学生熟练掌握流行的编程语言,指导学生写作毕业论文和总结研究成果,帮助学生编写个人简历和寻找实习单位……他指导的学生思想活跃,综合能力和综合素质很高,总能获得不少用人单位的认可。

他的执教生涯共培养出研究生135名。2021年,邢廷炎门下毕业的8个硕士研究生,1人分配到南开大学,1人继续攻读博士学位,6人留在北京的大型企业工作。每年的毕业季也是他的自豪季。

▲邢廷炎与学生合影

木铎金声育桃李,滋兰树蕙满庭芳。邢廷炎的话语、行动和成果时时刻刻都在诠释着"厚实"二字。他大力弘扬甘为人梯、奖掖后学的育人精神,善于发现、培养青年GIS人才。他甘做致力提携后学的铺路石,促进我国的GIS事业活水涌流、基业长青。正如吴信才教授之于邢廷炎教授,邢廷炎教授之于更多的高校学子,前者的教导和经历永远是后者今后努力的方向,前辈的成就和功绩也将成为后辈今后发展的动力。

(图文来源:邢廷炎)

我院2009届博士毕业生、湖北名师、黄冈师范学院计算机学院"妈妈院长"张青*

张青为中国地质大学(武汉)计算机学院2006级博士生,2009年毕业,师从康立山教授。现任黄冈师范学院计算机学院党总支书记。2021年12月,张青工学名师工作室入选"湖北名师工作室",同时被授予"湖北名师"称号。

我就是喜欢当老师

1982年,张青以优异的成绩考上了重点大学,在填报高考志愿时,她首先想到的是报考华东师范大学,毕业后当一名老师。当时,华中工学院(现华中科技大学)的招生老师也反复做她的工作,并许诺让她读最喜欢的专业。虽然最终她选择的是工科院校,可她始终没有放弃成为一名人类灵魂工程师的梦想。

1986年7月,张青从华中工学院毕业,放弃留武汉或去南京等大城市工作的机会,要求回黄冈地区(现黄冈市)工作。回黄冈后,有两个选择,去黄冈供电局当工程技术人员或去黄冈工业学校当老师。熟识的人都劝她去供电局,因为那里的待遇要好很多,但她毫不犹豫地选择了黄冈工业学校,圆了她当老师的梦想。后来,同事问她:"供电局那么好,你怎么不去呢?"她回答:"我就是喜欢当老师。"

从选择当老师的第一天起,她就心无旁骛,潜心教书育人。1986年至2003年,在黄冈工业学校(后改为鄂东职业技术学院,现并入黄冈师范学院)任教17年,2004年调入黄冈师范学院,一干又是15年。其间,深圳的同学几次邀她去中兴通讯就职高薪岗位,都被她婉言谢绝。

---

* 本文源自黄冈市妇联2019年11月"全市女性人才风采展"。

▲张青老师指导学生

▲张青老师授课

当老师就要把课讲好

把课讲好,让学生听得懂又爱听,这是张青的追求。初到黄冈工业学校时,她承担"电机与拖动"课程教学工作。这门课理论性强,比较抽象,学生只有初中的基础,学起来很困难,很多学生不愿意学,老师也不愿教。接过任务后,她把教材看了一遍又一遍,反复琢磨,如何进行深入浅出、生动形象、条理清晰的讲解,如何引导学生由易到难、循序渐进地学习,怎样跟学生互动交流,要给学生补哪些基础知识,怎样培养学生的动手能力。围绕这些问题,她精心备课。由于准备充分,她从第一堂课开始,就能脱开教材,进行条分缕析地讲解,实时地引导学生互动,激发了学生学习这门课的兴趣。这门课程她教了15年,每教一遍,她都要不断备课,不断补充修订教案。

调到黄冈师范学院工作后,她先后承担了"微机原理与接口技术""计算机组成原理""数据结构"等课程的教学任务,还克服困难,在物理科学与技术学院首开"专业英语"课程,为研究生开设了"数值分析""计算机技术"和"新课程标准与教材分析"课程。每开一门课程,她都精心备课,从不马虎应付。她所开课程都深受学生欢迎,赢得学校老师和同学们的赞誉。2004年,她刚调入黄冈师范学院物理与电子信息系,学校视导员、物理与电子信息系老教授刘职全听了她的一堂课后,找到当时的物电系系主任李大农教授说:"你为物电系引进了一个人才。"

30多年来,她始终对教学工作一丝不苟、精益求精,不断提高教学水平。她授课准确、简洁、生动、易于理解和具有启发性。在课堂教学中,她凭借着厚实的知识功底,丰富的教学科研经验,先进的教育理念,严谨的治学态度,生动的教学案例,流利的语言表述,幽默风趣的教态,让学生在轻松愉快的氛围中增长知识、开拓思维;她善于引导学生发挥主观能动性,努力创设探究性的课堂教学情境,注重传达学科学术动态,善于将学科最新研究进展融入课堂教学,培养学生的创新能力和应用能力。在实验教学方面,注重引导学生理解课堂知识、掌握实验技巧、培养创造性思维。

2010年,张青竞争上岗,担任黄冈师范学院数学与信息学院院长。从一名普通教师成为学院的主要负责人,没有管理工作经验,她要从头学起,但是,她始终没有离开三尺讲台,照常教课,带学生做实验,指导学生实习和毕业论文设计。白天处理院务,晚上备课、搞科研,常常工作到深夜。出差、开会耽误了上课,她都要找时间补上,从没落下一节课。

张青始终注重教学研究,重视课程建设,充分利用精品课程的优质资源,不断提升课堂教学质量。2014年,她主持建设的"数据结构"课程被评选为湖北省省级精品资源共享课。2018年,她主持的"嵌套式ESP-S卓越软件工程师培养模式的建构与实践"获第八届湖北省教学成果奖二等奖。

2011、2012年她指导的两名学生的毕业论文获"湖北省优秀学士学位论文"。

2017年她指导的周进同学参加"蓝桥杯"全国软件和信息技术专业人才大赛,获湖北赛区第1名;参加"蓝桥杯"大赛国际赛,荣获二等奖。

我最敬佩的是张青老师

2018年4月29日晚,在黄冈师范学院"魅力学子"颁奖典礼上,郑潇然同学深情地说:"我最敬佩的是张青老师。"

郑潇然同学2014年考入黄冈师范学院计算机学院。大二时,张青担任他的指导老师。工作虽繁忙,但张青不忘给郑潇然同学"开小灶",指导他的学习,更关心他的身心健康。刚接触时,郑潇然留着奇异的发型,很"另类",张青和颜悦色地对他说,年

▲张青老师与学生合影

轻人爱美，追求另类无可非议，但学生应该在修业和修德上求美，劝他换个发型。第二次看见他时，他依旧我行我素，张青再次劝他去理发。第三次看见郑潇然，他依然是长长的头发竖在头顶上，还辩称就喜欢这个发型。张青平时对学生总是笑容满面，这次发火了，对郑潇然进行了严厉批评，"逼"他改换了发型。有一段时间，张青发现他情绪很不稳定。她想到，郑潇然同学是安徽人，离家远，课业重，竞赛压力大，那段时间，她经常抽空把郑潇然找到办公室，聊家常、谈学习、谈人生，还嘱咐她指导的上届学生、湖北省"长江学子"吴善超多关心帮助郑潇然。在张青老师的严格要求和悉心关怀下，郑潇然变化很大，进步很快，2017年参加全国"互联网＋"旅游创意大赛，荣获一等奖。

▲张青老师与学生交谈

在30多年的教学生涯中,张青始终秉持"德高为师、身正为范"的理念,注重言传身教。她积极追求进步,加入了中国共产党。她襟怀坦荡,待人友善。她工作兢兢业业,任劳任怨,深得学生敬重。学生陈方在给她的留言中写道:"爱我院长妈妈,么么哒。"

张青始终坚持教书与育人相统一,做学生的知心人、引路人。1991年下半年,她担任黄冈工业学校机电专业91461班班主任,学习基础较差、调皮学生不少。她一头"扎"进学生中,观察学生行为举止,了解学生思想动态,掌握学生个性特长,探索引导学生走正道、长知识、长才干的路径。实践中,她坚持以正面引导为主,发现好苗头及时表彰鼓励。抓住青年学生特点,组织学生自主策划开展健康有益的课外活动。91461班在校4年中,始终蓬勃向上,积极发展。她依据4年班主任工作经验,写成的《建立以'自我教育、自我管理、自我提高'为主的班级工作机制的探讨》论文,获湖北中等专业教育研究会1993年年会优秀论文三等奖。

张青心里始终装着学生,公平对待每个学生。学生有进步,她及时表扬;学生违纪了或情绪波动,她耐心教育开导;学生有困难,她及时帮助;学生生病住院,她都到医院看望慰问。她先后指导帮助10多名学生考上研究生。电子信息专业学生林庆对新闻专业感兴趣,有意报考新闻专业研究生,张青老师主动联系,安排她到《鄂东晚报》实习,还为她找好了实习导师。后来,林庆如愿考上陕西师范大学新闻学专业研究生。从黄冈工业学校到黄冈师范学院,她先后担任3届学生的班主任,张青多次被评为"优秀班主任"。1991至1995年承担班主任工作的4年中,张青老师资助困难学生近千元。

为学为乐

"为教为乐、为学为乐"是张青在荣获"黄冈市学术技术带头人"颁奖典礼上发表的感言,也是她真实的人生写照。她把"要给学生一碗水,自己就得有一桶水"视作准则,予以遵循。她不打牌、不跳舞,应酬也不多,业余时间里最大的爱好就是学习。工作后,她从未放松学习。她自修英语本科专业,1997年获得英语专业本科文凭;2001年赴华中科技大学计算机学院攻读硕士研究生,2004年获硕士学位;2006年,张青时年40岁,考取中国地质大学(武汉)计算机学院博士研究生,2009年获博士学位。

张青勤于思考,刻苦钻研,取得了一系列研究成果。近年来,公开发表论文40余篇,其中以第一作者发表的19篇论文被SCI、EI、ISTP检索,主编教材7部,其中3部是高等学校计算机类规划教材,两篇论文获黄冈市自然科学优秀学术论文一等奖。主持湖北省自然科学基金项目2项、湖北省教育厅重点项目1项、湖北省思想库项目2项,校级教科研项目10余项。参与教育部人文社科项目1项。2012年被遴选为"黄冈市学术技术带头人",2015年获批为湖北省政府专项津贴人员。

▲张青老师指导学生

拼搏只有进行时

2010年6月,张青出任黄冈师范学院数学与信息学院院长,同年11月,数学与信息科学学院与计算机学院合并,张青出任新组建的数学与计算机学院院长。她团结同志、努力工作,学院建设亮点纷呈。数学学科成为首批成功申硕的4个领域之一;"运筹学与控制论"成功获批省级设岗学科。2010—2013年,学院公开发表论文近400篇,其中权威期刊及SCI、EI、ISTP三大检索收录论文150余篇,占全校检索论文一半以上。学院教师出版专著2部,教材8部。科研成果数量和整体科研水平有了较大提高,新增省级科研项目20余项,省级教研项目2项;新增校级科研、教研项目10余项;新增博士生导师1名,硕士生导师12名;学院荣获"全省高校大学生思想政治教育工作先进基层单位"。

2011年2月,学院首次组织学生参加国际大学生数学建模竞赛(MCM/ICM),学院的2支代表队与来自哈佛大学、剑桥大学、麻省理工学院、清华大学、北京大学等全球著名高校的3000多支代表队同台竞技,在大赛中分获一等奖(Meritorious Winner)、二等奖(Honorable Mention)各1项。组织学生参加第二届全国软件专业人才设计与开发大赛,获得国家一等奖、二等奖、优秀奖各1项,湖北省一等奖3项、二等奖6项、优秀奖5项。2010—2011年组织学生参加华中数学建模竞赛,获一等奖2项、二等奖6项、三等奖5项,组织学生参加全国大学生数学建模竞赛,获省二等奖6项、省三等奖5项;2012年、2013年连续组织学生参加国际大学生数学建模竞赛,获得一等奖2项、二等奖3项。

2013年底,鄂东职业技术学院并入黄冈师范学院,张青担起了重建计算机学院的艰难使命。新组建的计算机学院,师资力量薄弱,几乎没有教学科研平台,招生比较困难。她团结学院班子成员,拼搏奋进,着力抓师资队伍、学科专业、教科研平台建设,促进了计算机学院的快速发展。2014年年度考核,计算机学院在5所新建学院中排名第一。她主持的软件工程专业湖北省高校战略性新兴(支柱)产业人才培养计划、湖北省本科高校专业综合改革试点和湖北省计算机工程虚拟仿真中心项目都成功获批,主持申报的"信息管理与信息系统"专业和"物联网工程"专业也成功获批,新平台、新专业建设为学院拓展了发展空间。本科学生规模从新建时的301人,扩大到现在的594人,招生形势明显好转,就业率和就业质量年年在学校名列前茅。学院师生获奖数和层次不断攀升,李宝珠、杨改贞老师获黄冈师范学院青年教师讲课比赛一等奖(第1名);4年间学生参加"蓝桥杯"全国软件和信息技术专业人才大赛获全国总决赛三等奖以上13人次,中国大学生服务外包创新创业大赛三等奖以上15人次,全国大学生旅游创意大赛一等奖,全国大学生电子商务"创新、创意及创业"挑战赛总决赛二等奖,获第八届全国大学生计算机应用能力与信息素养大赛三等奖及以上11人次,获华中赛区和湖北省赛区三等奖以上奖励的有46项。在第二届中国"互联网+"大学生创新创业大赛中,吴善超等3名同学获得银奖,杜祥宇等3名同学获得一等奖。吴善超等3位同学的软件创业团队获全国总决赛的二等奖(全国第4名)。学生获奖之多,在地方高校中占有一席之地。对此,湖北电视台教育频道曾做过3分钟的专门报道。

累累硕果,凝聚着张青的辛勤和汗水,但是,她从未满足,从未停步,总是把每一天当成新的起点,推动计算机学院继续前行。她热情豪爽、刻苦耐劳的精神品格和谦虚朴实的做人原则深深影响着计算机学院的每一位教师。她公正无私、廉洁奉公的好品质,赢得了计算机学院全体教职员工的同声赞誉和学校领导的一致好评。她大胆创新、以人为本的管理理念和领导艺术才能,让计算机学院快步走出了低谷,迎来了灿烂和美好的明天。

(图文来源:张青)

求真务实　持清零心态
——记奋战在基层教育一线的王谦校友

▲王谦在武汉市委会议中心宣讲十九届六中全会精神

本科时期,王谦就读于中国地质大学(武汉)计算机及其应用专业,曾任111931班团支部书记,学院分团委组织部部长、副书记兼学生党支部书记。

走向工作岗位后,王谦秉持地大人"艰苦朴素、求真务实"的校训精神,扎根专业技术岗位一线,一步一个脚印地干在实处,取得了一定的成绩,受到了多方肯定。

参加工作的前5年,是王谦全方位学习、实践的5年。他将本部门几乎所有岗位的工作全部熟悉并逐步做到独当一面,从信息技术教学、信息化建设、教学秘书到支部委员,在每个岗位都兢兢业业、认真对待,得以较快成长。之后,在用所学专业知识推进单位信息化建设过程中,他主持研发了全国党校系统第一个涉及全业务领域、运行全流程的OA管理系统。研发过程是艰辛的,王谦带领研发团队的10余名工程师艰苦奋战一年半,几乎没有节假日并经常通宵达旦。功夫不负有心人,他主持设计的OA系统功能比同类项目功能强大,但所花费的研发成本仅仅是同类产品的十分之一,成为全国兄弟单位争相学习的模板。

党校是干部教育的主阵地和主渠道,王谦在做好本专业工作的同时还要适应党校授课的新要求。为了实现跨学科融合发展,他以清零心态不断告诫自己要放下已有成绩,以崭新的姿态面对新领域的新挑战,以地大人不畏任何艰难困苦的顽强意志抢抓机遇,奋力拼搏。

王谦通过攻读武汉大学计算机及应用专业硕士研究生和华中科技大学行政管理专业博士研究生,进一步拓展了知识面和工作领域,成为既掌握计算机科学技术又精通公共管理学教学、研究的行家里手,也因此走向全省、全市干部教育和中央政策宣讲一线。

双倍于常人的努力换来了不菲的业绩。近20年来,王谦先后打破中共武汉市委党校发展史上的多个纪录,是进入新世纪以来学校第一个享受国务院政府特殊津贴的青年教师,是历史上第一个在30岁以下入选武汉市"十百千人才工程"的教师,是第一个在30岁以前获国家社科基金等数十项课题的青年学者,是第一个入选中国国家行政学院代表团参加联合国行政事务部学术年会的青年教师,也是第一个35岁以下荣膺武汉市有突出贡献中青年专家的学者,还是第一个荣膺武汉市劳动模范的青年教师。2012年后,他被评选为武汉市市管后备干部,多次入选武汉市处级青年干部成长工程并连续被武汉市委组织部考察确定为武汉市狮子型干部,其后多次赴基层及经济部门一线挂职锻炼。

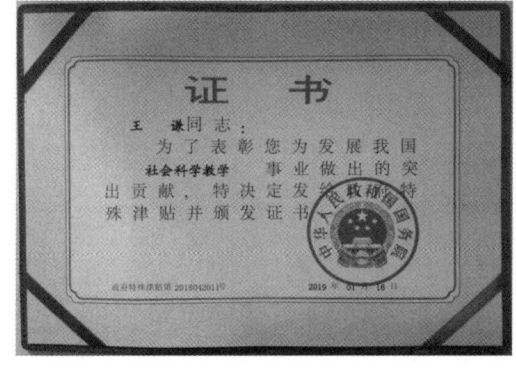 

▲获奖证书

党的十八大以来,王谦作为中共湖北省委宣传部、武汉市委宣传部理论宣讲团成员,出色地完成了历次中央全会精神、省市党代会宣讲任务。另外,作为武汉市人民政府决策咨询委员会委员,他结合社会调研撰写的数篇关于政府治理、社会治理、疫情防控的资政报告被市委书记、市长等领导签批肯定并转化为武汉市的公共政策,对

▲获奖证书

推进武汉市经济社会发展起到了重要作用。

当前,地大计算机学院正处在快速发展的关键时期,学科排名渐次提升,王谦校友表示要始终牢记学院老师的嘱托,不负青春,不负韶华,以"在校我以地大为荣,离校地大以我为荣"的情怀努力学习工作,以优异的成绩回报学院的殷殷教诲。

(图文来源:王谦)

自然语言处理技术的追求者
——国家自然科学基金优秀青年科学基金获得者熊德意

2002年毕业至今已20年,我也从面向黑板接受知识熏陶的学生成长为一名与年轻学子共同探讨知识奥妙的老师。流光易逝,当年母校多位令人尊敬的师者传道授业解惑之可爱印象仍然记忆犹新,并一直引导我在工作和学习上践行母校"艰苦朴素、求真务实"的校训精神。

▲熊德意校友

地大求学之路

1998—2002年,我在地大信息工程学院计算机科学与技术专业完成了大学本科学习。在经历了从小地方到大城市的短暂迷茫与不适应之后,我逐渐融入军训生活、校园生活,性格也逐渐变得外向,敢于在开班会时上台演讲。四年的校园生活,大部分时间都是平静的,不平静的是自己的内在状态,我沉浸在知识海洋里,尽情遨游、冲浪,兴奋不已,计算机方面的专业知识也实现了从0到1的蜕变。上大学之前我从来没有接触过电脑,不知道鼠标长什么样,第一学期就在DOS命令上栽了跟头。后来与舍友合买了一台DIY组装电脑,在上面写程序,建立自己的个人主页。现在回想起来,我非常庆幸经历了个人电脑的DIY时代、互联网的千禧年时代,见证了计算机技术的飞速发展。另外,与学习专业知识一样让我高兴的是,可以在"地质工作者雕像"后面的图书馆借阅各类书籍,这些书成了我学习专业知识疲倦之后的一片乐土。

本科期间,多位老师在学习上给予我帮助和指导,其中有两位老师对我影响深远。一位是吴信才老师,当时吴老师任信息工程学院院长。吴老师把计算机技术应用到地质遥感上,领导研制的地理信息系统 MapGIS 打破国外 GIS 软件的垄断。作为一名普通学生,很荣幸获得了"信才奖学金",吴老师亲自为我颁发奖状和奖学金,当时除了激动之外,还深刻感受到吴老师的儒学、朴素与平易近人。那时我就下定决心,要以吴老师为榜样,努力学习、掌握专长,以技术报国服务社会。另一位是蔡之华老师,蔡老师是我的毕业设计指导老师,给予我很多的指导,也是我学术研究的第一位启蒙老师。蔡老师推荐我使用 Google(当时 Google 公司成立不久,不像现在这样家喻户晓)进行文献检索,让我首次领略到信息检索技术的魅力。毕业之后,我与蔡老师仍然保持联系,蔡老师一直在工作和学术研究上给予我无私的指导与支持!

学术追求之路

结束四年本科学习之后,我踏上了北上的列车,奔赴被誉为"中国计算机事业摇篮"的中国科学院计算技术研究所继续求学。当时选择的研究生导师是李国杰院士,选择的研究方向是量子信息。复试时,李老师和刘群老师共同面试我,最后刘群老师选择了我(具体细节可参考刘群老师为计算所建所 50 周年撰写的《计算所与北大往事回顾》)。自此,我开始了自然语言处理的学习与研究。研究生的第一年,大部分时候是在玉泉路学习。不上课的时候,我就拎着一瓶水在玉泉路校区的计算机机房里待一天,循着论文参考文献织成的网络,贪婪地阅读自然语言处理的相关论文,当天没有读完的论文就用 1.44M 的软盘拷到宿舍的电脑上继续读,文献上最新的自然语言处理技术让我非常着迷,有时候读到眼睛上火长包也不知。在此期间,我在蓝靛厂实验室待过一段时间,有幸参加了第一届 ACL SIGHAN 中文分词评测比赛,从张华平师兄(刘群为指导老师)开发的 ICTCLAS 中学到很多自然语言处理的实战知识。

有了第一年的文献阅读积累及分词评测比赛经验后,我很快就完成了自己的第一个自然语言处理研究工作:复杂命名实体识别。我快速完成论文的撰写,然后投稿至第一届国际自然语言处理联合会议(IJCNLP)并正式发表。这是我的第一篇学术研究论文,至今让我记忆犹新。后来,在刘老师指引下,我开始了对句法分析和统计机器翻译的研究,刘老师在自然语言处理领域极具前瞻性,总是在合适的时机引导我进入新的研究领域。2005 年,我有幸参加了在厦门大学举办的统计机器翻译研讨会(全国机器翻译大会 CCMT 的前身)。此次会议汇聚了国内最早从事统计机器翻译研究的单位,大家共享资源、深入交流、开发调试机器翻译系统并现场评测不同技术路线。从某种意义上来说,这次研讨会可称为国内统计机器翻译的"达特茅斯会议"。会后,参会单位对统计机器翻译进行了持续的深入研究,有力推动了国内统计机器翻译的发展,使其与国际统计机器翻译的差距不断缩小,在某些技术路线和方法上,我们的研究甚至更为先进。

博士毕业之后,我先后在新加坡资讯通信研究院、苏州大学、天津大学工作,虽然工作单位发生了变化,但我的研究方向始终没有变,对自然语言处理技术的痴迷始终没有变。自然语言处理与认知智能、人工智能终极目标密切相关,2017年国务院印发的《新一代人工智能发展规划》将自然语言处理技术列为人工智能的八大共性关键技术之一。虽然它具有重要的研究与应用价值,但其研究过程充满挑战和困难。从20世纪50年代开始,自然语言处理研究经历了70多年的发展,研究范式发生了多次重大变化,从基于规则的方法发展到统计方法,再发展到基于神经网络的方法,作为一名忠实粉丝(NLPer)和研究者,我有幸见证和经历了最近一次研究范式的变革。

1952年,清华大学、北京大学、天津大学和唐山铁道学院的地质系(科)合并成中国地质大学的前身——北京地质学院。我曾在地大求学,如今我在天津大学工作,传道在天大。这既是一种巧合,也是一种责任。衷心祝福母校蓬勃发展,未来更加辉煌!

(图文来源:熊德意)

"吴中区最美退役军人"提名奖获得者
——1998级校友朱国栋

走进校园,全面发展

1998年9月朱国栋从江苏省木渎高级中学(位于苏州市吴中区)考入中国地质大学(武汉),就这样一个农家孩子来到了武汉这座大城市,来到了这所久负盛名的"211"大学。大学期间,他担任过班长、院文艺部长、校戏剧社社长和大学生艺术团团长等职务,先后获得校"优秀学生干部""五四奖章"等荣誉,每学期都取得三等以上奖学金,大三那年他获得"艺术之星"奖学金。朱国栋担任戏剧社社长期间,克服了没场地、没教学老师的困难,带着社员自学自编自演,在操场上排话剧《雷雨》、演小品。2000年在弘毅堂成功承办湖北省大学生戏剧曲艺联合会汇演晚会,戏剧社的表演获得师生和领导的一致好评,朱国栋本人也获得"最佳表演奖"。昔日的戏剧社,如今已经在地大成长为人人皆知的"子非鱼戏剧社",其中也有朱国栋的用心付出。在担任大学生艺术团团长期间,他多次带领艺术团前往湖北省内各所重点高中进行招生宣传汇报演出,出色完成校领导交代的任务。因表现优秀,学习成绩突出,朱国栋于2001年4月光荣加入中国共产党。

▲朱国栋

2002年6月,朱国栋携笔从戎。在部队服役的12年中,他历任学员、排长、参谋、干事、指导员、协理员、副处长、直属营营长等岗位。不管在哪个岗位、职位,他都安心工作、踏实做人、甘于奉献,保持着强烈的事业心和责任感,具有较强的组织协调能力。他始终紧跟时代步伐、自我加压、自觉学习,并且通过了国家心理咨询师三级考试。

步入军营,甘于奉献

▲一身戎装的朱国栋校友

朱国栋在部队期间立足工作岗位,勤奋工作、刻苦训练,始终坚持把平凡的事情做好,把简单的事情做精,力求好上加好、精益求精。他多次参加师团组织的各类比武、重大演习训练任务,坚持高标准、严要求,赢得了领导的充分肯定,也为部队树立了良好形象。在担任指导员期间,他工作上敢为人先、开拓创新,带领连队多次出色完成急难险重任务。因成绩突出,他所带连队连续4年被师团评为"基层全面建设先进单位";担任后勤协理员期间,他积极抓好机关业务工作,提出后勤服务新理念"推门指导、上门服务",多次完成上级交代的重要任务;担任直属营营长期间,他始终抓好党委建设和干部教育管理,所在的营被师评为"武器装备管理先进营"。他先后多次被评为"优秀共产党员""优秀党务工作者""优秀教员""小老虎式干部",2009年获得师授课竞赛指导员组第一名。

变动的是岗位、职位,不变的是感恩之心。朱国栋从平凡的工作做起,从一点一滴小事入手,不图名利,老老实实做人,踏踏实实干事,摆正心态,以苦为乐,把艰苦的工作作为锻炼与提高能力的机遇,把工作的压力作为干好工作的动力。他始终以昂扬的精神状态坚守岗位,坚持把官兵需求作为第一信号,积极为基层办实事解难题,助力4名战士考上军校。他在家庭多次遇到困难的情况下,做到相信组织、依靠组织,兢兢业业做好本职工作。2005年10月军区对朱国栋所在部队进行应急作战能力建制团考核,恰逢他结婚的日子,为了完成考核任务,他一直在铁路装载站忙到结婚前一天晚上才到家。家里亲朋好友都急死了,朱国栋却憨憨一笑,说"反正又没耽误大喜的日子"。2006年8月28日,连队指导员朱国栋家属临产住院,朱国栋上午赶到医院,孩子下午就出生了。朱国栋在医院照顾妻儿5天后,接到部队演习任务,便又匆忙赶回部队,无怨无悔,心里唯有对家属的愧疚。

回归地方,永葆本色

2014年转业到地方后,他当过渔政执法者、纪检工作人员、办公室副主任、信息中心负责人、农田建设管理科科长,到村里任副书记(挂职)。在每一个岗位,他都踏实做人,努力工作,始终保持着强烈的事业心和责任感,永葆军人本色。2022年获得"吴中区最美退役军人"提名奖。

2018年他组织人员对全区数字农业农村指标进行充分摸排填报,吴中区获得"全国县域数字农业农村发展水平评价先进县";他参加过5个工作专班,特别是农村乱占耕地违规建房整治专班,经常加班加点,两个月时间总共摸排3953个图斑,共审核基层上报的问题图斑1668个。目前在区农房办工作,在时间紧任务重的情况下,他对7个镇3个街道进行了走访调研,为领导决策提供了第一手资料。

2018年在甫田村任副书记(挂职)期间,他走遍了13个自然村约758户农户,其中困难户每月必走访。他协助村里在"263专项整治活动"中成功清理1家被中央环保督查组督办的养猪场,参与甫田村完成"福莲田园"党建公园的建设。他还总结提炼了甫田村党员"四股劲"精神,即争分夺秒的干劲、敢为人先的闯劲、永不服输的拼劲、勇往直前的猛劲,得到上级的肯定。

▲朱国栋校友工作照

我们也祝愿朱国栋校友牢记"艰苦朴素、求真务实"的校训精神,永葆军人本色,在今后的工作中创造出更多更优秀的成绩!

(图文来源:朱国栋)

研究生引路人
——高陈强

高陈强于2004年从中国地质大学(武汉)计算机学院计算机科学与技术系本科毕业,并以优异成绩被推免至华中科技大学图像识别与人工智能研究所(以下简称图像所)硕博连读,师从田金文教授。在美国卡内基梅隆大学(CMU)计算机学院LTI系就读博士后,合作导师为 Alexander Hauptmann 教授。现任重庆邮电大学通信与信息工程学院教授,博士生导师,校人才工作办公室副主任、智能多媒体处理研究中心负责人。

▲高陈强校友

学术之地的躬耕者

2009年,自华中科技大学图像识别与人工智能研究所毕业,高陈强继续在其研究领域开疆扩土,以饱满的热情在学术工作上孜孜以求。先后在 IEEE Transactions on Image Processing、IEEE Transactions on Multimedia、IEEE Transactions on Geoscience and Remote Sensing 等国际权威期刊,CVPR、ECCV、AAAI、ACM MM 等国际顶级学术会议上发表学术论文 80 余篇,CCCV 会议 1 篇论文获最佳论文提名奖;申请发明专利 24 项,软件著作权 7 项。作为主持人主持国家自然科学基金 3 项、教育部人工智能战略项目子课题 1 项、重庆市重点基金 1 项、重庆市自然科学基金 3 项、企业横向项目 10 余项,合作企业包括行业龙头企业、航天研究院所等,研发的智慧教育相关技术成果广泛应用于重庆、四川、内蒙古、河南等十多个省(市、自治区)的 200 多所学校,创造社会经济效益上千万元。

学生的引路人

在专注学术工作的同时,高陈强以诲人不倦的精神培养着他的学生。2017 年的夏天,一位名叫刘江的同学和高陈强相遇。高陈强为刘江传道授业、答疑解惑,在其混沌时给予启蒙,引导其走上科研之路。刘江同学深深感慨:好的老师会影响人的一生,而高老师引领他迈向了更广阔的远方。从重庆邮电大学毕业以后,刘江远赴卡内基梅隆大学(CMU)继续深造,并获得全额奖学金,现就职于美国 Facebook 公司。刘江和高陈强老师的事迹被拍进了重庆邮电大学招生宣传片(演员非本人)(https://mp.weixin.qq.com/s/0lou73rz1vw36annhflcqg)。

多年来,高陈强培养了许多优秀的学生,也挽救了许多迷茫的学生。2020 年初,疫情阻挡了许多想要出国深造的学生,本科生谌放便是其中一位。出国受阻的谌放迷茫无助,甚至都有了放弃的念头。此时,谌放的"数字图像处理"任课老师高陈强的一个电话又重新激起了谌放的斗志。高陈强问谌放愿不愿意到团队里做科研,正迷茫的谌放一下子又找到了方向。他在高陈强的指导下,积极地投入到了科研生活之中。最终,谌放的红外小目标检测论文被国际权威期刊 IEEE Transactions on Aerospace and Electronic Systems 发表,他成为重庆邮电大学为数不多的能在国际权威期刊中发表学术论文的本科生。目前,谌放就读于南加利福尼亚大学。此外,高陈强指导的杨璐毓、汪澜、沈涛等优秀毕业生继续在马里兰大学、密西根州立大学、悉尼科技大学等知名高校攻读博士学位。

高陈强还积极指导本科生参加各类竞赛。2018 年指导周青松等本科同学参加全国高校大数据应用创新大赛全国总决赛,获全国特等奖;2019 年指导袁德森等本科同学参加第十六届"挑战杯"全国大学生课外学术科技作品竞赛,获全国二等奖。高陈强领导的团队成为本科生争先选择的科研训练团队。

智能多媒体处理创新团队的掌舵人

作为重庆邮电大学智能多媒体处理创新团队的负责人,高陈强深感责任重大。

为了将这艘学术之"船"方向开对,途中开稳,航程开远,高陈强在闲暇之余学习了很多管理学方面的知识,并结合自己的科研经历制定了一系列的团队管理制度与计划,让团队的每位同学、每位老师有目标,有方向,做事不迷茫。

对于团队的青年教师,无论是教学上还是科研上,高陈强都手把手指导,倾囊相授,让青年教师在教学和科研上少走弯路。在高陈强的带领下,团队青年教师顺利申请到了省部级、国家级科研项目,发表了系列高水平学术论文。

尽管日常工作非常繁忙,高陈强仍然亲自指导每一位研究生和博士生,认真审阅每一位同学的周报,定期与每一位同学交流,帮助解决遇到的各种困难和问题。在高陈强的指导下,很多硕士研究生在研二阶段就能以第一作者在国际顶刊或者顶会上发表学术论文。高陈强对学生的用心指导深得同学们的认可,2019年荣获重庆邮电大学第二届研究生"我最喜爱的导师奖"。高陈强每年都成为研究生报考的"热门"指导导师。

[图文来源:中国地质大学(武汉)计算机学院　李国昌]

南昌大学"抢手"的研究生导师——徐少平

自2004年在南昌大学从事教学科研工作以来,徐少平在国际期刊(SCI/EI)、CSCD和北大核心期刊上发表文章近80篇。自2014年晋升教授以来,以第一作者或通信作者在《计算机学报》《自动化学报》《电子学报》《计算机研究与发展》《计算机辅助设计与图形学学报》《电子与信息学报》、Signal Processing、IEEE Signal Processing Letters、Journal of Electronic Imaging 等 SCI/EI 期刊上发表30多篇论文。其中,科技部"新三类高质量论文"3篇,中科院 SCI 2 区论文 6 篇,CCF 推荐的 A 类中文期刊 10 余篇。主持国家级项目3个,主持省级项目2个,参与国家级项目2个(结题排名第二)。入选"863"项目、国家自然科学基金评审专家库。担任中文核心期刊《计算机工程》编委和多个国内外学术主流学术期刊在图形图像处理领域的审稿人。

多年来徐少平以饱满的热情培养了许多优秀的学生,成为学生求学路上的引路人。全程指导1名博士生毕业,该生发表"新三类高质量论文"1篇,毕业后成功获得国家自然科学基金1项;2014年以来指导10名硕士生毕业,所带研究生获得研究生国家奖学金、江西省政府奖学金15人次;参与实验室科研工作的8名本科生被保送至985高校攻读硕士研究生。徐少平老师指导的学生已经在各行业各领域取得优异成绩。例如,大蓝游戏公司创始人彭国梁曾是徐少平指导

▲徐少平与学生

的本科生。大蓝游戏于2014年注册成立,是一家集研发、发行、联运及出海于一体的综合性游戏公司。成立以来,该公司始终坚持"分享精品,传递快乐"的企业理念,目前已成功推广《火源战纪》《彩虹物语》《我在江湖》《山海异闻录》《青云传》等多款下载量过千万的精品游戏,全平台月流水达亿级。为回馈南昌大学以及徐少平老师的培养之情,2021年大蓝游戏与南昌大学建立校企合作,捐资设立"大蓝奖学金"。

作为研究生导师和本科生指导老师,徐少平得到了学生的一致认可。他指导的硕士研究生刘婷云在论文致谢中写道:"在我惶惶然几近绝望之际,徐老师主动找到我,点燃了我的希望。我死死地抓住他抛给我的橄榄枝,就像溺水的人儿抓住最后一根活命的稻草。每每回忆至此,心中的感激之情已溢于言表。徐老师的辛勤付出与谆谆教诲,我不能忘、不敢忘、不会忘!"经过努力刘婷云在湖南大学攻读博士学位。2021届本科生杨方嘉在徐少平的指导下发表SCI论文1篇并被保送至西安电子科技大学读研,且其毕业设计也在徐少平的指导下获得2021届本科优秀毕业论文(设计)。杨方嘉同学说:"徐老师是我学习道路上的明灯,不辞辛劳地指导我科研学习。时至深夜徐老师还会发语音一字一句地帮我纠正论文的不足,对我的论文字字句句把关,提出了很多中肯的意见。他兢兢业业的工作态度和严谨的治学之风影响和激励着我前进,何其有幸,人生的重要节点能遇上徐老师。"此外,徐少平指导的优秀本科生曾琼任山东大学计算机科学与技术学院副研究员,获山东大学"青年学者未来计划",博士期间曾赴以色列、新加坡、塞浦路斯等国家开展合作研究,在 *IEEE Transactions on Visualization and Computer Graphics*、*Eurographics*、*Computer Graphics Forum*、*Graphical Models* 等国际顶级期刊及会议发表论文10余篇,申请或授权国家发明专利4项、国际发明专利1项,担任中国图象图形学学会可视化与可视分析专委会委员、中国图象图形学学会人机交互专委会委员、中国计算机学会计算机辅助设计与图形学专委会委员、中国计算机学会智能机器人专业组委员。

在专注学术工作的同时,徐少平以诲人不倦的精神培养着他的学生。2017年一堂有关计算机图形学的选修课,打开了张骁同学的科研启蒙之路,让他看到了多彩的科研世界。从南昌大学毕业后,张骁成功保研至电子科技大学攻读硕士学位,并在读研期间多次荣获奖学金。

每个星期徐少平都会去实验室手把手指导学生3次,并提供线

▲徐少平与学生合影

上语音指导,帮助每位学生解决实际困难。徐少平指导的每位学生都能够在国内顶级期刊上发表论文,都能够获得研究生国家奖学金或江西省政府奖学金,成为南昌大学"抢手"的研究生导师。

(图文来源:徐少平)

扎根高校育人一线的华中科技大学计算机学院魏巍教授

▲魏巍教授

魏巍,2006年中国地质大学(武汉)计算机学院计算机科学与技术专业本科毕业,师从蔡之华教授,主要从事基因表达式编程(GEP)方面的科研工作。硕士和博士毕业于华中科技大学计算机学院计算机软件与理论专业,攻博期间先后在微软亚洲研究院、新加坡南洋理工大学计算机工程学院、新加坡国立大学计算机学院等跟随刘铁岩博士、高斌博士、丛高教授、蔡达成(Tat-SengChua)教授等从事图排序、文本目录整合、问答文本摘要等方面的研究工作。2012年博士毕业后分别在新加坡南洋理工大学及新加坡管理大学跟随苗春燕教授、丛高教授以及朱飞达教授从事博士后研究工作。他于2015年4月入职华中科技大学计算机学院,目前为华中科技大学计算机学院教授、博士生导师、"认知计算与智能信息处理实验室"主任,主要研究方向包括自然语言处理、信息检索与推荐、多模计算等。担任多个期刊/专刊的客座/青年编辑、CCF A/B类会议组织者(EMNLP'22 Area-Chair、SIGKDD21 Poster-Chair)、(高级)程序委员会委员(如 AAAI、IJCAI、ACL、SIGKDD、SIGIR 等)及 *IEEE Transactions on knowledge*、*ACM Transactions on Information Systems* 等重要学术期刊审稿人等,同时担任中国计算机学会自然语言处理专委会执委、中国中文信息学会青年工作委员会委员等。发表国际高水平学术会议及期刊论文近100篇(含CCF推荐的A类中文期刊中的近50篇),主要发表在 ACL、AAAI、IJCAI、SIGKDD、SIGIR、WWW、SIGMOD、PVLDB、ICDE、CVPR、ACM MM、TKDE、TOIS、T-CYB 等。

现主持国家自然科学基金项目、国防重点/面上项目等20余项。

长期坚守教学一线，秉承育人为本、德育为先的教学理念

回国后，魏巍一直坚持在本科教学一线，围绕"智能科学与技术"学科前沿技术，面向国家自主可控战略和重大需求开展新一代人工智能研究和教学，在主讲"数据结构""计算机组成原理""离散数学""信息检索"以及"自然语言处理"等多门课程时，认真倾听学生意见，了解他们的需求，因材施教，使教学更具有针对性和实效性，并不断调整教学方法，以激发学生的学习热情和主动性。同时，他还积极投身华为"智能基座"课程建设，坚持人才培养面向国家自主可控战略需求，培养学生"大国工匠精神"。

构建教学相长、产教融合的智能科学与技术专业新工科育人模式

魏巍在教学中兼顾经典理论和前沿研究方向，重视理解和掌握最新研究成果的基本原理和方法，将科研优势转化为教学优势，引入团队自主研发的轻量级自然语言处理平台及智能人机对话系统进行现场教学，激发学生兴趣，同时积极投身于培养本科生科研工作，致力于为国家培养卓越人才贡献自己的一份力量。他认为培养本科生科研能力本身是一项既具挑战又充满乐趣的工作，需要不断激发学生对专业领域的兴趣，引导他们逐步深入了解学科的核心概念和前沿技术，鼓励学生将课堂学到的理论知识应用到实际问题中，培养解决实际问题的能力。他指导的多名本科生在自然语言处理、数据挖掘等领域发表顶级会议论文，多位同学也因此收获了国内外多所知名高校的录取通知书。

推行需求牵引、知行合一的培养拔尖创新人才的教育理念

目前他已围绕"认知计算与智能信息处理"组织了自己的科研团队，团队现有教授2名，副教授1名，讲师2名，硕博士研究生40余人，主要从事认知科学与智能信息处理的交叉与结合研究，包括基于人工智能技术的自然语言处理与图像处理的理论与方法、算法设计与复杂性分析、形式化方法与具体应用研究等，团队每年在自然语言处理、信息检索等领域发表多篇高水平学术论文。在实验室日常管理中，他认真做好与每位研究生的科研沟通工作。他坚持认为，科研是研究生学术成长的关键，并一直致力于为研究生提供一个开放而富有创新氛围的实验室环境。通过组织实验室例会、学术报告和研讨会，激发同学们的兴趣和创新思维，引导他们找到自己感兴趣的研究方向，并鼓励他们深入挖掘问题的本质，引导他们掌握科研方法，提高独立思

▲魏巍教授与学生合影

考和解决问题的能力。同时,他鼓励研究生参与国际性学术会议、发表学术论文,培养他们的国际视野和学术影响力。他一直秉持着"以身作则"的原则,作为学生攀登科学高峰的引路人,不仅在学术上传授知识,更在心灵层面激发同学们的求知欲望,使他们在追逐梦想的道路上更加坚定、自信,自主探索,勇攀学术高峰,在学术研究中追求卓越。看到学生们在科研领域的成长和取得的成就,是他最大的满足和骄傲,这也进一步激发他对教育事业的热情和对科研孜孜不倦的追求。

[图文来源:中国地质大学(武汉)计算机学院　石剑峰]

记服务在浙江数字化转型第一线的排头兵——宋凯

宋凯，2005年7月毕业于中国地质大学（武汉）计算机学院，任新华三集团副总裁、浙江代表处总经理，浙江省智慧城市协会副理事长，浙江省智慧城市协会10周年突出贡献副理事长，浙江省网络空间安全协会副理事长。

宋凯校友深入了解行业动态和市场趋势，擅长制定并实施企业战略，推动业务增长和市场拓展。他还非常注重企业文化建设和团队管理，致力于打造高效率、高绩效、高凝聚力的团队。不仅如此，他积极参与行业交流和合作，推动技术创新和应用拓展，带领新华三集团浙江代表处在浙江市场不断取得新的突破，为推动浙江数字化转型作出了重要贡献。

浙江省数字经济发展的排头兵

在过去的一年多时间内，"数字化改革"成为浙江撬动经济社会全方位转型，实现高质量发展的重要引擎，在党建统领、整体智治、数字政府、数字经济、数字社会、数字法治等领域展现出了前所未有的变革力量。

自浙江省数字化改革"1612"体系架构发布以来，新华三集团浙江代表处在宋凯的带领下，始终与浙江数字化改革一路同行，依托一体化、智能化公共数据平台，聚焦党政机关整体智治、数字政府、数字经济、数字社会、数字法治"五大领域"，全面赋能行业数字化转型，打造出了众多具备创新理念和参照价值的改革成果。

在一体化智能化公共平台方面，新华三集团深度参与杭州高新区（滨江）一体化智能化公共数据平台等城市和政府数字化变革实践，为改革提供了坚实的基础支撑和数据服务。

在整体智治方面，新华三集团助力建成了杭州高新区（滨江）领导驾驶舱，开创了数字化协同工作新场景。

在数字政府方面，新华三集团服务于滨江区数智治水系统、"浙里安居"品牌等转型实践,推动政府治理能力再升级。

在数字经济方面,新华三集团以"产业大脑+未来工厂"为核心打造萧山紫光股份智能工厂,塑造了智能制造的新标杆。

在数字社会方面,新华三集团全面参与了杭州市衢前镇凤凰村凤凰翼、益农镇"共智富"未来乡村联合体等典范案例的建设,让城市与乡村的未来更美好。

在数字法治方面,参与了杭州市萧山区"城市大脑·萧山平台"AI开放平台等治理平台建设,提升了全省法治建设智慧化水平。

杭州城市大脑"滨江平台"的排头兵

2019年11月,浙江省委十四届六次全会明确提出了"一体推进数字政府、数字经济、数字社会建设,促进治理方式现代化"的目标,滨江区作为杭州国家自主创新示范区的核心区,正面临政务信息化水平提升的迫切需求。

在这样的时代背景下,宋凯展现出了出色的领导力和创新精神。他深刻认识到滨江区政务信息化建设的重要性,积极探索政企合作的新模式。为

▲宋凯校友发言

此,他多次与滨江区领导班子进行深入的方案交流,带领团队充分运用人工智能决策辅助平台等技术手段,为滨江区量身打造了杭州城市大脑"滨江平台",为滨江区开创了智能感知、万物互联、数据共享、智慧治理的城市新空间,切实提高了精确预测、精细预警、精准预防和科学处置水平,为"数字滨江,国际滨江,创新滨江"赋予了新的内涵和动力,助力滨江成为数字经济和数字应用双强的示范区。

浙江数字乡村建设的排头兵

2021年初,浙江省的数字化改革大潮涌起,中共浙江省委深化改革委员会正式发布《浙江省数字化改革总体方案》。在这场潮流中,宋凯展现出了超凡的洞察力和领导力,他深入洞察到数字乡村、未来社区等理念背后的巨大潜力,明确地预见到这些领域即将步入飞速发展的轨道。他指出:没有农民农村的共同富裕,就难以消除贫困、改善民生,实现共同富裕的时代使命。如今,数字化的深入发展给了千万乡村一次千载难逢的发展机遇,面对乡村振兴的时代使命,唯有深入了解乡村发展的真实需求,构建坚实有力的创新底座和数据引擎,才能推动数字化创新与乡村振兴的深度融合。

宋凯并未止步于预见未来,他更积极地牵头行动,亲自指导解决方案部、政府系统部、公司生态环部在浙江本地展开智慧类解决方案,与大家一同进行深入的研讨和梳理。在他的精准指导下,团队在短短一周多的时间内完成了方案的修订与完善,ISV 招募活动也取得了显著成功,吸引了众多业内翘楚合作伙伴的正式加入,这不仅填补了公司在智慧应用和软件领域的空白,而且为

▲宋凯校友会议交流

后续项目的成功实施提供了有力保障,更为数字乡村的发展铺设了坚实基石。如今,新华三正基于数字乡村建设的整体规划,依托"乡村数字大脑"全栈实力,将数字化能力融入乡村治理、农业生产、农民生活各个场景。

杭州亚运会云网安一体化解决方案的排头兵

▲宋凯校友讲话

2023 年 9 月 23 日晚,第十九届亚洲运动会在浙江省杭州市隆重开幕。

新华三集团作为数字化解决方案的领导者,继 2022 年北京冬奥会、成都第 31 届世界大学生夏季运动会等众多国家级重大赛事通信安全保障工作后,又为本次杭州亚运会提供了云网安一体化的解决方案。作为新华三亚运会实施和保障重大专项工作组总指挥,宋凯带领团队全情投入、精益求精,为亚运会构建了 AGIS(Asian Games Information System)专网和互联网核心平台。AGIS 专网是亚运会最重要的网络,被称为大型赛事的"神经系统",为亚运会竞赛成绩和信息发布提供网络支撑,互联网核心平台则承载了国内外互联网用户业务认证及转发业务。

从最前端的接入设备到核心平台,宋凯亲自带队,召集了超过 200 人的专家团队,保障了整个赛事超过 8000 台亚运专网设备的稳定运行,完成了亚运保障"三个零"的完美答卷:网络运行零事故、亚运业务零中断、运维操作零失误,真正做到了所有场馆有覆盖、所有设备有监控、所有场景有预案,确保整个亚运会期间网络的稳定可靠。

[图文来源:中国地质大学(武汉)计算机学院　梁庆中]

矢志不渝的信息化先锋战士——王平

▲王平校友

转眼之间,从母校毕业已15个年头,作为本科与硕士都在地大学习的土生土长的CUGer,踏入社会后,我始终以母校"艰苦朴素、求真务实"的校训作为处事准则,这也正好与我入职的中冶南方工程技术有限公司(以下简称中冶南方)"专业、专注、致恒、致远"的企业理念和"理性承诺、说到做到"的服务观高度契合。我充分利用所学的计算机专业知识,参与到公司的信息化建设工作中。15年如一日,企业信息化工作始终贯穿公司"一五""二五""三五"及"四五"开局之年的持续高质量转型发展的辉煌历程中。作为一名中冶南方人,我见证了公司实现新签合同额过百亿、200亿、300亿的跨越式发展历程,为公司取得的骄人业绩倍感自豪。作为长期奋战和耕耘在企业信息化领域一线的老兵,我和我带领的信息化技术团队坚持信息化技术服务支撑业务战略发展的理念,是当之无愧、矢志不渝的信息化先锋战士,未来我们将承担更多使命,积极投身中冶南方信息化这项光荣而艰巨的事业中。

还记得2007年1月进入中冶南方信息网络中心实习,当时年少气盛的我以一己之力在3个月内完成了公司IC卡图纸借阅系统的开发和上线运行;2007年恰逢公司整体从青山老区搬迁到大学园路的新区,依稀记得我和同事们为实现国庆节后第一个工作日新区的顺利启用,在新园区连续奋战30多天,高质量地完成了整体的机房搬迁及园区系列弱电系统建设和数据初始化工作,圆满地保障了本次搬迁工作的顺利收官,服务支撑了上千名用户的网络使用和信息系统访问需求。在入职第一年的新员工述职考核

▲王平校友受表彰

中,我获得了年度"优秀新员工"称号;工作的第三个年头,我获评公司"十佳岗位明星"称号。

信息化工作是一项职能管理与IT技术融合的高难度工作,如何理解好公司的年度业务战略并将信息化管理和技术与生产经营相匹配,选择最合适的技术路线来实现公司的管理和经营要求,可谓是NP难工程。信息化人就是要在这些确定和不确定的因素中去促进信息化建设来支撑匹配公司的业务发展。从业多年经各岗位历练和诸如工程设计协同、OA、ERP等多个信息化建设项目锻炼,把我从一个只懂计算机软件开发的学生磨炼成具备承担信息化规划、咨询、项目建设、开发及运维服务全流程综合性能力的复合型管理者。同时,15年来,我也见证了中冶南方的信息化从独立MIS建设到早年聘请外部咨询公司做信息化规划再到如今自主完成"四五"信息化发展规划的过程,见证了信息系统的开发和应用从引进国外产品到消化国外系统后的部分自主研发再到完全自主研发构建的"一个平台、多级管理、数据共享"的集团化多组织信息化架构,信息化已经成为公司在"四五"数智化转型发展中不可或缺的技术手段。我和我带领的技术团队自主研发的中冶P+项目管控主平台,有效地支撑了公司每年超300亿的繁忙生产任务。2020年,《中冶南方智慧工程项目管控智慧平台》获得武汉市东湖高新区认定的"光谷互联网+示范工程",同时还被中国企业联合会&中国企业家协会认定为2020年全国智慧企业建设最佳实践案例,2021年获得全国冶金行业计算机软件优秀成果一等奖、2021年湖北省企业管理现代化创新成果二等奖、2019-2020年度湖北省科技信息成果二等奖。

▲王平校友发言

2017年5月,按公司党委组织部安排,我的岗位发生调整,担任中冶南方(武汉)信息技术工程有限公司副总经理。新的岗位赋予了我新的使命,作为中冶南方的全资子公司,我们依旧责无旁贷地承担起中冶南方信息化全方位技术服务保障工作。另外,作为独立子公司,我们还实现了中冶南方信息化成果的转换及商业输出,目前我们的信息化产品在中铁武汉勘察设计院、东风设计院、中冶设备院及中冶南方多家分公司等得到落地应用,实现了技术与市场的双赢。2018年我积极申报高级职称,并在同年12月取得教授级高级工程师职称。同时,我们也进一步加强了与各大高校的校企合作,地大计算机学院姚宏教授一行来访公司就工程领域的智能算法、智能应用等方面开展合作交流,并与计算机学院在人才的招聘与培养方面取得双赢的成果,欢迎更多优秀的计算机硕士、博士校友能加入中冶南方。

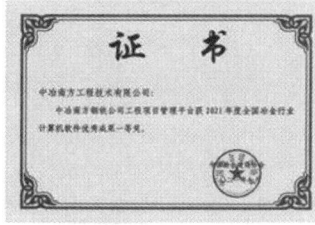

▲获奖文件与证书

2021年11月,由我带领的技术团队自主完成的中冶南方"四五"信息化发展规划正式发布并完成宣贯工作。作为宣贯人,我感触颇深同时倍感责任重大。站在公司"四五"开局之年,规划蓝图已绘制,信息化工作已站在一个全新的台阶上,作为信息化中坚力量和先锋战士,我将继续矢志不渝地扎根信息化工作,带领技术团队,在"四五"发展期间,通过更加科学和高效的信息化应用支撑公司数字化、智能化、绿色化的新一轮高质量发展,为实现"卓越南方、精益南方、数智南方、美好南方"的发展目标贡献自己的光和热。

▲王平校友作汇报

(图文来源:王平)

勇当创新排头兵
敢为实践先行者
——黄波

▲黄波校友

黄波，2009年7月毕业于中国地质大学(武汉)计算机学院，现在中国联通湖北省分公司负责行业开发工作。秉承地大人"艰苦朴素、求真务实"的优良作风，他坚持以奉献的心态全身心投入工作，以企为家，以企为荣，始终如一，奋战在政企创新业务的最前线，在平凡的岗位上作出了不平凡的业绩，为公司注入正能量，影响和带动着同事们不断励精图治、拼搏进取。

顺势抢抓新机遇，拼搏赢得新辉煌

2021年，黄波积极响应"我为群众办实事"活动，为践行党员的先锋模范作用，充分融入地方组织生活，在中国联通荆门联通市分公司挂职交流，带领荆门联通创新业务又快又好地发展。在坚持党建引领业务的道路上，矢志不移，精益求精，发扬"钉钉子精神"，以客户为中心，凭借昂扬的斗志，先后实现3个千万级项目中标。他正在用实际行动和工作成效点亮先锋本色，用坚守岗位展示良好形象！

爱岗敬业，学以致用的"带头人"

在地大读研的3年，是他积累知识经验和创新转型实践的最重要时段。得益于导师蔡之华教授言传身教，师兄蒋良孝、龚文引、蒋思伟和师姐谷琼等精湛的专业知识示范引领和帮助，研究生期间，他曾负责《中国地质大学学报(社科版)》，学校统战

▲黄波校友所获荣誉

部、人事处等网站的开发和运行维护;个人博客"神威异度空间"实现了超200万人次的访问流量,同时还自主创新开发了"神威学术资源中心"等行业论坛,成为当时数据挖掘、机器学习的主流知识分享地。工作后,他也一直在不断地创新实践,在湖北联通率先成立创新工作室,并开展研－产－用实践,努力提升技术创新、产品创新、服务创新能力。

社会发展日新月异,不进则退。他清醒地认识到:通信行业要取得进步和发展,只用老思维、走老路子、不思进取、不求创新是绝对不行的。他确定了"加快发展,务实创新"的目标,带领同事们在工作中勇于创新。他将"一个人可能走得更快,但一群人会走得更远"作为自己为人处世的准则,不仅自己在技术上精益求精、永不懈怠,而且乐于分享工作经验,帮助青年员工快速成长,在职工群众中赢得了良好口碑。

▲黄波校友进行业务交流

湖北省14个地市州分公司,都曾邀请他进行业务交流分享。同时,他也热心参与公司内训,积极传帮带,培养出一大批优秀人才,更是荣获了中国联通集团公司政企专业内训师、集团行业解决方案专家等称号。2020年,他曾赴地市(州)开展项目支撑交流30余次,每个重大项目获得突破的背后都有他默默无闻奉献的身影。在他的带领下团队实现了标准化派出所、标准化考场、教育大数据等产品在全省的规模化推广。作为内训师,近两年累计授课时长超过100课时,先后参与了"创新业务培训送课到一线"活动,曾面向新疆、广西开展送课服务。他以精湛专业的知识、接地气的授课风格,深受学员欢迎,在抗击新型冠状病毒感染疫情时期的全国重点产品培训中,一堂20分钟的直播课程获得了3000余人次的点赞。

潜心打造云课堂,停课不停学"指战员"

2020年伊始,一场突如其来的新型冠状病毒感染疫情改变了教育教学的方式。随着疫情形势的转变,我国教育教学工作也做出了相应的改变,提出"延期开学,停课不停学"的要求,线上学习成为短期内许多学校教学的主流方式,也代表了信息化时代的一种发展趋势,也给了通信行业一次参与教育方式改变的机会,要善于变"危"为"机"。他抓住机会,创新开发"云课堂",实现了"通信人"为抗击新型冠状病毒感染疫情作出应有贡献的初心。作为项目负责人,他克服时间紧、任务重、人手分散等困难,带领团队创建"知行云""直播云"两个平台,公益助力停课不停学活动,为近2000所学校,超30万师生提供服务。从大年初一开始,每天线上工作时间超过12小时,经常凌晨还在和地市(州)一线人员沟通处理问题,一个个排查困难,一项项解决问题,确保平台在2月10日全省开学日顺利上线。疫情期间,"知行云"平台日均访问人数逾7万。他持续对"知行云"产品迭代开发,修改BUG、前端反馈问题及建议68项,自2月7日产品发布以来,共参与11次版本升级工作,力求将该产品打造为中国联通面向全国教育市场,贯穿K12教学的课前—课中—课后全场景的核心产品,开通了"知行云"新疆同步课堂节点。

转型路上的"急先锋",做客户顾问式"好帮手"

黄波进入公司后,一直深耕公司创新业务领域,带领团队从无到有,从有到优,从武汉到全省,以超常的速度远超客户预期的满意度,拿下了众多看似不可能的项目:实现了湖北省检察专网、平安城市专网、高速公路专网三张省一市一县一体化专网在全省落地,为全省政企业务的发展创立了示范和标杆;主导创建了全国首个教育评价大数据平台项目——武汉市教育质量监测与评价大数据平台。他带领团队交出了一份长长的成绩单,拓宽了湖北联通业务的纵向深度和范围,成为中国联通政企合作模式转型升级的先行者。

"比做业务的懂技术,比搞技术的懂业务",这是领导和同事对黄波的评价。在工作中,他身上有着一股不认输的劲儿,个性直爽好强,追求细节完美。政企客户项目是随客户需要而动态变化的,项目时间又很紧。在黄波近乎苛刻的要求下,团队成员在磨合中悄然成长,项目也超乎预期地高质量完成,得到客户的高度认可。而这支业务理解透彻、专业度高、战斗力极强的团队,成了联通转型升级道路上的典型标杆。

"不负韶华 只争朝夕",这是黄波的座右铭。集众多责任与荣誉于一身的黄波,正带领着他的团队以更加饱满的热情、更加昂扬的斗志,攻坚克难,砥砺前行,在勤奋工作的同时,坚持质量改进和技术创新,为公司发展多作贡献。

(图文来源:黄波)

脚踏实地的追梦者
——古富强

古富强分别于 2010 年和 2013 年从中国地质大学(武汉)软件工程专业本科毕业及计算机科学与技术专业研究生毕业,师从尚建嘎教授,硕士毕业后赴澳大利亚墨尔本大学攻读博士学位,并先后到德国亚琛工业大学、加拿大多伦多大学和新加坡国立大学从事研究工作。他于 2020 年 12 月入职重庆大学计算机学院,担任教授、博士生导师;入选重庆市高层次人才引进计划;主持了国家自然科学基金面上项目、重庆市留创项目等;担任了 Frontiers in Robotics and AI、Frontiers in Neuroscience 等 SCI 期刊副主编或编委,UPINLBS 2022、iThings 2022 以及 IPIN 2022 等国际会议分会主席,以及 30 余个领域顶级期刊会议的审稿人。

大山里的孩子

他出生于贵州省的一个贫困山区,没有上过幼儿园、学前班,更没有上过辅导班、兴趣班,课后时间不是做作业、看书或学特长,而是放牛、割草、做家务……他从村组小学走到乡里的初中,从县里的高中再走到中国地质大学(武汉),每一次升学都步履维艰,但从不言弃,立志改变命运。他始终仰望星空,脚踏实地,一步一个脚印。

永不服输的追梦者

他是一位永不服输的追梦者,敢为自己的梦想不断奋斗。硕士毕业前,他在导师的指导和支持下,决定出国继续深造。虽然英语底子很薄,但他一直在坚持学习。雅思更是足足考了 6 次,备考了一年左右的时间。有些同学都劝他放弃:"你这英语基础是考不过的。"但他不信命,备考的后半年,每天学习英语 8~10 小时,最终以总分 7 分、单科 6.5 的好成绩成功"屠鸭"。

出国申请之路也是久经磨难,但他最终还是成功去到了南半球。他回想说:"我总共发了大概 40～50 封自荐信,虽然每封信都是根据自己的研究兴趣以及导师的研究方向来写的,但大多数都石沉大海、杳无音信,也有少数回复了拒信。其实收到多少个'No'又有什么关系呢,我只需遇到一个对我说'Yes'的'伯乐'就足矣。"他始终相信,只要不断努力,终会受到幸运女神的眷顾。他认为,奋斗的意义在于可以欣赏、体验到不同的风景。

▲古富强校友

矢志报国的科学家及学生的引路人

他相信:科学无国界,但科学家有自己的祖国,唯有更多的中国科研工作者屹立于不同研究领域的顶峰,才能使我国变成一个真正强大的国家。他将自己的研究领域与国家的重要战略需求相结合,致力于为突破"智能无人系统"关键技术贡献自己的一份力量。

▲古富强着博士服留影

他目前已围绕"智能感知"方向组建了一支自己的研究团队,指导刚入学一年多的学生撰写并投稿了多篇顶级期刊/会议论文。他以 5P 准则(Be proactive, Be positive, Be passionate, Be patient, Be persistent)培养学生,并坚信劳逸结合,强制学生每周至少运动两次。他始终以身作则,借鉴国内外一流教授、学者的先进教学方式和指导学生的经验,结合自身经历在实践中不断完善对研究生的培养和指导方法,做学生攀登科学高峰的引路人!

(图文来源:古富强)

把"论文"写在祖国网络安全维护一线的程洋校友

他曾把自己的"论文"写在火神山医院和北京冬奥会、冬残奥会的网络安全维护工作中,展现了新时期中国地质大学计科人的风采。他就是2015年从我院信息安全专业毕业的程洋校友,师从宋军老师,现就职于奇安信科技集团股份有限公司,负责湖北区域技术组工作,从事信息安全、网络攻防相关研究。

▲程洋校友

程洋自毕业走向工作岗位以来,一直秉持地大"艰苦朴素、求真务实"的校训精神,脚踏实地,扎根专业技术岗位一线,取得了一定的成绩,受到过多方的肯定。

2020年是不平凡的一年,新型冠状病毒感染疫情暴发给社会带来了空前挑战。拥有中国速度"和"中国力量"之称的火神山医院想必大家都不陌生,这个仅用10天建成、总建筑面积3.39万m^2、可容纳1000张床位、被赋予神圣使命的火神山医院备受瞩目。而这一切,都离不开那些逆行而上的建设者和守护者,程洋就是其中一员。

▲程洋校友所获荣誉

2月9日,正值火神山医院投入使用一周之际,医院信息化系统便疑似遭受网络攻击,影响严重,已切断对外网络连接。当时的武汉正处于封控状态,而火神山医院是重症患者的治疗场所,是一个非常危险的地方。在这紧急关头,程洋临危受命,没有过多考虑便赶往现场,开展应急响应、溯源分析工作,排查安全隐患,确保了信息化系统的安全稳定运行。

▲程洋校友工作照

2022年同样也是不平凡的一年,北京作为中国首都成为全球首个"双奥之城"。特别是在全球新型冠状病毒感染疫情大流行背景下,北京冬奥会成为疫情发生以来首个如期举办的全球综合性体育盛会,全面兑现了对国际社会的庄严承诺,向世界奉献了一届简约、安全、精彩的奥运盛会,展示了在新型冠状病毒感染疫情下奥林匹克运动的强大生命力,为人类战胜各种风险挑战增强了信心和力量。而这背后,也有程洋贡献的一份力量。

2月4日,北京冬奥会准时开幕,而程洋早已提前近一个月进入竞赛场馆,这一次他将和同事们承担起整个冬奥会和冬残奥会的网络信息安全工作,确保网络安全运行"零事故"。据赛后统计,两个月内针对冬奥的网络攻击共计3.8亿起,攻击组织达上千个。回看近几届夏季、冬季奥运会，无一不因黑客攻击蒙受损失：2012年，伦敦奥运会开幕当日，奥林匹克场馆电力系统遭受了40分钟的大规模DDoS攻击；2016年，里约奥运会发生APT攻击（高级可持续威胁攻击），导致重要数据泄露；2018年，平昌冬奥会开幕式直播信号因网络攻击而中断，票务系统也一度瘫痪。而这届北京冬奥会、冬残奥会却做到了网络安全"零事故"，再一次向世界证明了中国力量。

2022年11月中国地质大学迎来70华诞，作为校友，程洋衷心祝愿母校在新征程上薪火承续，星光更璀璨，继续谱写强校新篇章，祝愿计算机学院蒸蒸日上，可爱的老师们岁月静好。自己作为地大学子也定会秉持地大人的担当，继续在平凡的岗位上奉献不平凡的力量，以报答学院的谆谆教诲。

▲程洋校友

（图文来源：程洋）

第四篇
计科服务先锋

坚强有力 团结奋斗
——记软件工程系党支部

软件工程系党支部成立于2002年,有党员21名,其中教授8名,占比38.1%。近年来,软件工程系党支部深入学习贯彻习近平新时代中国特色社会主义思想,以"四个强有力"为抓手,团结并带领全系教职工为实现"创造软件工程专业发展新辉煌"的梦想共同奋斗,取得了明显成效。

主题教育强有力,党员党性修养不断提高

系党支部深入推进"两学一做"学习教育常态化制度化,坚持"主题党日"活动严格规范,逐项开展按月缴纳党费、重温入党誓词、诵读党章、讲党课、学习讨论等规定动作,且程序规范,记录清楚,充分开展讨论,落实每次学习成果。

2021年9月,支部组织到武汉革命博物馆学习,接受了爱国主义教育,并对革命时期的共产党人有了更深入的了解和认识。支部成员纷纷表示,在未来的工作和生活中要学习革命先烈精神,始终保持高昂的奋斗激情,继续发扬共产党员的优良传统,不忘初心,勇敢地承担起中国特色社会主义高等教育事业的责任。

▲软件工程系党支部在红色教育基地学习

▲软件工程系党支部参观武汉革命博物馆

师德师风教育强有力，先进典型作用发挥明显

支部定期推举典型人物事迹材料，从师德师风、思政教育等方面撰写和宣传材料。目前已推出计科育人先锋吴信才和邢廷炎老师的通讯稿，已完成优秀校友通讯稿两篇，后期将持续推进。

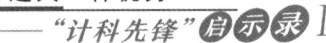

▲通讯稿

推动教育教学改革强有力，教学成果成绩突出

系党支部支持并积极参与探索软件专业人才实践模式创新，本专业整体执教水平明显提高，涌现一批优秀教师。2018年由本专业团队申请的"地学信息化特色软件工程人才阶梯式培养模式创新实践"获第八届湖北省高等学校教学成果奖二等奖。2018年参与的"地理信息类专业应用型人才培养3332教学体系的构建与实践"获国家级教学成果二等奖。2013年通过教师团队的打磨，罗忠文老师获评校级教学名师，张建波等3位老师先后获得金石奖教金。2018年张德军老师获校青年讲课比赛一等奖，2015年赵一石老师获"最受学生欢迎老师"称号，2018年叶亚琴老师获得"最受学生欢迎课程奖"称号。方芳等6位老师多次获学校教学质量评价优秀奖，获奖人次在全校表现突出，本专业整体呈现精心教学的良好风气。

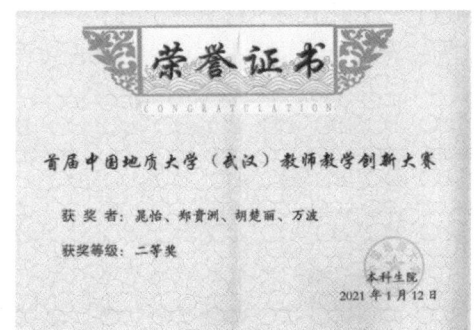

▲教学获奖

支部党员教师以专业建设、课程建设及教学方法改革为抓手深化教学改革,自卓越计划以来主持校级及以上级别教学研究项目共计20余项,其中包括国家级教学项目1项,教育部产学合作协同育人项目2项,中央高校教改基金(本科教学工程)项目4项,相关教学成果在教学中运用,对于启迪学生创造性思维和培养实践创新能力取得了显著的效果。

▲软件工程系列教材

2020年12月,顺利通过"教育部工程教育专业认证",成为我校通过工程教育专业认证的7个专业之一。2021年,入选"省级一流本科专业建设点",同年获批"国家级一流本科专业"建设点。

服务学科建设强有力,人才培养成绩突出

软件工程专业以卓越计划为突破口,优化专业人才培养方案,推进人才培养模式改革,强化学生实践能力的培养,不断提升所培养人才的工程实践能力、工程设计能力与工程创新能力,逐渐形成以地学信息化软件人才培养为特色的培养模式。近3

年学生就业率达 98.3% 以上，学生素质受到用人单位的肯定。

同时，以学科竞赛为载体，提高学生的创新能力。近年来专业学生获得省级以上学科竞赛奖励 30 余项，其中包括 2019 年国际大学生类脑计算大赛特等奖、第 24 届 FIRA 机器人世界杯比赛飞行机器人平台开发冠军、2018 年 ACM/ICPC 亚洲区域赛铜奖、2017 年全国高校 GIS 开发大赛特等奖、"蓝桥杯"全国软件和信息技术专业人才大赛国家二等奖。

▲软件工程专业学生竞赛获奖证书及活动

吴亮教授团队基于 MapGIS 平台完成的"透明地下空间建模与信息平台关键技术及应用"研究成果荣获 2022 年地理信息科技进步一等奖。

承办行业会议强有力，专业影响力不断扩大

基层支部建设是全系工作的重要环节，思想工作是其他工作顺利开展的基础。支部党员带头带领教职工真抓实干，加强了对外交流，积极加入行业内交流圈，邀请同行专家到校评议，切实提高软件工程系的知名度。

2021 年 11 月 27 日，武汉计算机软件工程学会年会暨学术研讨会在武汉光谷金盾大酒店顺利召开。本届年会由武汉计算机软件工程学会主办，中国地质大学（武汉）承办。

立足现在，展望未来。软件工程系党支部将围绕学科建设和博士点申报等重点工作，进一步促进新软件工程系的融合、发展。

▲承办 2021 年计算机软件工程学会年会暨学术研讨会

[图文来源:中国地质大学(武汉)计算机学院　叶亚琴]

浩渺行无极　扬帆但信风
——记计算机科学与技术专业191191团支部

世上没有"躺赢"的捷径,奋斗的路,每一步都算数。我们相信,"浩渺行无极,扬帆但信风"。请党放心,乘风逐梦,我们定当远行。

——计算机科学与技术专业191191团支部

191191团支部成立于2020年12月,有支部成员34名。在班主任曾艺、辅导员闫维蓉的指导和支部全体成员的共同努力下,191191团支部采用程序设计的思路,用一年时间打造出一支具有影响力和战斗力的特色团支部。在2021年度五四评优活动中,191191团支部获评学校"五四红旗团支部标兵"。

▲191191团支部

支部风采

集体奖: 五四红旗团支部、优秀班集体标兵、五四红旗团支部标兵。

个人奖: 国家级奖项30个,省级奖项18个,院校级奖项若干,发明专利3个,软件著作权5项,科研、大创、互联网+项目18项。

学习成绩：平均学分绩点3.52，3.5以上23人，占比68％；英语四级通过率97％，六级通过率56％。

思政成果：中共正式党员8名，预备党员5名，入党积极分子10名，省青马工程班学员1名，校青马工程班学员2名，院校级学生骨干8名。

明确开发指南，树思想旗帜

坚持对青年的思想引领是共青团组织存在的基础。支部重视团课学习，以主题团日为载体，2021年共开展党史学习教育13次，涉及"七一重要讲话""十九届六中全会"等7个专题。在上好主题团课的同时，编写统计程序，划分学习小组，高质量完成青年大学习。

▲党史学习教育

支部鼓励青年团员走进社会，了解社会，认识社会。2021年支部成员所在的"计科先锋"团队、"筑梦E路人"团队，分别获得暑期社会实践校级一等奖、二等奖，其事迹被中青网、搜狐网、今日高校网等多家社会媒体报道。

▲支部成员孔翔带货直播

▲支部成员朱国强科普宣讲

在志愿服务活动方面，支部成员倾情奉献。15位同学自发参与家乡"抗疫"活动，用行动阻击新型冠状病毒感染疫情，守护家园。191191团支部校内总志愿活动时长267小时,新生军训、电脑维修、助力搬迁、金晖助老……为同学办实事,给老人送温暖,受到学院及社会媒体的宣传。

▲参与家乡疫情防控工作

▲志愿服务活动

完善程序框架,建最强堡垒

支部重视文化建设,在发展过程中凝聚支部力量,发挥组织动能。坚持班团一体化原则,设计班徽,从细微处发挥文化引领作用。

"春风化雨、润物无声",支部打造特色老兵文化,形成支部建设的特有思路、品牌和风格。发挥老兵先锋模范作用,带领支部成员用军人的优秀品质约束自己、规范自己。

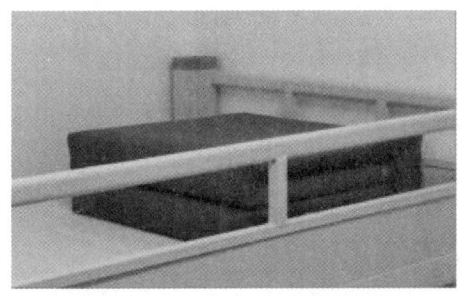
▲老兵寝室

▲学习帮扶

将支部建设与娱乐生活结合,关注支部成员需求,不断丰富课余生活。支部开展生涯规划课、户外团会、成长与发展主题班会,进行防诈、防火主题教育,参加拔河比赛,让组织建设更加立体生动,使支部成员能真实地分享到支部文化建设带来的丰硕成果。

▲特色班会

▲拔河比赛

▲趣味游戏

▲户外团会

升级核心驱动,强支部活力

掌握专业技能,提升自身本领,端正学习态度,培养勤奋学风。支部以学风建设为中心,用签到表和规章制度严格组织纪律,规范组织生活。

发挥自我学习、小组讨论、集体交流作用。及时跟踪成员毕业意向,线上线下双

▲相关制度

联动。进行 SWOT 分析,明确个人优势,开展考研形势分析,避免盲从。举行支部疫情防控大会,学习自我保护,听取支部工作汇报,在发展过程中寻不足、补不足。

▲SWOT 分析

▲支部工作汇报

将第二课堂作为素质发展的重要载体。支部支持成员全面发展,登上不同的舞台。合唱,舞蹈,打乒乓球、羽毛球,激扬青春活力,彰显新时代中国青年别样风采。

习近平总书记说过,未来属于青年,希望寄予青年。实现目标的道路也许漫长,但无论如何,191191 团支部都会不断努力,持续优化自己的程序设计。

▲全面发展

（图文来源：朱国强）

致力于打造引领青年成长高性能"服务器"的"五四红旗团委"

为深入贯彻落实党的二十大精神，推动学习贯彻习近平新时代中国特色社会主义思想主题教育走深走实，不断加强基层组织建设，持续深化共青团改革，学校开展了两年一次的"五四红旗团委"创优评选。经上级团委评价、同级党组织评价、二级团组织互评、团员青年评议和现场汇报答辩等5个环节，计算机学院团委第七次获评"五四红旗团委"荣誉称号。

近年来，伴随着元宇宙概念和ChatGPT等生成式智能工具的相继推出，新工科人才培养的挑战与机遇并存。为认真履行高校共青团基本职能，为奋翼图强、砥砺追梦的青年一代提供更加广阔的平台，计算机学院团委在凝聚青年、服务大局、当好桥梁、从严治团的工作格局中找准定位、科学谋划、精准发力，从升级核心驱动、优化主体功能、重构设计模式、输出目标指针四个维度，打造引领青年成长的高性能"服务器"，努力开辟学院共青团事业新局面。

升级核心驱动，激发青年思想引领新动能

借力学院党建引领作用，连续举办9届支部书记讲党史活动，让党史学习教育提质增效；成立功能性党、团支部，提高学生组织效能；坚持实施"三个一"工程，落实教师党支部帮扶一批生活困难学生，帮助一批学业困难学生，开展一批创新创业活动指导，将"结对领航"活动落深落细，进一步增强思政工作实效，促进青年个性化教育，活动覆盖近千人次。

实施"专业思政领航工程"，用共享、互联、创新的学科精神驱动青年理想信念教育。成立教授、博导"专业思政宣讲团"，用格局提升格局；开展"青年教师进团会"，用心灵陪伴心灵；推进学生"计科先锋宣讲团"，用青春激扬梦想。"计科先锋宣讲团"以

▲开展支部书记讲党史活动

暑期社会实践活动为契机,已在湖北红安、贵州遵义、浙江嘉兴等地连续 4 年进行暑期社会实践活动,事迹先后被《光明日报》、中国青年网、长江云等媒体报道,连续 3 年荣获暑期社会实践校级一等奖,连续 2 年获评湖北省暑期"三下乡"社会实践优秀团队。

▲社会实践活动留影

积极主动适应信息化要求,以"CSer 在地大"为核心,组合计小软、计小益、计小研、党党等宣传渠道,构建"五位一体"的网络新媒体矩阵,开设"计科先锋""团学印象""喜迎二十大,计科青年有话说""七秩荣光,逐梦未来"等精品栏目,通过系列特色网络活动,营造风清气正、和谐向上的网络环境,并连续 4 年获评校"十佳新媒体平台"。

优化主体功能,激活青年专业发展新智能

贯通专业资源,结合专业特点,多维度、多层次采取一系列学风建设举措,构建全方位智力支持系统。一是注重调查研究,围绕青年、服务青年。面向新生开展问卷调研,精准学生画像,让人才培养有的放矢;做好院领导接待日活动,以学风建设和人才培养工作为侧重点,引导广大学生为打造良好院风学风建言献策;面向全校学生开展关于强化过程考核调查研究,为学校教育教学工作建言献策。二是整合各方资源,助力青年成长成才。开展教师工作室开放日等活动,加强师生交流;建立朋辈帮扶平台,成立专业纵向交流论坛,发挥优秀学长学姐传帮带作用,组建"计科 E 课堂"课程帮扶志愿者团队;以互联网为载体,搭建云共享平台"移动小百科",全面做好学习支持,促进教学相长;坚持集体晚自习、月考及全国大学英语四、六级模拟考试制度,厚植优良班风学风。

▲"计算 E 课堂"活动留影

不断优化"创 E 之路"双创教育工作模式,探索双创教育实践。深入推进"创 E 之路"特色院本文化活动,盘活计算机学院创新创业的人力资源、科研资源、财力资源,实现学生双创能力全面发展,培养优秀卓越的 IT 青年精英;创建"双创档案馆",联系专业老师,征集科研课题,举办各类双创交流实践活动 30 余场次;依托校友和朋辈力量,开展博士"开源论坛"和本科生"思源校友论坛"20 余期,点燃双创教育"新动能";连续 19 年举办 ACM 系列编程大赛,助力科研团队备战高水平双创赛事。2022 年,获得国家级以上奖励 92 项,省级以上奖励 145 项。"星陈科技"团队 2023 年获得"挑战杯"中国大学生创业计划竞赛银奖。

▲计科学子参加第十三届"挑战杯"中国大学生创业计划竞赛

探索贯通双创就业工作"全链条",进一步加强产教融合,服务社会经济发展。助力学院深入推进一专业一基地建设,与20余家公司建立产学研基地,与北京思特奇信息技术股份有限公司开展"校企协同育人战略"合作项目,与金山办公等企业开展"CS CAMP"⁺暑期训练营活动,同时开展各类交流、走访活动12场次,促进学生高质量就业。学院研究生就业率连续11年为100%。

▲计科学子参加交流活动

重构设计模式,激励青年多维拓展新效能

持续开展"计科阳光"行动。以"强健计科人体魄,内涵计科人心灵,打造计科人

文化品牌"为目标,结合青年现实需求组织各项文体活动。开展专业特色活动"三行代码述深情"大赛,表达程序员的专属浪漫。持续开展"阳光计科人,运动成长季"系列活动。连续4年举办"CUGer看地大"摄影作品征集大赛,构建计科特色文化品牌,服务青年德智体美劳全面发展。

▲"阳光计科人,运动成长季"活动留影

创立"服务E时代"协会,实现专业实践与志愿服务的完美融合。近两年前往校外社区开展一系列专业＋志愿服务活动10余场,被《长江日报》《湖北广播电视报》专题报道。在左岭街五岭社区,志愿者们发放防诈骗宣传册,增强老年人警惕意识,同时为社区老年人带来相声、黄梅戏、歌曲等艺术表演;利用空余时间进社区"摆摊",进行电脑维修和科普;深化与左岭社区党建共同体建设,面向社区开展青少年航天科普宣讲等活动。与鄂州市鄂城区杜山镇旭东村围绕开展大学生乡村振兴实践活动达成长期合作协议,建立中国地质大学(武汉)大学生乡村振兴学校实践基地暨大学生社会实践基地。在日复一日的接续服务中,计科青年真真切切成为志愿精神的"传承者"、志愿服务的"行动者"、文明风尚的"引领者"。

▲参与社区活动留影

"创联盟·共发展"是我院牵头成立的华中地区首个计算机类院校学生组织发展联盟。牵头武汉大学、华中科技大学、华中师范大学等 10 所在汉高校,连续主办 7 届华中地区计算机类院校学生骨干峰会,以"科技报国,青年担当"为目标,聚焦国家发展态势、明晰计科青年发展方向,为促进各兄弟院校学联工作和学科发展作出更大贡献。

▲主办第七届华中地区计算机类院校学生骨干峰会

输出目标指针,引领青年砥砺奋进新征程

学院团委坚持推动自我发展,扎实理论培训,建设科学参与主体。学院现有学生会、研究生会、学生党建办公室 3 个学生组织,ACM-ICPC 协会、羽毛球队等 15 个学生社团,平均每年开展学生干部培训 12 场次,集中学习和小组学习 30 余次,并按期完成换届和主要负责人遴选工作,稳步推进和探索学生骨干培育及年级委员会的科学化管理机制。

▲"百名支书讲团课"遴选留念

在应变革新和服务师生中,学院团委自身得到了提升和进步。李欢欢获评湖北省"向上向善"好青年,王太茂获评湖北省暑期社会实践先进个人,崔祥森获评湖北省大学生"自强之星",学院团委连续7次获评学校"五四红旗团委",学生会连续6年获评学校"标兵学生会",研究生会连续6年获评学校"优秀研究生会标兵","CSer在地大"连续4年获评"十佳团属新媒体平台",191191团支部获评学校"五四红旗团支部标兵",张欢获校级"优秀研究生标兵"荣誉称号,方知雨荣获学校"十大标兵学生"荣誉称号,羽毛球队获地大杯混合团体羽毛球比赛冠军,2022—2023年度篮球队分别获"地大杯"女子校园篮球联赛季军、亚军,学校运动会开幕式获优秀组织奖,科研社团"ACM-ICPC协会""网络空间安全协会""智能基座协会"和"机器人协会"取得了15项国家级奖项的骄人成绩。

▲女子校园篮球联赛合影

未来,计算机学院共青团将继续开发运算,寻求新时代语境下改革与实践的最优解,引领青年以奋斗姿态激扬青春,一往无前,不负时代,不负韶华。

[图文来源:中国地质大学(武汉)计算机学院　李欢欢]

凝心聚力 E心为你
——计算机学院学生会

计算机学院学生会在学校 2021 年度五四评优活动中荣获"标兵学生会"称号,这也是连续第 4 年获评学校"标兵学生会"。计算机学院学生会成立于 1985 年 10 月,第一任主席为 1985 级校友刘义青。学生会主席团成员为方知雨、管仁祥、霍奥林。学生会下设 5 个部门:办公室、科技部、学风部、文体部和权益服务部。自成立伊始,学生会始终坚持在院党委领导、院分团委指导下开展工作,秉承"全心全意服务同学"的宗旨,牢记"Care you,serve you"的服务理念,历经 39 年建设发展,不断开拓创新,打造了一系列计科特色品牌活动:华中地区程序设计邀请赛、"计科 E 课堂""Hello World——带你看世界"系列讲座、"CUGer 看地大"校园摄影作品征集大赛、"阳光计科人,运动成长季"计科运动月、"计科标杆"评选活动等。近年来,学生会在思想引领、学风建设、创新创业、权益服务、团学改革等方面取得了长足进步,引领计科青年奋发作为、不懈奋斗,在青春的赛道上奋力奔跑。

回顾过去一年,计算机学院学生会坚持以创新赋能改革发展,以扎实作风履行责任担当,以丰富活动提升广大青年综合素养,用心、用情、用力、用功切实服务和引领计科青年成长成才。

依托专业特色,凝聚青春力量,强化思想引领实效性

共忆峥嵘岁月,感悟辉煌成就。牢牢把握学党史、强信念、跟党走这一主题,结合专业特色,创新开展了主题鲜明、形式多样、内涵丰富的 500 余场党史学习教育,累计辐射 3000 余人次。

弘扬正能量,展现新风尚。构建"三位一体"网络思政融媒体,以思想引领为核心,多维度、多层级输出实用信息,全方位全覆盖服务计科师生。在 2021—2022 年度五四评优考核中,计算机学院微信公众号"CSer 在地大"荣获"十佳团属新媒体平台"称号。

▲党史学习教育

磨炼专业知识,躬行社会实践。协助学院组建以"计科先锋宣讲团"为代表的暑期社会实践团队,该团队连续3年深入基层,用专业所学服务乡村振兴,团队事迹多次在中青网发布,连续2年入围"全国百强社会实践团队"评选名单,并在2021年被评为湖北省优秀团队。

▲暑期社会实践团

打造良好学风建设生态,厚植优良学风,引导青年勤思乐学

双线联动,凝聚师生共识,学生会坚持集体晚自习、月考及全国大学英语四、六级模拟考试制度,举办宿舍文化节,丰富学风建设内涵。同时以"计科E课堂"特色活动为依托,朋辈引领,互学互助,从线上到线下,累计开展活动30余次,帮扶600余名同学,严抓学风建设;并且协助学院开展"教师工作室开放日"活动,从课堂到课外,累计开展20余期,覆盖90余名老师与1300余名同学,促进师生双向协同发展。

学在平时,厚植优良学风。以"IT Club"科研创新论坛为依托,覆盖本、硕、博学生,调动科研热情,明晰未来路径。连续14年开展"Hello World"系列讲座,邀请理论基础扎实、实践经验丰富的教授讲师和综合素质优秀的学长学姐,为同学们分享经验、答疑解惑,今年累计开展20余场,活动辐射学生2400余人。系列讲座包括保研分享会、名企进校园、科研交流分享会等,讲座举办至今,覆盖千余人,有效助力学院学风建设。

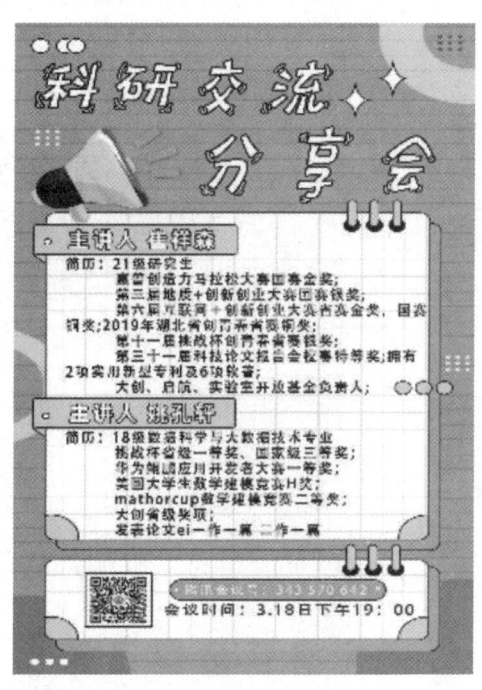

▲科研交流分享会海报与"Hello World"海报

推进"创E之路"院本文化,为学生创新创业实践蓄势积能

团队培养——双创工作预备役。优化升级"创E之路"双创教育新模式,助力本科生科研立项,对接专业老师30余位,征集科研课题36项,参与人数140余人。同时,科学技术报告会增设"星创会场",让双创教育落地生根。

▲科研立项通知与科技报告会会场　　▲计算机学院第一届星创大赛活动留影

学术互融——双创工作催化剂。关注家国实事,赋能专业提升。依托专业特色,组织策划国家安全月系列活动,共包含 7 场活动。例如,举办 GUCTF 网络安全竞赛,邀请全院青年共上一堂国家安全课,覆盖总人数 1000 余人,以赛促学,以学促践,维护国家安全,共筑网安防线。

▲网络安全宣传海报与竞赛

学科竞赛——双创工作风向标。举办科技论文报告会、"互联网+"等活动,同时依托专业特色,开展 ACM 系列活动,连续 17 年举办华中地区程序设计邀请赛,赓续双创活力,覆盖武汉大学、华中科技大学、武汉理工大学等 10 余所大学,参赛人数连年增长,近 3 年累计近 1000 人次参赛。在以赛促学、以赛促练的过程中,学院"ACM-ICPC"协会突破历史最好成绩,2021 年首次夺得 ACM-ICPC 亚洲区域赛金奖。

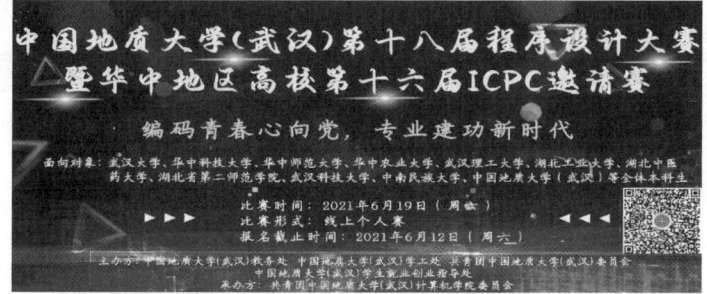

▲活动海报与现场

多措并举——就业工作"服务链"。推出 8 期模拟真实求职,参与人数达千余人。开展"offer me"求职指导系列活动,内容涉及简历制作、笔试模拟、求职经验分享等,邀请毕业生、优秀校友、用人单位人力资源管理者等 30 位分享人,开展系列活动,覆盖学生 3000 余人次,用最真诚的服务开启最美好的未来。

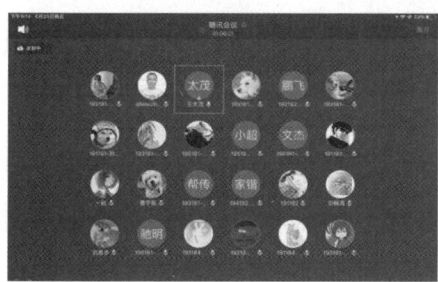

▲活动海报与会议现场

深入青年群体,解决青年困难,努力建设服务型学生会

聆听同学诉求,零距离沟通。将学院权益服务平台"计小益"打造成全院学生诉求"收集站",目前平台总关注人数达 1384 人,累计发送消息 1307 条,总浏览量达 72 831 次。针对学院教育教学热点问题,开展院领导接待日,覆盖 2 个校区,共开展 6 次,研讨学风建设、收集教学建议。

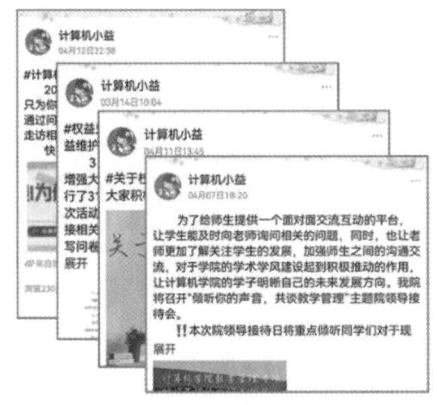

▲"计小益"权益服务平台

▲院领导接待日现场

发挥专业特色,推出"专业+志愿服务"体系。面向左岭街道社区开展计算机科普服务、助老义演等活动,用爱心铸就美好。"服务 E 时代"特色团队更是连续 10 年面向校内师生开展电脑义务维修活动,用贴心服务诠释专业担当。

▲志愿服务活动精彩瞬间

服务师生是学生会的本职工作,将服务意识从"我有什么"向"你要什么"转变。针对常态化疫情防控背景下同学们对于校园文化生活的迫切需要,在清明节假期举

▲"服务E时代"电脑志愿维修

办"计科杯"系列文体活动30余场,让同学们安居校园,乐享时光。开展各类比赛260多场,2300余人参加,引领青年挥洒运动汗水,激扬青春梦想。"计科杯"系列赛事作为计算机学院传统品牌活动,有着良好的参与基础和出色的受众群体。由最初的"计科杯"篮球赛单一赛事逐渐衍生出系列赛事,不断发展壮大,目前已涵盖"计科杯"篮球赛、羽毛球赛、乒乓球赛、足球赛、电子竞技比赛……同时依托"计科杯"系列赛事,于每年4—5月开展"阳光计科人,运动成长季"运动月活动,助力学生走出宿舍,投身运动,共赴体育盛宴。

▲"计科杯"系列赛事

师生融融,其乐无穷。在三尺讲坛上他们是老师,在课余课后他们是计科学子最亲密的朋友。学生会致力搭建师生交流沟通的桥梁,全年开展师生交流活动17场,教师参与人数超210人次。良师益友,亲密无间!集师生所愿,圆师生所想。

▲师生交流活动

用艺术点亮大学生活,用双眼发现生活之美。连续举办3届"CUGer看地大"校园摄影作品征集大赛,超890份投稿,逾2万次浏览量,让生活与艺术相遇,让美好与未来共存。在摄影大赛优秀作品的展示推文中,同学们积极留言,高度赞扬作品质量,对参赛选手的摄影技术给予高度肯定。摄影大赛结束后,学校负责宣传工作的老师、其他学院学工组老师纷纷与计算机学院进行交流沟通,了解摄影大赛相关事宜,并希望摄影大赛的优秀作品可供展示或使用。

适应改革浪潮,优化集群架构。设立秘书长,调整组织架构,精简部门人数,完善相关制度。从内部提升职能培训,到院间交流、校际走访,计算机学院学生会互学互鉴,总结成长,仰望星空,脚踏实地。同时开展中期述职答辩和幻灯片制作讲座,邀请专家、老师实地开展技能培训讲座,助力学生骨干全面发展。计算机学院与兄弟学院开展交流分享会,成功举办7届华中地区计算机类院校学生骨干峰会,覆盖武汉大学、中南财经政法大学等10所学校,以"创联盟,共发展"为理念,促进院校间的学生工作交流与学术发展,秉持着"更好地促进各计算机类院校间的交流,更好地开展学生会工作,更好地为广大同学服务"的宗旨,一同推进华中地区计算机类学生组织发展联盟建设。

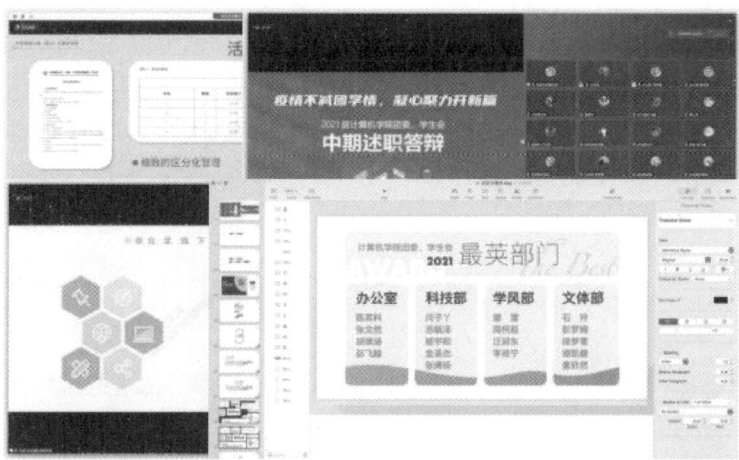

▲活动留影

计算机学院学生会用创新与发展填白,促进青年全面发展。未来学生会将继续秉承"Care you,serve you"的服务理念,寻求新语境下,学生会建设的最优解。青春无限,未来可期,以梦为马,砥砺前行!

[图文来源:中国地质大学(武汉)计算机学院　李欢欢]

第五篇
计科品牌先锋

"支部书记讲党史"活动筑牢师生理想信念根基

随着2022年11月3日学生团支部书记讲党史活动的顺利举办,面向学生团支部书记、学生党支部书记和教工党支部书记在内的计算机学院第九届支部书记讲党史活动圆满收官。学院精心组织,选手积极备赛,评委用心指导,无论是参赛选手,还是评委,都感到收获满满。通过支部书记讲述党的百年奋斗史和学校发展史,宣传党和国家事业以及学校取得的历史性成就、发生的历史性变革,让师生们更加知史爱党、知史爱国、知史爱校,坚定理想信念,厚植爱国爱校情怀。

精心组织,创下四个最

在主持人选拔、赛前指导、嘉宾邀请、评委点评、通讯稿撰写、成果汇编各环节,学院支部书记讲党史活动专班都尽心尽力。本次党支部书记讲党史活动创下了4个最,一是参赛人员最多,共有32名支部书记参加,其中教工党支部书记7名、学生党支部书记17名和学生团支部书记8名;二是覆盖面最广,除学生党、团支部书记参加外,今年教职工党支部书记也首次且全部参加;三是形式最新,除邀请教工党支部书记担任学生支部书记组评委外,3位获奖的教职工党支部书记在学生组决赛现场讲了示范党课;四是指导力量阵容最庞大,打造了涵盖校领导、职能部门领导、兄弟学院领导及学生骨干的"学、讲、评、导"四位一体的指导体系,实现了师生党团支部书记全覆盖、教师党建与学生党建双融双促。

学赛结合,共筑理想信念根基

备赛阶段,师生党支部书记们积极准备,有的很快确定主题、开始查阅学习资料,

▲"支部书记讲党史"活动学生党支部书记组初赛（10月26日）

▲"支部书记讲党史"学生党支部书记组决赛及颁奖仪式（11月2日）

▲"支部书记讲党史"学生团支部书记组比赛（11月3日）

有的从懵到懂费了一番周折；有的打磨演讲内容；有的求教演讲技艺。教工党支部书记在繁忙的教学科研之余，抽出宝贵时间学习思考，务求学思用贯通。变化的是丰富多彩的演讲形式,不变的是大家求精的信念、真诚的分享和虚心的学习。

大数据系党支部书记宋维静深有体会地说:"支部书记讲党史活动有效地提升了我的党史知识储备和理解能力,深入认识了中国共产党团结带领人民改天换地、改造山河、改写历史的奋斗历程,深刻领悟了中国共产党人的信仰、信念和信心,深刻理解了'坚持中国共产党领导是历史和人民的选择'内涵,增强了中国特色社会主义道路自信、理论自信、制度自信、文化自信。同时,活动也使我们深刻认识到新时代自身肩负的历史使命任务。建议党史学习教育持续举办,推广到更多的受众群体,让大家有机会从多种角度学习中国共产党的百年奋斗历程。"

2021级研究生专硕第一党支部书记郭兴激动地说:"通过本次'支部书记讲党史'活动,我进一步了解了三湾改编、南昌起义和改革开放等中国共产党发展历程中的重大事件,也进一步领略了李大钊、陈延年、杨学军和罗荣桓等中国共产党发展历程中的重要人物风采,还进一步学习了古田会议、十一届三中全会等中国共产党发展历程中的重要会议精神。我们要'把论文写在祖国大地上',着重解决人民群众和国家遇到的难题。"

111213团支部书记易周子安表示:"在准备本次比赛的过程中,我查阅了很多资料,印象最深刻的是在阅读《红星照耀中国》的时候,其中提到了士兵委员会,有炊事兵为士兵口味太挑而犯愁,也有士兵嫌炊事员做饭难吃,一群鲜活而又可爱的红军形象浮现在我的脑海里。他们不再是史册里离我们遥远而又陌生的人物。"

历久弥新,以赛促学助成长

第九届"支部书记讲党史"活动一等奖获得者、硕士在读的王光宇同学回忆道:"这个活动帮助我提高了自己的表达和演说能力,锻炼了我的文字组织能力和逻辑思维能力,为普通同学搭建了一个展示自我、锻炼表达能力的平台,活动的组织方式新颖,讲述的内容丰富,影响范围较广,示范作用很强。希望活动继续创新形式,扩大影响范围,把机会留给更多的普通同学,同时扩大选题范围,进一步提高同学们发现故事、讲述故事和体会精神的能力。"

第五届"支部书记讲党史"活动二等奖获得者、博士在读的金敏同学至今仍对参赛记忆犹新:"当时我以长征为例,结合自己的感受向大家分享了我在重温长征故事中对长征精神的理解,重新回看我们党那一段艰苦卓绝的历史,从中汲取了一些新的力量。通过这次活动,我感受到作为青年党员的我们,首先至少要有一种'男儿何不带吴钩,收取关山五十州'的家国情怀,踏实走好脚下的每一步,尤其是计科学子在科研的道路上更应该一步一个脚印,把知识学扎实,把应负的责任扛在肩上。任何成就都不是一蹴而就的,代码也是一行一行写出来的,遇到问题不要怕,要勇于直面问题并解决问题。"

现任学院教师姜宇虹于 2012 年、2013 年、2016 年参加了"支部书记讲党史"活动，从感到新鲜、自信到优雅，从优秀奖到两次一等奖，收获了成长、满足与享受。他们回忆道"'支部书记讲党史'活动为支部书记，尤其是新手书记，提供了难得的锻炼机会，激励我从讲述者的角度学习党史，思考如何更有效更准确地传达党的思想方针，同时运用演讲技巧吸引听众的注意力，从而获得更好的讲述效果。"

用心指导，擦亮学院党建精品

在各个赛段，评委们都全程参与。他们既对活动的认真举办和选手们的精彩表现"点赞"，又给予及时的指导。校党委组织部副部长何建新认为同学们的讲述非常精彩，在素材选择、表现形式等方面做到了用脑用心用情，呈现了一堂党建与思政教育大课，希望后续活动中由党支部书记领学，全体党员、同学们参与，营造比超赶学的浓厚学习氛围，推动党史学习教育全覆盖。

▲校党委组织部副部长何建新指导工作

校党委常委、纪委书记唐忠阳同志表示，要给本次活动衷心地"点赞"，并提出 3 点期望：一是希望认真总结活动经验，将"支部书记讲党史"活动做成品牌甚至精品；二是推动活动成果落地生根，扩大教育辐射面，如将活动融入党员发展培训过程中，以身边的优秀事迹教育身边人；三是结合实际，在全院掀起学习贯彻党的二十大精神的热潮，师生要主动对接国家重大需求，勤勉工作，发奋学习，做出表率。

持久深入，打造学校基层党建工作精品

学院从 2012 年开始举办第一届"支部书记讲党史活动"，先后吸纳了学生团支部

▲校党委常委、纪委书记唐忠阳讲话

书记、教工党支部书记等师生骨干的积极参与。活动无论是从参加人员构成,还是到举办形式等方面,都得到了很大的优化,学院的基层组织建设也从不断的变化中得到了进一步加强,党团骨干在学院党建和思政工作的地位更加凸显、作用更加突出。

在接下来的"支部书记讲党史"活动中,学院党委还要加大投入,在"一面三性一团"上下功夫:一是扩大覆盖面,争取全体学生党、团支部书记都参与、都受益;二是提高互动性,教工党支部书记、学生党支部书记和学生团支部书记中的优秀者应通过赛事加强交流分享,互相促进、互相提高;三是增加融合性,将获奖者的作品通过录制微党课等形式予以固化、展播,扩大活动成果的受益面;四是体现时代性,将活动阵地从会议室搬到企业一线、工地社区、田间地头,从祖国大地上吸取养分;五是以党员院领导、"支部书记讲党史"活动优秀选手为主,组建"计科先锋党的二十大精神宣讲团",加强培训指导,面向全院师生、社区居民,把党的二十大精神讲清楚、讲明白,让老百姓听得懂、能领会、可落实。

新时代的地大计科人应以党的二十大精神为指导,不负历史、不负时代、不负人民,坚定信念、提振信心、增添力量,在新征程中激扬青春,让青春之花在祖国和人民最需要的地方绽放。

[图文来源:中国地质大学(武汉)计算机学院　李国昌、谭文博]

"计科先锋"事迹宣传体系构建及其成功实践

2022年6月2日,"计科校友先锋:自然语言处理技术的追求者——国家自然科学基金优秀青年科学基金获得者熊德意"事迹在中国地质大学(武汉)计算机学院官网一经推送,便产生热烈反响。熊德意校友在文中提及本科期间吴信才、蔡之华等多位老师在学习上给予他帮助和指导的事,引起了软件工程系郭明强老师的强烈共鸣,"这应该是很多老校友共同的声音,相信校友们看到他的事迹都能够回想起在地大母校度过的难忘的学习生涯。"

"计科校友先锋"事迹宣传是中国地质大学(武汉)计算机学院迎接校庆七十周年办学成果宣传的一个重要项目,是学院"计科先锋"事迹宣传体系的一个重要组成部分。

坚持"五位一体"总体布局,整体开发"计科先锋"资源

计算机学院自1985年开始招生以来,38年筚路蓝缕、薪火相传、蒸蒸日上,涌现出了以著名演化计算专家康立山、湖北名师戴光明、学校师德模范马钊等为代表的优秀教师,也培养出了以国家自然科学基金优秀青年科学基金获得者熊德意、广西名师董荣胜、湖北名师张青和中地数码集团董事长吴信才等为代表的优秀人才,他们都是学院发展的历史见证和宝贵财富,值得深入发掘、广泛宣传。

为了探寻学院发展的成功密码,传承艰苦奋斗、求是创新的计科精神,不断凝聚学院高质量发展的正能量,计算机学院党委自2021年以来,以迎接校庆七十周年宣传办学成果之机,开展以"计科先锋"事迹宣传为主的"解码计科"行动,从老师、学生、校友、组织、项目5个方面,按照计科育人先锋、计科校友先锋、计科励志先锋、计科服务先锋、计科品牌先锋5个系列,

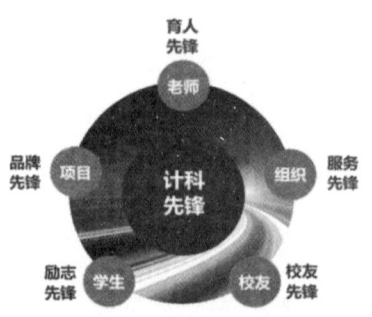

▲"计科先锋"事迹宣传体系

进行院本典型德育资源"五位一体"的挖掘、整理,通过学院官网、微信公众号等平台进行集中宣传,共同打造浓厚的育人氛围。

把握"两化三全"原则,系统发掘"计科先锋"故事

学院在收集"计科先锋"事迹时,重点把握集中化征集和常态化收集两个原则。一方面以迎接2022年11月校庆七十周年展示学院育人成果为重要契机,成立"计科校友先锋"事迹征集工作专班,制定征集方案,明确系室任务要求,进行"计科校友先锋"事迹的集中化征集和展示;另一方面通过日常的评先评优、竞赛获奖、成果发表和校友返校等契机进行各个系列"计科先锋"事迹的常态化收集,成熟一篇,发布一篇。

在"计科先锋"事迹收集的工作实施中,重点把握发动全院、代表全院和教育全院3项原则。发动全院教职工,通过个人联系、组织推荐、会议邀请等方式,面向全院师生校友积极收集先锋信息,积极联系先锋对象。先锋对象应能代表学院的整体办学水平和各个方面的工作成绩,不仅要有国家杰青优青、教学名师、大学教授、行业精英和在国内外学科竞赛中斩金夺银的优秀学子等,也要有辛勤耕耘在基层的一线教师、班主任、普通工作者,还要有默默服务学生成长的师生组织,以及效果显著、特色鲜明的项目活动。这些不同类别先锋所取得的成绩应具有一定的认可度,故事具有一定的生动性,对全体师生校友具有普遍的教育意义。

落实"五纳入三到位",用心用情讲述"计科先锋"好故事

学院始终坚持党对宣传思想工作的全面领导,将"计科先锋"事迹宣传纳入中心组学习、党委会会议、支部书记例会议题,纳入学院年度工作要点和重点任务清单,纳入标杆分党委、样板党支部培育创建的重要任务,纳入日常干部教育培训的重要事项,纳入支部书记年终述职评议考核和部门考核评优的重要指标,真正将"计科先锋"事迹宣传融入学院的日常工作,成为师生校友的行为习惯。

学院党委坚持把"计科先锋"事迹宣传的重要意义宣传到位,把事迹策划、写作能力培训到位,把事迹的政治性、内容的故事性、标题的鲜明性把关到位,充分激发师生校友收集、撰写、整理"计科先锋"事迹的积极性和责任心。一篇篇感染力强的"计科好故事"无不凝结着作者和学院上下的集体智慧。2021级博士生李家宝表示,每一位"计科先锋"的故事都感人至深,每一位所产生的正能量都催人奋进。新入职的黄晓辉老师也表示,从这些先锋事迹中收获良多,给自己后续的教学科研工作提供了学习样板。

融入"两台两群三课",广泛持久传播"计科先锋"好声音

学院在官网和官微上设立"计科先锋"专栏,对"计科先锋"事迹进行集中展示,同时通过师生校友的微信群、QQ 群等及时转发。2021 年 10 月以来,学院共推出 48 期"计科先锋"事迹,其中"计科育人先锋"事迹 21 期、"计科校友先锋"事迹 17 期、"计科励志先锋"事迹 6 期、"计科服务先锋"事迹 2 期、"计科品牌先锋"事迹 2 期,基本上涵盖了知名度较高的个人、组织和项目。学院官网对全部事迹进行了推送,截至 2023 年 10 月 10 日,总点击量 43 000 多人次,其中点击量在 1000 以上的有 13 篇;在官微推送 26 期,总点击量 11 000 多人次,点赞量 251 人,其中点击量在 500 人次以上、点赞量在 10 人以上的各有 7 篇、11 篇。"计科校友先锋:南昌大学'抢手'的研究生导师——徐少平"在学院官网上的点击量超过 3300 人次。"计科励志先锋:我们是闯进'黑科技'赛道的地大计科人"在官微上推出仅 1 天,点击量超 700 人次,点赞量超 10 人。同时,学院将"计科先锋"事迹列入历年新生形势与政策课、专题党课、"网络空间安全概论"课的素材。"计科先锋"实践团的活动还受到中国青年网、长江云等媒体的报道。

经过两年多的持续推进,"计科先锋"事迹宣传工作得到越来越多的认同,全院师生校友收集、整理、宣传"计科先锋"事迹的积极性显著增强,阅读"计科先锋"事迹已经成为许多师生校友的重要生活内容。这些"院汁院味"的德育资源在潜移默化地塑造师生优秀品格的同时,涵育了日益浓厚且独具特色的学院文化,也成为滋养一流校本文化的重要元素。持续传播的"计科先锋"事迹,已经汇入广泛开展先进模范学习宣传活动的时代洪流,成为"营造崇尚英雄、学习英雄、捍卫英雄、关爱英雄的浓厚氛围"和"巩固壮大奋进新时代的主流思想舆论"中的一支有生力量。

[图文来源:中国地质大学(武汉)计算机学院 李国昌]

后 记

　　计科先锋的不断涌现,是中国地质大学(武汉)计算机学院历史发展的必然逻辑,因此计科先锋事迹收集整理宣传是个长期、常态的工作。待计科先锋事迹收集积累到一定程度,《像身边人一样优秀——"计科先锋"启示录》应会推出第Ⅱ辑、第Ⅲ辑甚至更多,学院文化建设将陆续增添新的成果,师生校友又会从更多的身边先锋身上,发现更多的地大计科之美、地大之美,从而激发当计科先锋的热情与志向,为地大计科的高质量发展书写出更多的精彩华章。